孤独症儿童

教育康复研究与实践

郑芳 孔玲 著

山东教育出版社
·济南·

图书在版编目（CIP）数据

孤独症儿童教育康复研究与实践 / 郑芳，孔玲著 . — 济南：山东教育出版社，2021.11（2024.5重印）

ISBN 978-7-5701-1896-0

Ⅰ. ① 孤… Ⅱ. ① 郑… ②孔… Ⅲ. ① 孤独症 - 儿童教育 - 特殊教育 Ⅳ. ① G766

中国版本图书馆CIP数据核字（2021）第237038号

GUDUZHENG ERTONG JIAOYU KANGFU YANJIU YU SHIJIAN

孤独症儿童教育康复研究与实践 郑芳 孔玲 著

主管单位：山东出版传媒股份有限公司

出版发行：山东教育出版社

地址：济南市市中区二环南路2066号4区1号 邮编：250003

电话：（0531）82092660 网址：www.sjs.com.cn

印 刷：山东华立印务有限公司

版 次：2021年11月第1版

印 次：2024年5月第2次印刷

开 本：710毫米 ×1000毫米 1/16

印 张：18

字 数：280千

定 价：76.00元

（如印装质量有问题，请与印刷厂联系调换）印厂电话：0531-76216033

序 言

2019年3月发布的《中国自闭症教育康复行业发展状况报告（Ⅲ）》披露，国内孤独症发病率为0.7%，总人数超过1000万，14岁以下的孤独症儿童数量已达200万。孤独症已经从过去被认为的一种罕见病发展成为目前呈高发态势的儿童发展性障碍。社交沟通等一系列障碍使得对这个群体开展教育难度非常大、专业要求非常高，孤独症儿童教育是目前我国特殊教育工作者面临的重大课题与挑战。

孤独症儿童虽然存在发展性障碍，但其本质上还是儿童。现在，全球对于孤独症这个发展性障碍提倡用“支持”来替代对程度严重性的关注。这给特殊教育提供了一个新的思路。支持什么？如何支持？支持的原则与机理如何？支持的内容是什么？这一系列问题，给我们带来很多思考。联合国教科文组织（UNESCO）对特殊教育的定义为：运用特殊的方法、设备和措施对特殊的对象（身心障碍或天才）进行的教育。2021年4月29日，第十三届全国人民代表大会常务委员会第二十八次会议通过的《全国人民代表大会常务委员会关于修改〈中华人民共和国教育法〉的决定》中提出:“教育必须为社会主义现代化建设服务、为人民服务，必须与生产劳动和社会实践相结合，培养德智体美劳全面发展的社会主义建设者和接班人。”“国家扶持和发展残疾人教育事业。”“国家采取措施促进教育公平，推动教育均衡发展。”作为国家教育的根本大法,《中华人民共和国教育法》

为孤独症儿童享受“公平有质量的教育”提出了法律要求，并对孤独症儿童的教育目标进行了清晰的陈述。如何达成这个教育目标？任何教育目标都要以课程为中介才能实现。课程本身就可以理解为是使孤独症儿童达到教育目标的手段。确定课程目标，首先要明确课程与教育目的和培养目标的衔接关系，以便确保这些要求在课程中得到体现；其次要在对学生的特点、社会的需求、学科的发展等各个方面进行深入研究的基础上，确保课程目标行之有效。课程目标有助于澄清教师作为教育目标与课程编制者的意图，各门课程不仅要注意学科的逻辑体系，而且还要关注教师的教与学生的学以及课程内容与社会需求的关系。蔡元培说：“教育是帮助被教育的人，给他能发展自己的能力，完成他的人格，于人类文化上能尽一分子的责任，不是把被教育的人造成一种特别器具。”陶行知说：“教育是依据生活、为了生活的生活教育，培养有行动能力、思考能力和创造力的人。”因人而异，因需而设，以学定教，为学而导，这是一个教育教学的准则。老师要从学生学习的实际出发，关注他们学习过程中出现的共性、个性的问题，满足不同学生的需求，提供有效的支持，使每个学生学有所得。以学定教，为学而导，符合学生的心理特征，走进学生的世界，才能让教有所获，学有成效，学习之树根深叶茂。

本书中所述的孤独症生态教育、生态课程，其实之前我就从孤独症儿童发展的生态系统方面思考过，总觉得对孤独症儿童的教育可以建构一个完整的特殊教育理论。20世纪90年代在美国康奈尔大学访学时，我就专门拜访了“生态系统理论”（Ecological System Theory）创始人尤里·布朗芬布伦纳（Urie Bronfenbrenner）教授，之后与他沟通交流频繁，并有很多书信往来。生态系统理论博大精深，在此“只取一瓢饮”，对孤独症儿童生态教育系统予以具体的说明。

“生态”是指儿童的生存状态，以及它们之间和它们与环境之间环环相扣的关系。“生态系统”（ecosystem，简称ECO），是指在自然界的一定的空间内，生物与环境构成的统一整体。在这个统一整体中，生物与环境之间相互影响、相互制约，并在一定时期内处于相对稳定的动态平衡状态。布朗芬布伦纳把生态系统分为微观系统（microsystem）、中间系统（mesosystem）、外部系统（exosystem）和巨观系统（macrosystem）。微观系统主要包括家庭、学校、社区、同伴和玩耍地等。其中，人会对儿童产生最直接的影响，尤其是亲子之间、教师与儿童之间的双向互动。多个微观系统组成的系统即为一个中间系统，即发展中个体活跃参与的两个或多个直接环境之间的联结（如对儿童来说，是家庭、学校、社区的同伴团体间关系；对成人来说，是家庭、工作和社交生活的联结）。巨观系统是指个体所处的整个社会组织、机构和文化、亚文化背景，比如社会文化、习俗、法律、社会伦理、道德、价值观等，它涵盖了前面所讲的微系统、中系统，并对它们发生作用，施加影响。在四个系统中，前者逐个地被包含在后者之中：该模型最基本的分析单元是微观系统，中间系统包裹着微观系统，外部系统又围绕着中间系统，而这三个系统都在巨观系统中发生。

在分析微观系统水平的阐述中，布朗芬布伦纳于1993年提出了促进发展的两大过程：一是儿童与人们的交往，二是儿童参与的活动。这些关系的性质受到儿童与人们和活动发生作用时的四种特征的影响。

第一种特征是儿童的个人系列特征，这一特征引发或阻碍环境中瓦解或促进儿童心理发展的一类反应。例如，长相非常漂亮的孤独症儿童以及非常普通的儿童常常会引发他人不同的反应，孤独症男孩以及坦率的男孩可能引发同学们不一样的反应。

第二种特征是儿童对物理环境和社会环境某些方面的兴趣及探究优于环境的其他方面。布朗芬布伦纳认为这一特征是一个选择性反应。有的儿童易于从事活跃的体育活动，有的儿童喜好电子游戏，有的儿童喜欢阅读、参演假装戏剧，或者喜欢收集电影名人或篮球明星的照片等。这与孤独症儿童的特殊兴趣与刻板行为非常接近。

第三种特征是儿童倾向于从事日益复杂的活动的程度，即以更复杂的方式重建其环境的程度。一个孤独症儿童不喜欢机械的认知教学，而希望创作自发的图画、音乐或戏剧作品。

第四种特征是随着年龄的增长，儿童概念化地组织经验、设计日益复杂的计划以及实施计划的方式的倾向。儿童如何成长强烈地受到他人言行的影响，受到父母、兄弟姐妹、其他亲属、同伴、教师等的影响。对儿童发展的影响也可能来自其住所的大小和家具、饮食、空气质量、环境噪声和危险等物理环境。这个特征在孤独症儿童发展中非常常见。

除了上述四种生态系统以外，还存在着一个时序系统（chronosystem），用于解释成长的时间维度。生活事件的变化可能源于儿童周围的外界环境的作用。同时，这些变化也可能源于儿童自身（如前面提到的影响儿童发展的两大过程、四种特征）。布朗芬布伦纳把时间作为研究个体成长中心理变化的参照体系。他强调将儿童的变化或者发展同时间和环境相结合来考察儿童发展的动态过程：婴儿一出生就置身于一定的环境之中，并通过自己本能的生理反应来影响环境，通过行为（比如哭泣）来获得生存所必需的物质。此外，婴儿也会根据外界环境来调节自己的行为，如冷暖适宜时会发出微笑。随着时间的推移，儿童生存的微观系统环境不断发生变化。引起环境变化的可能是外部因素，也可能是人自身的因素。因为人有主观能动性，可以自由地选择环境。而人对环境的选择是时间的不断推移与个体知识经验的不断积累的结果。布朗芬布伦纳将这种环境的变化称为“生态转变”，每次转变都是个体人生发展的一个阶段。布朗芬布伦纳提出的时序系统，关注的正是人生的每一个过渡点，而这些过渡点常常成为人生发展的动力。同时，这些生态转变也会通过影响家庭进程对人生发展产生间接影响。

以上观点对于孤独症儿童教育是很有启发意义的。如果对生态系统理论做进一步深入探讨，应该对世纪难题——孤独症儿童的特殊教育，具有非常大的贡献，发展空间非常大，前途无量。

本著作的特点，个人认为有以下几点：

首先，扩大了孤独症研究中“环境”的概念。目前的研究，关注的只是影响儿童的即时环境，在实验中控制的也是儿童身体周围的环境，比如噪音、明暗等。这使“环境”的概念大大缩小，实验的信度、效度也会随概念的缩小而下降。而生态系统理论将“环境”的范围拓展得更宽，不仅包括儿童周围的环境，还包括影响儿童发展的大的社会、文化环境。以此为基础，孤独症儿童教育研究的内容就更真实，更接近生活，研究的成果也就更有实际意义。

其次，系统全面地促进了孤独症儿童发展研究。生态系统理论中的四个系统之间存在千丝万缕的联系。对环境影响的详细分析，可以找出影响儿童发展的因素，从而给予及时的干预。比如，个人特征与家庭、社会、环境等与孤独症儿童的情绪行为问题是关系非常密切的。哪怕目前时髦的“行为功能评估”，往往由于孤独症儿童的“联觉”发生而无法评估，A—B—C分析也难以了解其行为的真正功能。

再次，强调发展的动态性。生态系统理论将时间维度作为研究个体成长中心理变化的参照体系，认为时序系统的最简单形式是关注一生的过渡点，这与以往专家所说的“时间”是不同的。以往的研究，常常关注在成长过程中成熟对人发展的影响，而对一些生活事件不关注，包括创伤后应激障碍。对生活事件的关注，将影响人生发展的偶然性与必然性两方面的因素结合起来。重大生活事件，特别是违反伦理的各种“疗法”，对孤独症儿童发展的影响是巨大的。

青岛晨星学校是2017年成立的一所公办孤独症教育学校，我去考察过几次，同郑芳校长与她的战友们一起讨论了不少问题。郑芳校长是一位老特教工作者，从事了30年听障教育，2017年受命带领团队创办晨星学校。她对特殊教育的热爱与不畏困难、在孤独症教育这个新领域勇于探索开拓的精神、对学校科学的发展定位与规划设计，以及在她带领下学校的快速、高水平发展，都给我留下了深刻的印象。郑校长在本书中总结的只是他们的部分或阶段性成果，相信晨星学校会不断丰富和完善相关的孤独症儿童教育理论，大胆实践，努力创新，为孤独症儿童教育贡献中国理论、中国案例、中国样本，真正造福孤独症儿童和他们的家长，使孤独症儿童成为我们事业的建设者并共享社会发展成果，为实现共同富裕与中国梦增砖添瓦。

本文比较仔细地介绍了与本书相关的生态系统理论，旨在为全书阅读提供一定的理论导引。以此为序，更祝贺本书的出版，并希望同人进一步深入探讨，共同解密孤独症这一世界难题。

于浙江工业大学畅远楼

2021年8月12日

目录

第一章
孤独症谱系障碍概述

孤独症谱系障碍（简称“孤独症”，英文全称Autism Spectrum Disorder，简称ASD），又称自闭症谱系障碍。孤独症儿童是极特殊的群体，目前的研究还没有找到其患病的原因，现在的医疗水平还无法对其进行根治。促进孤独症儿童发展，改善孤独症儿童的终身生活质量，仍要坚持走教育康复之路。创设生态化的教育康复环境，合理地实施教育干预，将有利于孤独症儿童更好更快地融入主流社会，实现可持续发展。

第一节
孤独症的概念与鉴别诊断

认识和了解孤独症是对其进行教育康复的首要前提，所以本节内容主要梳理孤独症概念及发展历程，包括核心障碍、研究起源和诊断标准，以促进读者对孤独症的全面认识。

一、孤独症的概念

孤独症，是一种先天的神经发育障碍性疾病，其核心障碍是：社会交往和沟通交流障碍、兴趣狭窄及重复刻板行为。孤独症概念的演变经历了近80年的历史，目前国际上对其有了比较统一的认识。

（一）孤独症的核心障碍

2013年，美国的《精神障碍诊断与统计手册（第五版）》（*Diagnostic and Statistical Manual of Mental Disorders*，DSM-5，前四版使用罗马数字标示，第五版开始使用阿拉伯数字标示）修订了孤独症的定义，以孤独症谱系障碍（Autism Spectrum Disorder，ASD）作为统一诊断，就不再细分典型孤独症（Autism Disorder）、阿斯伯格综合征（Asperger's Disorder）、待分类的广泛性发展障碍（Pervasive Developmental Disorder Not Otherwise Specified，简称PDD-NOS）等类别，并强调了两大主要临床表现：

1. 持久性的社会交流/交往障碍（包括社会互动和情绪互动困难，维持关系严重困难和非言语交流困难）。

2. 狭窄兴趣和重复刻板的行为方式（包括对惯常模式等非常固执，拒绝变化，重复的言语或行动，强烈特定的兴趣，整合感官知觉信息存在困难，或寻找感官刺激或避免感官刺激）。

上述两种临床表现也是孤独症患者的核心障碍。另外，被诊断为孤独症的个体必须是在儿童早期表现出症状，且所有症状一起限制和损害了儿童的日常功能。

（二）孤独症的起源与发展和发生率

1. 孤独症的起源与发展

“孤独症谱系障碍”这一名词的诞生历史仅有30年，而与之相关联的“孤独症”和“阿斯伯格综合征”却已有近70年的历史。

孤独症（Autism）这个词源于希腊文，第一次是用来描述某类特别孤僻、甚至看上去很自恋的人群。

1943年，美国约翰·霍普金斯大学儿童精神科医生利奥·肯纳（Leo Kanner）首先提出“早期婴儿孤独症”（Infantile Autism）的概念，并称之为“情感接触孤独障碍”（Autistic Disturbances of Affective Contact）。他在文章中报道了11个案例，并将这种情况命名为“早期婴儿自闭症”，是广泛性发展障碍最常见的形式。

1944年，汉斯·阿斯伯格（Hans Asperger）描述了一群患者的症状轻微的孤独症，即现在所说的阿斯伯格综合征。他的病例全部是男孩，非常聪明，却在社交上有很大的困难，并且兴趣狭隘。

1971年结构化教学（TEACCH）创立。艾瑞克·修普勒（Eric Schopler）和同事创立了结构化教学，并推动了美国北卡罗来纳州确立对孤独症儿童的教育法案。同时，他在推翻“冰箱妈妈”理论上也做出了巨大的贡献。

1987年发布的DSM-III将孤独症正式与精神分裂症区分开来。DSM-III-R进一步修订了DSM-III，将幼儿孤独症扩大为孤独症障碍，并且制定了三大类（社交、语言和非语言交流、刻板的行为和兴趣）共16条诊断标准，要求孤独症诊断必须满足其中的8条。

1987年开启ABA（应用行为分析法，英文全称Applied Behavior Analysis）

时代。早在1968年，就有了ABA的理论研究。但真正运用到孤独症领域的，是华盛顿大学心理学博士洛瓦思（Ole lvar Lovaas），他也是美国自闭症学会的共同创始人。经过30年的实验研究证明，早期治疗和高密集强度的训练能显著改善孤独症儿童的障碍。

1994年发布的DSM-IV将孤独症归为广泛性发展障碍，同时归于此类障碍的还有阿斯伯格综合征、瑞特综合征、童年瓦解性障碍和待分类的广泛性发展障碍。DSM-IV修改了DSM-III的标准。总共16条标准（或者12条）中，孤独症诊断必须满足其中的6条。2000年的DSM-IV-TR与DSM-IV在诊断和分类上没有区别，但是进行了文字的更新。

2013年发布的DSM-5提出了孤独症谱系障碍（ASD）的概念。DSM-5进一步修改了DSM-IV的孤独症诊断标准，将所有发展障碍都归为孤独症谱系障碍。阿斯伯格综合征不再作为一个单独的诊断。同时，将孤独症的程度进行一定的划分。目前，这一概念在世界很多国家已完全渗透到了儿童心理发展与教育领域。

2. 孤独症的发生率

孤独症谱系障碍可能是目前世界上发生率增长最快的严重障碍之一。根据人口免疫学的测算，20世纪五六十年代，“孤独症”诊断初期，其发生率约为5/10000，即每2000名儿童中有一个。自从孤独症谱系障碍名称出现后，由于其定义的宽泛化、早期发现的评测工具的出现及其他各种原因，孤独症谱系障碍的诊断率呈逐年迅猛增加趋势。

从1966年到1996年，英国发表的23篇对孤独症流行调查的重要研究论文，指出每1000个儿童中有5人是孤独症谱系障碍儿童。在小学和初中，这一比率可能还要高。这可能是因为有了更为明确的判断标准的缘故。几乎所有的研究表明，孤独症谱系障碍儿童男性与女性的比例为5：1。

在1997—1998学年，美国教育部报告有42511名孤独症谱系障碍儿童接受学校提供的服务。从1996—1997学年到1997—1998学年，在校学习的孤独症谱系障碍儿童增加了24%。其增加原因尚不得而知。

2006年，根据英国的调查，每1000名儿童中就有6名是孤独症谱系障碍儿童。在美国，为被贴上“孤独症谱系障碍”标签的儿童而进行的各项工程在近15年中剧增。

2018年4月27日美国疾病控制中心（Centers for Disease Control and Prevention，简称CDC）发布的一篇题为《孤独症谱系障碍在8岁儿童中的流行——2014年美国11个州的孤独症与发展性障碍监控网站点的调查》（*Prevalence of Autism Spectrum Disorder Among Children Aged* 8 *Years—Autism and Developmental Disabilities Monitoring Network*，11 *Sites*，*United States*，2014）的文章提出，目前美国孤独症患病率可能高达1/59，而且男孩是女孩的4倍。这比2014年3月27日发布在CDC的题为*CDC estimates* 1 *in* 68 *children has been identified with autism spectrum disorder*的文章中的1/68的数据提高了15%。

由于孤独症谱系障碍儿童的概念比较宽泛，确诊有困难，目前我国尚未开展针对孤独症的全国性流行病学调查。有部分省市和地区进行过此类调查：2004年北京抽样调查结果为1.53‰，2012年深圳报道18—24月龄婴幼儿自闭症患病率为2.76‰，2013年广州开展的一项流行病学调查显示普通幼儿园自闭症患病率为1/133。由五彩鹿自闭症研究院发布的《中国自闭症教育康复行业发展状况报告（Ⅱ）》蓝皮书指出，基于首部报告发布以来新收集的一些行业数据，其中包括2015年来自全国29个省份的47个孤独症干预与教育康复机构的自编问卷调查和各个机构提供的相关资料，在我国13亿人口中，可能有超过1000万孤独症人士，其中0—14岁孤独症儿童可能超过200万，并以每年将近20万的速度增长。

二、孤独症诊断标准

孤独症的诊断标准国际上给予了明确方向，但在具体的实施过程中，各国之间又存在一定的灵活性。本节主要呈现两部分内容，分别是国际诊断标准和我国卫生部定义的诊断标准。

（一）国际诊断标准

国际上，孤独症的诊断标准经历了一个发展过程。从最早的《国际疾病分类（第九版）》（*Internatonal Classification of Diseases*，ICD-9，1977），到DSM-III（1980）、ICD-10（1992）、DSM-IV（1994）、DSM-5（2013），各国对于孤独症诊断标准的使用并不完全统一。

1. DSM-5中孤独症谱系障碍新的诊断标准

根据美国孤独症谱系障碍新的诊断标准DSM-5，患者必须符合以下一至五项标准。

（1）在各种情境下持续存在的社会交流和社会交往缺陷，不能用整体发育迟缓解释，符合以下所有3条。

① 社会—情感互动缺陷：轻者表现为异常的社交接触和不能进行来回对话，中者对兴趣、情绪和情感的分享以及社交应答减少，重者完全不能发起社会交往。

② 用于社会交往的非言语交流行为缺陷：轻者表现为非言语交流整合困难，中者目光接触和肢体语言异常，对非言语交流的理解和使用存在困难，重者完全缺乏面部或手势交流。

③ 建立或维持与其发育水平相符的人际关系缺陷（与抚养者的关系除外）：轻者表现为难以调整自身行为以适应不同的社交场景，中者分享想象游戏和结交朋友存在困难，重者明显对他人没有兴趣。

（2）行为、兴趣或活动内容形式狭隘、重复，至少符合以下两条。

① 语言、运动或使用物品刻板或重复（例如简单的刻板动作，回声语言，反复把弄物品，说古怪独特的句子）。

② 过分坚持某些常规以及言语或非言语行为的仪式，或对改变过分抵抗（例如仪式行为，坚持同样的路线或食物，重复提问，或对细微的变化感到极其痛苦）。

③ 高度狭隘、固定的兴趣，其在强度和关注点上是异常的（例如对不寻常的物品强烈依恋或过分沉迷，兴趣过于局限、持久）。

④ 对感觉刺激反应过度或过低，对环境中的感觉刺激表现出异常的兴趣（例如对疼痛、热、冷感觉麻木，对某些特定的声音或物体出现负面反应，过多地嗅或触摸某些物体，沉迷于光线或旋转物体）。

（3）症状必须出现在儿童早期（除非社会要求超过儿童有限的能力，否则可能不会完全地表现出来）。

（4）各种症状组合起来限制和损害每天日常的生活。

（5）这些症状不能用智力障碍（智力发育障碍）或整体发育迟缓更好地解释。

智力障碍和孤独症谱系障碍常常并发，诊断孤独症谱系障碍和智力障碍的合并症，对社交沟通的预期应低于一般发育水平。

2. 孤独症程度的三个分级

DSM-5在有关孤独症的内容中，以“社交交流”和“受限的重复行为”两个维度，按严重程度将孤独症分为三种类型。

表1.1　按严重程度将孤独症分为三种类型对比一览表

严重程度	社交	狭窄兴趣和刻板行为
重度（水平3）：需要非常大量的支持	在语言和非语言社交技巧上有严重的缺陷；极少主动发起社交互动，也极少回应别人发起的社交互动	对某些物体的强烈兴趣、仪式化行为和（或）重复刻板行为严重干扰了孩子各方面的正常功能。如果这些兴趣和偏好被干扰，孩子会有激烈的情绪表现。非常难以从这些兴趣和偏好中转移注意力，即使转移了也会马上回头继续
中度（水平2）：需要相当多的支持	在语言和非语言社交技巧上有明显的缺陷，即使在有支持帮助的情况下，社交缺陷依然明显。主动发起社交互动有限，对别人发起的社交互动反应减少或者异常	狭窄兴趣和刻板行为明显且频繁，很容易被人发现，而且也对很多情境下的行为产生了影响。如果这些兴趣和偏好被干扰，孩子有明显的情绪表现，难以从这些兴趣和偏好中转移注意力
轻度（水平1）：需要支持	如果没有社交支持，社交缺陷就会有明显异常。主动发起社交互动困难，有明确的例子显示对他人发起的社交互动做出的社交反应是非典型的或者失败的。可能表现为对于社交兴趣的减少	狭窄兴趣和刻板行为造成一个或者多个情境下的功能异常。干扰这些兴趣和行为，或者让那个孩子从这些兴趣和行为中转移注意力需要他人持续不断的尝试

根据DSM-5标准及临床实践，上表中的三个标准，可用通俗的话概括为如下三点：

重度：如果一个孩子完全没有社交交流，我们就可以说这个孩子的孤独症是重度的。因为孤独症的核心症状是社交沟通障碍，如果孩子完全没有社交交流，那么他大概率是属于重度的。

中度：有一些孩子如果我们不去管他，或者说一般地跟他进行交流，好像是有点困难，但是如果在一种被动的情况下，孩子还是可以进行一些交流的。也就是说，被动可交流的孩子对来自他人的社交示意的反应较少或异常，大概率可划分为中度。

轻度：轻度指孤独症孩子除了被动的交流外，还会有一些主动的交流，但这种主动的交流，给我们的感觉是我行我素的，自我中心的，与其年龄不相符的，显得“幼稚的”。他们可能会很想和其他人进行社交互动，但他们的社交互动给我们的感觉是奇怪的，并且通常是不成功的，或者他不理解别人，或者别人不理解他。这种主动交流但水平较差的，我们可以将其划分到轻度范围内。

（二）我国卫生部确定的诊断标准

2010年7月，中国卫生部印发了《儿童孤独症诊疗康复指南》，明确了我国孤独症儿童的诊断标准。

1. 三岁以前就出现发育异常或损害，至少表现在下列领域之一

（1）人际沟通时所需的感受性或表达性语言；

（2）选择性社会依恋或社会交往能力的发展；

（3）功能性或象征性游戏。

2. 具有以下（1）（2）（3）项下至少六种症状，且其中（1）项下至少两种，（2）（3）两项下各至少一种

（1）在下列至少两个方面表现出社会交往能力实质性异常：

① 不能恰当地应用眼对眼注视、面部表情、姿势和手势来调节社会交往；

②（尽管有充分的机会）不能发展与其智龄相适应的同伴关系，用来

共同分享兴趣、活动与情感；

③ 缺乏社会性情感的相互交流，表现为对他人情绪的反应偏颇或有缺损，或不能依据社交场合调整自身行为，或社交、情感与交往行为的整合能力弱；

④ 不能自发地寻求与他人分享欢乐、兴趣或成就（如不向旁人显示、表达或指出自己感兴趣的事物）。

（2）交流能力有实质性异常，表现在下列至少一个方面

① 口语发育延迟或缺陷，如不伴有以手势或模仿等替代形式补偿沟通的企图（此前常没有牙牙学语的沟通）；

② 在对方对交谈具有应答性反应的情况下，相对地不能主动与人交谈或使交谈持续下去（在任何语言技能水平上都可以发生）；

③ 刻板和重复地使用语言，或别出心裁地使用某些词句；

④ 缺乏各种自发的假扮性游戏，或（幼年时）不能进行社会模仿性游戏。

（3）局限、重复、刻板的兴趣、活动和行为模式，表现在下列至少一个方面

① 专注于一种或多种刻板、局限的兴趣之中，感兴趣的内容异常或患儿对某项内容异常地关注，或者尽管内容或患儿关注的形式无异常，但其关注的强度和局限性仍然异常；

② 强迫性地明显固着于特殊而无用的常规或仪式；

③ 刻板与重复的怪异动作，如拍打、揉搓手或手指，或涉及全身的复杂运动；

④ 迷恋物体的一部分或玩具的没有功能的性质（如气味、质感或所发出的噪音或振动）。

3. 临床表现不能归因于以下情况

其他类型的广泛性发展障碍，特定性感受性语言发育障碍及继发的社会情感问题，反应性依恋障碍或脱抑制性依恋障碍，伴发情绪/行为障碍的精神发育迟滞，儿童少年精神分裂症和Rett综合征。

该指南的附件《儿童孤独症患儿诊疗康复流程》提出，在幼儿18个月前若发现以下情况需采取进一步评估：

① 4个月时不会看着别人的脸微笑；

② 6个月时没有明显的快乐情绪；

③ 12个月时听力没有问题，但喊其名字不理睬；

④ 16个月时不会说任何一个单词；

⑤ 18个月时不会用食指指点东西；

⑥ 18个月时目光不会跟随别人的指点看东西；

⑦ 18个月时不会玩假扮游戏。

该指南对促进医务人员掌握科学、规范的诊断方法和康复治疗原则，对指导相关康复机构、学校和家庭对孤独症儿童进行正确干预、改善预后、促进康复，具有重要意义。

三、孤独症与其他障碍的鉴别

由于孤独症本身具有较多的迷惑性，经常会出现伴随性障碍。曾有专家采用《儿童青少年精神病评估父母版（CAPA）》对112例孤独症和其他广泛性发展障碍的共患病进行诊断，发现70.8%至少有1种共患病，52%有2种共患病，38%有3种以上共患病。孤独症除了社会交往障碍、沟通交流障碍、刻板重复行为三大类核心症状外，还常常伴有多动、注意障碍、情绪不稳、自伤、冲动攻击等症状。所以在判定儿童是否患有孤独症时，我们还要注意与其他障碍类型进行区分。其中最容易混淆的障碍类型包括：智力障碍、学习障碍、情绪行为障碍、注意力缺陷与多动障碍。本节将呈现以上四种障碍类型人群的特点，以供大家更好地辨别和区分。

（一）智力障碍

智力障碍是指智力显著低于一般水平并伴有适应行为的障碍。此类障碍是由于神经系统结构与功能障碍，个体活动和参与受到限制，需要环境提供全面、广泛、有限和间歇的支持。包括在智力发育期间（18岁之前），各种有害因素导致的精神发育不全或智力迟滞；或者智力发育成熟之后，各种有害因素导致的智力损害或智力明显衰退。相关研究资料表明，大约60%的孤独症儿童存在智力障碍。

（二）学习障碍

学习障碍是一个概括性的术语，是指在听、说、读、写、推理或数学能力的习得和运用方面有明显困难。学习障碍源于个体内部，可能是中枢神经系统功能失调所致。学习障碍常伴随自我调节、社会认知、社会交往等方面的障碍。尽管学习障碍可能与其他障碍（如感觉损伤、智力障碍、严重的情绪障碍）同时存在，或同时受到其他外在因素的影响（如文化差异、教育的不充分或不适当），但学习障碍并非这些障碍或因素所直接作用的结果。大多数孤独症儿童会有学习障碍的表现。

（三）情绪行为障碍

情绪行为障碍儿童的共同特点是：在没有智力障碍和精神失常的情况下，情绪与行为表现显著地异于常态，违背社会要求及社会评价，妨碍个人对正常社会生活的适应。这些表现不仅影响他们的社会适应和人际交往，甚至产生危害他人、集体、社会的行为倾向。

由朴永馨主编的《特殊教育词典》中对行为障碍（Behavior Disorders）的界定是："主要发生在儿童及少年期的行为偏离。"[①]主要表现有：

1. 不良行为动作。如吮吸手指或衣物、咬指（趾）甲或其他物品、手淫、拔头发等。

2. 退缩行为。表现出胆小、害怕、孤独、退缩，不愿到陌生的环境中去，也不愿与其他儿童交往，常一人独处，与玩具相伴，但没有精神异常。

3. 生理心理性行为异常。如遗尿症、遗粪症（4—5岁后仍不能控制大小便）、厌食、夜惊、噩梦、口吃等。

4. 习惯性品行问题或违法行为。如经常说谎、逃学、偷窃、打架、破坏财物等。

孤独症儿童常会出现情绪与行为问题，主要是其本身孤独症的病症所

① 朴永馨主编：《特殊教育词典》，华夏出版社2014年版，第370页。

导致的，不能把他们归为情绪行为障碍儿童行列。

（四）注意力缺陷与多动障碍

注意力缺陷与多动障碍，是指儿童表现出与其实际年龄不相称的，以注意涣散、活动过度和行为冲动为主要特点的行为障碍。

注意涣散是指儿童很容易被其他无关刺激所吸引，注意的分配和转移方面有困难，平时生活中对于来自各方面的刺激均有一定的反应，不能较好地过滤外界无关刺激。活动过度是指在需要相对安静的环境中，儿童的行为动作和生活内容比正常儿童或成人的预期明显增加，在需要儿童自我控制和秩序井然的场合中显得尤为突出。行为冲动是指儿童在情况不明朗、信息不完整的情况下引发的快速、随便、非合理的行为反应，如上课过程中，教师的问题还没有完全呈现就抢着回答、答案基本错误等。注意力缺陷与多动障碍是孤独症儿童的一种较为常见的共患病。

第二节
孤独症儿童的发展特征

孤独症儿童的身心发展与典型发展儿童相比，普遍存在发展的滞后，并伴随一些其他障碍。本节主要从孤独症儿童的认知、语言、社会互动、游戏方面展开描述，介绍孤独症儿童的身心发展特征。

一、孤独症儿童认知发展特征

认知主要是指人认识外界事物的过程。孤独症儿童在认知方面存在障碍，表现在语言理解、语言使用、情绪控制、行为表达、意图揣测等方面。认知发展障碍不利于孤独症儿童参与高级的社交活动，影响孤独症儿童对客观信息加工处理的结果。

认知是大脑对实际的辩证反应。个体的认知过程是一个经过获取信息、编码、储存、提取、使用等一系列程序的过程，表现为记忆、思维、注意等认知形式。认知过程是个体对客观信息进行加工和改造的过程，是一个较为复杂的过程。

从心理学的角度而言，人类心理活动主要包括知、情、意三大要素，而“知”就是认知功能，它是人的心理活动中最主要和最活跃的一个要素。认知功能是由多个认知域构成的，如果其中某一个认知域发生障碍就成为认知障碍。

（一）孤独症儿童感知觉特点

1. 孤独症儿童的视知觉特点

（1）目光接触异常。孤独症儿童在与他人进行互动时，缺乏目光接触追视，即使具备这种能力，持续时间也极短，多数只能维持2秒钟左右。

（2）面孔识别能力较弱。孤独症儿童对不同情绪面孔内部特征区的注意分配不同于正常儿童：正常儿童能注意最能展示该类情绪特征信息的区域（如恐惧的眼睛），而孤独症儿童对情绪面孔特征区的注意分配方式主要集中在面部的下半部分，较难注意到眼睛。

（3）视觉优先。大部分孤独症儿童的感知觉加工是以视觉优先为原则的，也就是说，他们在听到的信息和看到的信息之间会优先选择看到的信息加以注意和加工，这也是在孤独症教学中使用视觉提示的主要原因。

2. 孤独症儿童的听知觉特点

（1）对环境声音敏感或迟钝。有一部分孤独症儿童对于环境声音非常敏感，他们对于某些特定频率的听觉阈限低于正常人范围，因而对这些声音极其敏感，对这些声音的反应也较为剧烈。对于普通儿童而言可能只是较为吵闹的环境，但对于他们而言就是巨大的难以忍受的噪音环境。还有一部分孤独症儿童对于声音非常迟钝，例如班级有学生大哭尖叫等，但是他并没有任何的反应，依旧做着自己正在做的事情。

（2）语音分辨困难。对于大部分孤独症儿童而言，无法区分需要进行加工的信息和无须进行加工的噪音，以至于造成超负荷信息输入。这或许可以解释孤独症儿童在注意力上的分散现象，他们无法分辨哪些是需要注意的信息，哪些是需要过滤的信息，因而不得不将注意力分散到所有他们感知到的信息上去，而难以达到将注意力集中于一个或少数几个目标上的状态。

（3）两耳的听力曲线差异较大。孤独症儿童在感知相同强度的声音时，往往有一只耳朵听起来更响一些的现象。这是他们双耳的听力曲线差异较大造成的对同等声音的强度感受的差异。

3. 孤独症儿童的嗅觉、触觉、味觉特点

（1）嗅觉敏感、味觉迟钝。这是一部分孤独症儿童有严重的偏食行为的主要原因。有时他们依靠嗅觉而不是味觉来判断是否吃某种食物。有些气味不是很大的食物在他们闻起来可能气味冲鼻，因此拒绝食用。还有些孤独症儿童只上固定的厕所也与此有关。

（2）触觉敏感，不喜欢肢体接触或被触摸。由于皮肤触觉敏感，有些孤独症儿童会拒绝新的衣服、鞋袜、手套等，因为穿起来不舒服；有些孤独症儿童偏食也与某些食物在口腔中咀嚼的感觉不好有关；部分孤独症儿童不喜欢洗头、洗脸也与触觉敏感有关。

4. 孤独症儿童的本体觉、平衡觉特点

（1）本体觉感受器反应迟钝。有些孤独症儿童会从高处跳下，看似不惧危险与他们感受不到危险有关。部分孤独症儿童会存在上下楼梯动作很重、不会躲避小水坑、手有劲但不会用力抓握物品、用手敲击东西用力过大等问题。

（2）平衡觉失调。前庭感觉异常会导致错觉，如距离知觉、运动知觉等出现问题。孤独症儿童会经常做出一些旋转或前后大摇大摆的动作，此时视野中的物体会产生移动的错觉，他们以此获得自我刺激。有些孤独症儿童过马路不会左右看，即使看了也判断不了车距和速度的关系，这也与前庭感觉异常有关。

（二）孤独症儿童的注意与记忆特点

1. 孤独症儿童注意发展特点

注意是指心理活动或意识对一定对象的指向与集中。注意力是指我们的心理活动指向和集中于某种事物的能力，或者说是视听触味嗅五大信息通道对客观事物的关注能力。孤独症儿童对外界刺激的过度选择，致使他们的注意力具有独特的表现，经常出现注意力过于分散、维持非常短暂，或在某一方面极端专注的情况，以致对其他的刺激物视而不见。实际上这是因为他们对外界的刺激不能够有效选择，在持续与切换注意上有困难。受视觉登记、记忆等其他心理要素的影响，他们对于新刺激的定向和分类都有问题。

2. 孤独症儿童记忆发展特点

记忆是在头脑中累积和保存个体经验的心理过程，换句话说，是人脑对外界输入的信息进行编码、存储和提取的过程。部分孤独症儿童对数字、文字符号的机械记忆较好，尤其是语言发展好的儿童，机械记忆的优势更为突出。他们能背诵很多的东西，比如地名、歌曲、诗词等。这部分孤独症儿童虽然具有机械记忆的优势，但对抽象事物的短时记忆较差，如对其他人的长相和名字的配合记忆不好。情景记忆尤其困难，比如他们可以准确无误地说出一段故事、背诵许多古诗，但是如果问他们早饭吃了什么，周末去哪里玩了，他们就仿佛这些事没有发生一样，没有反应。

（三）孤独症儿童思维与想象能力特点

思维是人脑对客观事物概括的、间接的反映，它必须借助语言文字来表达，是一种高级的认识过程。思维与语言密不可分，思维是语言的内容，语言是思维的表达形式，二者相互影响、相互制约。不同的人根据自己的知识结构，按照自己的价值观念，遵循自己的思维习惯，通过能动性的语言加工来反映客观事物，就可形成不同的思维方式。人类最基本的思维方式有：究根思维、发散思维、线性思维和辩证思维。孤独症孩子的思维都是独立的点，逻辑思维能力弱，没有举一反三的能力，因而会有语言表达能力和认知能力较弱的表现。另外，孤独症儿童的思维多是形象的，凭借视觉图像来认知事物；对一连串语言信息的理解能力很差；无法理解非语言的沟通线索，对沟通情境理解也有困难。

想象力是在头脑中加工、改组旧表象，创造出新形象、新思想的能力。想象力是人在掌握一定的知识面的基础上完成的。孤独症儿童缺乏想象力，很难了解物与物、人与物、人与人的相互关系，包括简单的空间关系；很难建立起站在他人角度、理解他人想法、预测他人行为的能力；不擅长整合、领会和处理与情境有关的信息；有一定的对世界的描绘能力，再造想象有一定发展，但有意识的创造想象很难建立。

（四）孤独症儿童认知障碍的表现

1. 对言语认知存在障碍

言语障碍是孤独症儿童的一个核心症状，约有25%的孤独症儿童不能发展出正常的言语机能；在获得言语机能的孤独症儿童中，其发育也较典型发展儿童更晚。孤独症儿童不能够引发或者维持对话，只能够片面地理解他人的谈话，对话时答非所问。

2. 对情绪认知存在障碍

孤独症儿童无法理解或推测他人的心理意图、信念、愿望，不能够根据他人的情绪状态来识别和预测他人的行为。因此，孤独症儿童不能够理解他人的情绪表现，也无法做出适当的行为反应。例如：当妈妈伤心的时候，孤独症儿童不懂得安慰妈妈；小朋友哭了，孤独症儿童不仅不会伤心反而会大笑。

3. 对面孔识别存在障碍

孤独症儿童在面孔选择性注意、面孔识别、面孔加工理解等环节的表现都比典型发展儿童差。典型发展儿童在生命的最初几天内就会表现出对面孔的偏好，但是，孤独症儿童在面孔加工方面存在障碍，甚至对母亲的面孔也不会表现出任何偏好。但是，孤独症儿童更加偏好选择没有生命的客体，例如汽车的轮子、矿泉水瓶子、旋转的风车等。

4. 对社交认知存在障碍

孤独症儿童还不具有基本的心理表征的能力，无法理解心理表征与外部世界的关系，甚至缺乏认识自己与他人关系的能力。因此，在社会交往方面，孤独症儿童无法表现基本的社交应对的能力，更无法建立良好的人际关系，掌握基本的社交技巧。社交方面的障碍，严重影响了孤独症儿童与同伴的关系，以及在装扮性或扮演性游戏中的表现。

二、孤独症儿童语言沟通发展特征

语言作为人理解、认识和建构世界的工具，承担着为人类解读经验、赋予经验以意义并最终使经验获得言词表达工具的功能。它是人认知世界和表述世界的方式与过程，不仅具有交际工具性，更具有认知工具性。如果语言发展出现了问题，就会影响人认知世界和表述世界的结果。因此，语言的发展对于个体而言具有重要的意义。

从语言学的角度而言，语言是由词汇按一定的语法构成的复杂的符号系统，是人类特有的交际工具、思维工具，也是人类特有的一种信息工具，主要作用是交流和沟通。从心理学的角度而言，语言是一个系统，而且是经过人的认知加工的符号系统。结合不同学者的观点，本书将语言界定为以语音为物质外壳、由词汇和语法构成并能表达人类思想的符号系统。

语言沟通障碍大致可以包含以下两方面：一方面，从个体的差异性角度进行界定。1977年美国言语语言听力学会将语言障碍界定为：个体在语言系统的知识上未能与预期的常模相称的情形，特别是一个儿童在语言的运用技巧上有缺陷，未能达到同龄儿童的预期水平的情形。另一方面，从语言自身的内涵角度而言，语言障碍是指说不同语言的人交际时的困难。解决此问题的方法是增加和改进语言教学以及提供更多更好的翻译。

（一）孤独症儿童语言沟通发展基本特征

1. 语言发展迟缓

孤独症儿童的语言发展迟缓，表现为大约30%—50%的孤独症儿童无法以口语作为沟通方式，而是以哭喊、手势或者肢体动作作为表达需求的工具和途径。如果其他人无法理解孤独症儿童的需要，孤独症儿童就会有情绪与行为问题。

2. 语言形式异常

孤独症儿童经常采取鹦鹉学舌或者电报句的方式与人沟通。例如：有人问“你叫什么名字”，此时孤独症儿童会重复道“你叫什么名字”。除此以外，孤独症儿童还会出现音素的替代、歪曲、遗漏和添加的现象，在音调和音量方面也存在问题，语流不顺畅或者高低音分不清楚，甚至会表现出自创的特异性语言，导致与其进行交流的对象无法识别或者无法理解其意图。

3. 缺乏有效的交流

交流过程中，孤独症儿童语音、语调、韵律比较单一，无抑扬顿挫的语调或者出现高声尖叫的情况，无法主动发起交流或者有效理解和运用语言，无法进行正常的社会性交流，无法进行回应或者进行正确的评论，无法维持对话的有效进行。

（二）典型发展儿童与孤独症儿童语言发展对比

语言是个体与外界沟通交流的桥梁。普通儿童自出生12个月后，便开始逐步通过语言同外界进行沟通，而孤独症儿童大多都有较重的语言和沟通障碍，大约半数的孤独症儿童永远不具备功能性语言。即便获得功能性语言的孤独症儿童，在临床表现上也存在异常的语言特征。在非口语沟通方面也出现发展迟缓及特殊的非口语沟通方式。下面结合现有资料，将典型发展儿童和孤独症儿童语言发展情况进行比较。

表1.2　典型发展儿童和孤独症儿童语言发展对比一览表①

年龄（月）/语言发展阶段	典型发展儿童	孤独症儿童
0—4 无意识的交流阶段	发音、喉音、逐渐找寻以咕咕声或啼哭声进行交流	安静或哭个不停
4—6 有意识的交流阶段	面对面发声回应，牙牙学语	安静或哭闹不停
6—9 有意识的交流阶段	发声、注视、动作模仿，9个月时能够理解一些名词	静；少数发声；没有模仿性的发声和动作
9—18 单词阶段	12个月左右儿童会说有意义的单字或名词，出现目的性和回应性发声和动作沟通(具有提要求的功能) 大概在18个月左右，两个字的词组就会出现	可能有少数几次有意义发音，后来消失或停滞；缺乏目的性、回应性和分享式的非口语沟通
18—24 词组阶段	会用单词和词组说自己的事情以及自己生活的环境，而且有了最初的语句形式；会用表情、语言、眼神、指来沟通；会进行简单问答；会称呼自己的名字	大都不理人或用哭闹表达要求；极少数轻度孤独症幼儿会用指、注视等来沟通；有些孤独症儿童在语言和互动性方面出现退化现象

① 宋维村编著:《孤独症学生辅导手册》，台南师范学院，2000年12月。

续表

年龄（月）/语言发展阶段	典型发展儿童	孤独症儿童
24—36 早期造句阶段	字词量达1000个左右，能说简单的短句；逐渐学会使用代词“你”“我”“他”，介词“上”“下”等；主动提问增多，能够持续互动	会通过拉、带、指等来表达要求；高功能者出现字词仿说情况；有咬音、音调等问题 （该阶段是语言干预的黄金时期）
36—60 句子掌握阶段	能说复杂的长句，能连续进行互动的语言沟通、语言和动作协调的沟通（人、情境）	动作模仿，动作要求；注视增加；仿说句加长、复杂，代词反转；少数儿童具备主动性语言
60 完整语法阶段	能进行复杂、适当的口语和非口语沟通；语法正确；对嘲讽、开玩笑等隐喻能够正确了解和运用	口语和非口语沟通增加；特殊怪异的沟通；代名词反转和仿说；缺乏连续互动性沟通；缺乏情绪感受的沟通

总而言之，孤独症儿童语言表达的发展过程如下：

他们先有简单的仿说。例如：听电视广告词、歌曲或别人讲话，在听到的当时或隔了一段时间之后，尤其当他们愉快、自得其乐或有需要的时候，会将这些广告词、歌曲、别人讲过的话“复诵”出来，这称为“立即仿说”或“延迟性仿说”。在仿说初期，儿童一般并不知道所说的意思，等仿说次数多了，才能将所说的话和实际事物配合起来，了解意思。逐渐地从仿说字、仿说词，进步到可以主动地说简单的字和词甚至句子。到能自动说时，他们的语言呈现很明显的代词反转现象，即运用“你”“我”等代词时混淆或说反，将“你的”说成“我的”，“我要”说成“你要”，这种现象可能会持续数年之久。有自动说者，大都用来表达需求，而问问题、回答问题、对话都是后来逐渐出现的。即使具有对话能力的，其语言仍有显著偏差。和别人对话时，常把过去学过的语言很机械式地表达出来，让人觉得他们是把所知道的事“告诉你”而不是在“和你谈话”。也就是说，他们缺乏一般人谈话时的一来一往、一问一答的声音、声调、表情、姿势相互协调的相互沟通特性。有时会有答非所问或者回答不得要领的情形出现。他们中有些人发音固然十分准确，但大都有咬字困难、音调单调、语调和节奏缺乏变化、缺乏情绪的表达、少有身体动作的配合、语句中断的现象。综合而言，其语言方面的主要困难并不在语法，而在于实际应用。

三、孤独症儿童社会互动发展特征

社会心理学定义的社会交往是个人与个人、个人与团体或团体与团体之间的交互作用、交互影响的方式和过程。它是人类特有的现象，既是人类的一种机能，又是人类的存在方式。社会学定义的社会交往最根本的特征是人际互动，即交往双方在心理上和行为上的交互影响和交互作用。

个体在参与社会交往的过程中，必须表现一定的社会交往能力，如合作、分享、轮流、遵守规则、解决冲突等。社会互动能力是个体工作和生活的必备技能。如果个体无法表现出预期的社会互动能力，就无法顺利地参与社会交往活动。此时，个体就存在社会互动方面的障碍，包括社交心理障碍、社交功能障碍、社交焦虑障碍等。

孤独症儿童社会互动能力的缺陷主要表现为：缺乏社交功能，即孤独症儿童的言行不能起到社交的目的；缺乏社交技巧，即不懂得如何利用眼神、动作等传递社交信号。

（一）孤独症儿童社会互动发展基本特征

1. 不能进行社会交往

孤独症儿童虽然能够听到声音，经过适当的训练也能够讲话，也有情绪和表情，甚至视力范围也是正常的，但是孤独症儿童不能利用语言、表情、眼神以及动作参与基本的社交活动。孤独症儿童在大部分时间里喜欢一个人独自游戏，过度地关注玩具本身而非玩具的功能，即使有需求的时候，也无法主动发起请求，无法表达个人需求，无法建立社交活动。

2. 不能建立伙伴关系

孤独症儿童不懂得如何与同伴建立关系，甚至不懂得如何发起游戏主题；即使别人发起游戏主题，孤独症儿童也不懂得如何参与。当孤独症儿童有玩具的时候，不懂得如何与人分享，即使有同伴向孤独症儿童分享玩具，孤独症儿童也不懂如何接受别人的分享。因此，孤独症儿童无法与同伴建立良好的伙伴关系，不能够被同伴所接受。

3. 无法表现出对亲人分离的焦虑

当父母离开时，典型发展儿童都会表现出适当的焦虑。但是，孤独症儿童面对父母的离开，不会表现适当水平的分离焦虑，即使父母长期离开，孤独症儿童也不会表现出对父母的渴求。在个别案例中，个别高功能的孤独症儿童会在父母离开的几分钟之内，表现出一丝焦虑。当父母完全离开以后，即使很久都未曾出现，个别高功能的孤独症儿童依然会表现得很平常、自然，似乎父母根本就没有离开自己，不会主动寻找父母。

4. 不能理解他人的感情变化

孤独症儿童在参与社交活动时常常不懂得如何了解同伴的情感变化，如果同伴不喜欢这个话题了或者同伴对游戏内容感到乏味了，孤独症儿童还是会刻板地继续某个话题，持续进行某个游戏，不懂得变通或者考虑同伴的感受。正是因为有这样的问题，很多典型发展儿童不愿意与孤独症儿童互动或者共同游戏。

（二）孤独症儿童与典型发展儿童社会互动发展对比

典型发展儿童从五六个月起，逐渐出现认生、怕生的行为，但绝大部分患有孤独症的幼儿不会认生，甚至到成年都不曾有怕生经验。典型发展儿童在认人之后，若与照顾者分开，会有哭闹、依依不舍的分离焦虑行为。孤独症儿童很少在两岁之前出现分离焦虑，部分幼儿在较大后会有分离焦虑，但表现方式常和典型发展儿童不同。典型发展儿童学会走路后喜欢跟着父母或找其他小朋友玩。孤独症儿童常自己在家玩自己的，外出时也自己走自己的，不会回头找父母。还有少数的孤独症儿童无法和母亲或其他的主要照顾者分开，觉得他们是自己的一部分，一刻都不能分离。就像有些孤独症儿童手上随时拿着的纸片、玩具、绳子或枕头等特殊对象一样，母亲和这些东西是他周围不可分的一部分，勉强分开会有强烈的情绪反应。通过表格1.3我们可以直观地了解到典型发展儿童与孤独症儿童的不同之处。

表1.3　典型发展儿童和孤独症儿童社会互动发展对比情况一览表①

年龄（月）	典型发展儿童	孤独症儿童
2	能够听声音转向声源；逐渐发展出对人笑	“很乖”
6	有被抱或要求抱的反应；对陌生人有警惕的反应	很好带；不必（要）人理；哭闹难安抚
8	出现陌生焦虑及分离焦虑；动作模仿；喜欢躲猫猫之类的游戏	哭闹难安抚；退缩；被动接受互动；无分离或陌生焦虑
12	主动要求游戏；与大人进行互动性游戏；注意大人反应	不理人；经常自己玩
18	能够玩平行性游戏；能拿、给别人玩具	
24	能够玩平行性游戏、追逐游戏；短暂互动地玩；会寻求帮助、安慰他人	明显退缩不理人、不看人、不反应；缺乏情感表达；少数可分亲疏；少数呈“共生现象”，莫名其妙地害怕
36	轮流、分享；追逐游戏；帮助父母；“献宝”自我展示；取悦	
48	进行角色扮演（如过家家游戏）；协调、妥协；选择自己喜欢和不喜欢的同伴	少数可追逐、观看别人玩；大部分自己玩；模仿仪式性的安慰拥抱
60	交朋友，和朋友玩、吵架；协调游戏的角色变换	和大人的互动增加但明显怪异；重复同样的游戏

四、孤独症儿童游戏技能发展特征

游戏是儿童成长过程中不可缺少的活动，可以让儿童在安全、支持的环境下学习和练习新的技能，包括运动技能、语言技能、社会交往技能等。儿童借助单独玩以及和别人一同玩游戏来了解及学习语言、事物及人际关系。

（一）游戏及游戏分类

游戏是儿童运用一定的知识和语言，通过操弄各种物体以及身心的活动，是适合儿童年龄发展特点、反映并探索周围世界的活动。

① 宋维村编著：《孤独症学生辅导手册》，台南师范学院，2000年12月。

由于游戏的内容和形式是丰富多样的，游戏的分类也是非常复杂的，不同学者从不同角度对游戏进行了区别划分。在此仅列举一些常见的分类方式，见表1.4。

表1.4　不同角度的游戏分类

分类依据	游戏类型
游戏发挥功能	模仿游戏，探索游戏，尝试游戏，造型游戏
占优势心理成分	机能游戏，想象游戏，欣赏游戏，结构游戏
游戏活动形式	操作性游戏，接受性游戏，运动性游戏，智力性游戏，象征性游戏
教育实用的角度	创造性游戏（包括结构造型游戏、角色游戏、表演游戏等），教育性游戏（包括体育游戏、语言游戏、音乐游戏等）
认知发展的角度	练习性游戏，结构性游戏，象征性游戏，规则游戏
社会性参与水平	独自游戏，平行游戏，联合游戏，合作游戏

其中，从认知发展角度与社会性参与水平角度进行的分类被运用得较为普遍。瑞士心理学家皮亚杰（Jean Piaget）首先从认知发展的角度，把儿童的游戏分为练习性游戏（Practical play / Functional play）、象征性游戏（Symbolic play / Imaginative play）、规则游戏（Games with rules）。而后以色列心理学家史密兰卡（Smilansky）提出结构性游戏（Constructive play）是幼儿游戏的一个重要类型，应该包含于游戏的认知类型系列当中。

帕顿（Parten）从社会性参与的角度把游戏划分为六个水平，依次是无所事事（Unoccupied）、旁观行为（Onlooker）、独自游戏（Solitary play）、平行游戏（Parallel play）、联合游戏（Associative play）、合作游戏（Cooperative play）。其中无所事事和旁观行为属于非游戏行为。

（二）孤独症儿童游戏技能发展基本特征

孤独症儿童在游戏技能的发展上落后于其他儿童，且表现出一些其他儿童少有的特点，如偏爱多感官刺激的、重复的、缺乏变化的玩法，缺少趣味性与创造性等。

1. 偏爱独自和平行的练习性游戏

孤独症儿童更多地偏爱独自和平行的练习性游戏。他们偏爱的游戏活动带有明显的可重复操作、可预测结果、游戏情节简单、固定顺序性、追求生理快感、较低创造性、游戏的内容与形式单一等特点，且较少需要或不需要语言交流和社交技巧。

在游戏过程中，孤独症儿童多表现出喜欢身体的接触，如不断地重复击打物体、盯着物体看等。他们很少根据物体的特性来玩某个物体，只是根据自己的喜好操弄手中的物体。

2. 象征性和社会性游戏发展明显落后

象征性游戏和社会性游戏是两类相似性较高的游戏，它们的不同在于象征性游戏更侧重儿童假象、想象、装扮能力，而社会游戏更重视儿童与他人互动、合作的能力。

孤独症儿童缺乏进行自发的象征性游戏的能力。虽然部分孤独症儿童能够进行以物代物，但孤独症儿童很少玩象征性游戏，即使玩，也往往只表现为固定的、反复性的玩法，而缺少一般儿童想象的、创造的、时常改变的和别人互动的玩法，在游戏中获得的愉悦较少。

孤独症儿童在社会性游戏发展上存在延迟、困难和异常性行为。孤独症儿童常见的社会性游戏为与成人或同伴的追逐打闹。在其他类型的社交游戏中，他们往往自己玩，不主动和他人交流，对于他人的主动加入，大部分孤独症儿童不予理睬，表现出无所谓的态度，少部分儿童会以尖叫等方式极力拒绝他人的加入。

3. 游戏方式存在异常

除了游戏类型的差异性，孤独症儿童的游戏方式与典型发展儿童相比也存在较大的差异。总体来讲，孤独症儿童的游戏行为显得刻板、机械。他们忽视玩具的功能性玩法，取而代之的是转、耍、敲打、排序等刻板玩法，例如反复固执地将积木排列或堆高，把小车倒过来不停地玩它的轮子，等等，甚至对这种刻板玩法达到迷恋的程度，一旦将玩具拿走，即哭闹、大叫。另外，孤独症儿童在游戏过程中普遍注意力难以集中，注意力持续时间短，必须家长予以辅助，否则其注意力维持不到整个游戏完成。

（三）孤独症儿童与典型发展儿童游戏技能发展情况对比

孤独症儿童在游戏技能方面，与典型发展儿童相比，存在明显的迟缓以及一些特殊、怪异的现象。典型发展儿童一岁半左右开始想象玩具的使用，四岁开始发展出合作游戏，并开始在游戏中建立起事件的逻辑性顺序；而绝大部分孤独症儿童还一直停留在某些感官刺激或刻板的游戏活动阶段。通过表1.5我们能够直观地看到典型发展儿童与孤独症儿童的游戏技能的差异。

表1.5　典型发展儿童和孤独症儿童游戏技能发展对比一览表①

年龄（月）	典型发展儿童	孤独症儿童
12	功能性游戏（适当地玩玩具）	玩手，对玩具没兴趣
18	象征、想象或假想性游戏，如拿着香蕉当电话打	反复怪异的动作，对某些刺激的特殊偏好
24	喂玩具动物吃、喝等拟人化的玩法；假装种类增加	反复怪异的动作和玩法；敲，打，咬，闻，舔，排列
36	有计划、系列性地玩假装游戏；玩具可取代；假装玩具可自主	反复怪异的动作和玩法；对某些视动玩具的偏好和特殊能力（认符号、字）
48	几个儿童一齐玩装扮游戏（如过家家）；象征取代实物	教过的功能性游戏；极高功能者可有少数反复个别的简单假装游戏
60	语言和想象的装扮的游戏结合在一起；讲故事，编故事	功能性玩法增加；在自然情境中自发性、创造性玩法极少

① 宋维村编著：《孤独症学生辅导手册》，台南师范学院，2000年12月。

第二章

我国孤独症教育康复发展历程

虽然孤独症儿童身心发展的特点和特质逐渐为公众熟知，但孤独症这一庞大而神秘的群体还有太多未知等待我们去探索和发现。孤独症教育康复的本土化一直是国内孤独症教育康复工作者的目标。从国家政策的持续跟进到教育康复安置的遍地开花，从教育干预方式的日趋科学到课程体系的不断探索，我国孤独症教育康复工作进展情况总体向好。

第一节
中国大陆孤独症教育康复发展历程

一、孤独症教育康复的发展阶段

与国际上孤独症研究最早的一批国家相较，我国孤独症教育康复工作的发展晚了近40年。虽然孤独症教育康复工作研究起步晚，但相关领域的研究工作从未止步，且研究速度和质量逐渐提升。本节内容以王梅、张俊芝等人的研究①为基础，系统梳理中国大陆孤独症教育康复发展的阶段及主要发展特点。

（一）第一阶段（20世纪50—80年代）

在20世纪80年代以前，中国大陆的儿科医生、儿童保健医生及精神科医生中能够识别孤独症的还很少，所以也少有报道。在全国范围内也鲜有人知道什么是孤独症，所以当时孤独症儿童的生存环境是极其困顿的，人们仍将其归为精神病患类。在世界各国的孤独症研究逐渐兴起之时，中国大陆的孤独症研究则显得过于平静。这种状态因1982年陶国泰教授发表的一篇有关四名孤独症病患的文章而改变，"孤独症"这一名词也是由陶国泰教授提出的。这篇文章的发表弥补了中国大陆孤独症研究的空白，也代表着孤独症研究工作新时代的到来。

---

① 王梅、张俊芝编著：《孤独症儿童的教育与康复训练》，华夏出版社2007年版。

（二）第二阶段（20世纪80年代中期到90年代末期）

陶国泰教授的文章发表之后的1984年，南京儿童心理卫生研究中心成立。在研究中心成立短短的一年内，就有8名孤独症儿童被确诊。但因为我国儿童精神医学整体起步较晚，绝大多数的儿科、儿童保健、精神科医生没有经过儿童精神医学专业系统的教育和训练，所以，在20世纪90年代以前，孤独症被误诊的概率非常高。在专业的教育康复训练方面，医生们也缺乏经验。但是这个时期，"孤独症"这一名词已经开始被关注和重视，整个90年代，孤独症的教育康复等工作在各界人士的努力下经历了从无到有的改变。

1993年3月，田惠平女士创立的中国大陆第一家专门为孤独症儿童及其家庭提供教育服务的民办机构正式成立。同年12月，以杨晓玲教授作为会长，中国大陆成立了第一个以改善孤独症儿童康复、教育、医疗环境为宗旨的社会团体——北京市孤独症儿童康复协会。1994年7月，国家教委基础教育司委托原北京市教育局进行孤独症儿童学前教育和义务教育训练实验。这是首次在中国大陆进行的政府层面的有组织、有领导、有目的、有计划的孤独症儿童教育实验。之后的1996年，在教育研究课题申报过程中，"孤独症教育诊断与训练研究"又得到了北京市教委的关注，并列为重点课题。由此可见，北京市孤独症的教育康复工作逐渐步入正轨。与此同时，北京市第二届特殊教育工作会议通过的"九五"规划中明确指出"要对……孤独症……的教育训练实验继续进行并扩大推广工作"。此后，全国各地也纷纷开始相关的教育研究工作，孤独症儿童教育训练的研究已然成为特殊教育事业发展的必然趋势。

（三）第三阶段（2000年至今）

进入21世纪之后，中国大陆的孤独症教育康复事业得到了蓬勃发展。首先，政府出台了一系列相关政策和法规，让孤独症儿童康复有章可循，从而推动这一行业健康、有序、快速发展。其次，孤独症教育康复机构和学校纷纷建立。据统计，目前中国大陆的孤独症教育机构已由1600多家增加到了1800多家，增长了10%以上。再次，师资力量的培养和研究水平不断提升。从业人员数量从不到3万人增长到5万人以上，增长了40%。在师资培养上，

2005年9月，南京特殊教育师范学院（南京特殊教育职业技术学院前身）康复系在全国首次招收孤独症教育康复方向专科生，标志着孤独症教育师资力量的起步。之后以北京师范大学、华东师范大学等为依托的研究型师资培养和以南京特殊教育师范学院、豫章师范学院等为依托的实践型师资培养，在孤独症教育康复研究领域逐渐发挥各自的优势和特点。相关的研究成果也在不断地丰富和发展，这一点，从研究文献的数量可以明显地看出来：以“孤独症/孤独症＋教育”为关键词在中国知网中搜索显示的文献数据，从20世纪90年代每年个位数的研究论文篇数一跃至现在的每年动辄300—400篇。

经过30多年的实践与探索，中国大陆孤独症教育康复行业蓬勃发展，成果显著。下面分别从政策法规、安置方式、康复教育的体系化及课程建设等方面进行专项阐述。

二、孤独症儿童教育康复的政策和法规

首先，我国宪法规定：“中华人民共和国公民有受教育的权利和义务。”受教育权是宪法赋予公民的基本权利，它既是一项权利也是一项义务，所以包括孤独症儿童在内的所有儿童均有接受教育的权利和义务。除宪法外，《中华人民共和国残疾人保障法》和《中华人民共和国义务教育法》同样对儿童的受教育权利予以保障。

其次，孤独症儿童教育康复政策与我国特殊教育相关政策的颁布和实施是密不可分的。进入21世纪后，有关特殊教育的相关政策中“孤独症”的字眼频频出现。2001年，我国将孤独症正式划入精神残疾的类别，中国残联也将孤独症儿童的康复训练纳入《中国残疾人事业“十一五”发展纲要配套实施方案》，明确提出“在31个试点城市开展孤独症儿童康复训练，建立示范性康复设施，培训孤独症儿童筛查、诊断、康复训练专业技术人员”。2008年，国务院发布了《关于促进残疾人事业发展的意见》，明确提出逐步解决孤独症等残疾儿童、残疾少年的教育问题；2009年国务院办公厅转发教育部等部门《关于进一步加快特殊教育事业发展意见》；2010年国务院办公厅又在两会期间转发了中国残联等部门《关于加快推进残疾人社会保障体系

和服务体系建设的指导意见》：这三个意见都明确提出为孤独症儿童教育康复提供保障。2015年6月25日，中国残疾人康复协会发布《关于开展“孤独症儿童康复教育人员上岗培训”工作的通知》，“孤独症儿童康复教育试点项目”上岗培训于7月开始，50家孤独症康复机构的特殊教育教师要求统一培训上岗，成绩合格才能获得中国残疾人康复协会颁发的“孤独症儿童康复教育专业岗位证书”，这对规范和提高孤独症儿童早期干预教师队伍建设具有里程碑式的意义。2017年国务院办公厅颁布《残疾预防和残疾人康复条例》，提出“国家建立残疾儿童康复救助制度，逐步实现0—6岁视力、听力、言语、肢体、智力等残疾儿童和孤独症儿童免费得到手术、辅助器具配置和康复训练等服务”。同年7月，国务院再次转发教育部等七部门《第二期特殊教育提升计划（2017—2020年）》，提出“鼓励在现有特殊教育学校中设立孤独症教育康复部，鼓励有条件的地区试点建设孤独症儿童少年特殊教育学校（部）”。2020年4月15日，由佳木斯大学康复医学院及附属第三医院儿童康复专家团队编制的我国首部《孤独症儿童康复服务团体标准》，经中国残疾人康复协会批准，发布在全国团体标准信息平台上。该标准旨在提供一个较为规范的纲领性指引，让医疗、残联、教育、民政、私立等各级各类孤独症儿童康复机构及各层次孤独症儿童康复从业人员有章可循，按“标准”进行规范操作，从而推动这一行业健康、有序、快速发展。这些政策的出台都体现了国家对孤独症教育康复工作的重视。

三、孤独症教育康复的发展趋势

（一）孤独症儿童教育康复安置模式多元化

根据2017年发布的《中国自闭症教育康复行业发展状况报告（Ⅱ）》数据，我国至少有1000万的孤独症个体，其中0—14岁的少年儿童数量超过200万。[①]面对如此庞大的群体，其教育安置成了需首先解决的问题。经

① 五彩鹿自闭症研究院编著：《中国自闭症教育康复行业发展状况报告（Ⅱ）》，华夏出版社2017年版，第35页。

过多年的探索，目前我国孤独症儿童主要的安置形式包括两大类：一类是融合式的安置形式，其中包括普通学校的随班就读、资源教室，特殊学校或机构中的孤独症和其他障碍儿童的混合班，等等；另一类是专业安置形式，主要是专门针对孤独症群体开办的公立学校或民办机构。这些学校和机构只招收孤独症儿童，所营造的教学环境、使用的教学及康复手段都务求达到适合孤独症群体教育的需求。这两大类安置形式，包含多种安置方式，且各有优缺点。

首先，介绍一下融合式的安置形式。该安置形式包括全面的普校融合和与其他特殊障碍学生的融合。全面的普校融合，是国际上孤独症儿童的主流安置形式。它有利于孤独症儿童更多地接触年龄相近的普通儿童，体验社会交往。融入正常的环境有助于他们达到更好的预后效果。[①]2011年《残疾人随班就读工作管理办法》出台，明确提出随班就读的对象包括孤独症儿童。此后，全国各个地区的普通学校、幼儿园也不断吸纳孤独症学生随班就读。有条件的地区还针对普通学校中有特殊需要的儿童配备专门的资源教室和资源教师。但是由于我国普通学校教师对孤独症儿童知之甚少、缺乏接纳、缺少相应的专业技能，[②]以及普通学校中家长、学生对特殊学生的接纳度较低，学校的评价体系、机制不符合学生的发展需求等问题的存在，孤独症儿童在普通学校的就读过程困难重重。[③]招收孤独症儿童的特殊教育学校以培智学校为主。由于孤独症患者大多伴随智力障碍，所以很多培智学校会接收一些孤独症学生。这种方式的安置，相较于普通学校在环境上更加缓和，教师也具备一定的特殊教育专业知识。但孤独症儿童有别于单纯的智力障碍学生，他们不仅智力受损，还存在重复刻板行为，且在言语、沟通、交往等方面均有一定程度的障碍。培智学校里传统的集

① 姚瑞霞：《融合教育对孤独症儿童发展的重要性》，载《课堂经纬》2018年第9期。

② 关文军、颜廷睿、邓猛：《随班就读学校教师对孤独症儿童教育安置的态度研究》，载《残疾人教育》2017年第4期。

③ 张欣、张燕、赵斌：《我国随班就读工作推进中的困难及对策探析》，载《现代特殊教育》2018年第9期。

体课堂教学以及与培智学生一致的教育教学目标与内容，难以满足孤独症学生的发展需求。[①]另外，有些教育康复机构也会将孤独症与其他障碍类型儿童放在一起进行教育康复。这种形式既达不到孤独症专业康复机构的标准，又缺少课程体系的引领，很容易由教育康复转为简单养护。

其次，介绍一下专业化的安置形式。一类是专门招收孤独症学生的公立特殊教育学校。2008年广州市残联成立了广州康纳学校，这是中国大陆第一所专门招收孤独症学生的学校；2012年，经福州市人民政府批准，福州星语学校成立，这是中国大陆第一所专门为孤独症儿童提供义务教育服务的市属公办特殊教育学校；2017年，经青岛市人民政府批准，青岛市晨星实验学校成立，这是我国北方第一所专门为孤独症儿童提供学前及义务段教育服务的市属公办特殊教育学校。这些政府创办、专门招收孤独症儿童的保障性学校，学生在学校接受的所有教育康复的费用全部由政府承担，极大地减轻了家长们的精神和经济压力。另一类是专门的孤独症教育康复机构，如五彩鹿儿童发展中心、恩启特教平台、以琳孤独症学校等，它们大都是民间发起和创办的，主要招收进行早期教育康复（6岁前）的孤独症儿童。这些学校和机构的所有配套设施都是以满足孤独症学生的教育需求而建设的，其中包括结构化的教学环境、专业的孤独症儿童师资团队以及符合其发展需求的课程建设，同时学校和机构均兼顾孤独症儿童的教育康复和研究工作。当然，专业化的安置形式也存在一定的弊端。就学校而言，家长们容易对专业化学校的教师的专业能力抱有怀疑，也有家长对学校抱有不切实际的期望，认为这里能够解决孤独症儿童的所有问题，这就造成专门学校在专业性定位上的偏差。另外也有很多学者认为，纯粹的孤独症教育环境并不能够为孤独症儿童提供有利的社会交往环境，也不符合融合教育的发展趋势。就机构而言，个训课、小组课的教育康复训练确实很有成效，但是这种相对孤立隔离的教育模式一定程度上也会影响孤独

① 陆雪萍：《培智学校孤独症学生课程的构建与实施》，载《现代特殊教育》2016年第12期。

症儿童的语言沟通、社会交往等社会性技能的发展。[①]

除此之外，针对障碍程度较为严重的孤独症儿童，当地的教育部门还会给予送教上门的服务。各个安置形式之间虽存在不同的优势与不足，但基本上涉及从完全融合到完全隔离的各种安置形式，说明我国多元化孤独症儿童教育康复安置模式已见雏形，也为之后更加精准化的教育安置奠定了基础。

（二）教育康复工作正逐步走向科学化、体系化

随着孤独症教育康复领域在我国不断地深化和拓展，人们对于孤独症教育康复工作的认识也在不断地提升，无论是理论知识的学习和了解，还是对教育康复手段的选择，都在向更加科学化的方向发展。

如今孤独症教育康复工作的走向可从以下几方面进行分析：首先，在教育康复的理念上，由之前以提高孤独症儿童认知能力的发展为主，转变为以促进孤独症儿童的“社会性适应”为根本目标，帮助孤独症儿童适应社会生活、融入社会环境的理念已经成为孤独症教育康复领域的共识。其次，在干预技术方法的选择上，主流学校和机构多采用经过国际、国内实践充分验证的干预技术和方法，其中以应用行为分析为理论依据的教育干预方法占据重要地位，而对孤独症儿童的多个领域、多种缺陷进行干预的综合干预方法也开始探索和使用。[②]再次，在教学实施形式上，不再拘泥于一对一的个别化训练环境，打破了传统的密集式干预方式，集体教学模式逐渐成为教育康复的主流，小组课、集体课、趣味社团等更多的教学实施形式为学生的集体生活提供技能服务。最后，在干预流程上，主张实行闭环式干预服务流程，确保每个环节的科学性，即在孤独症儿童进入一个学校或机构后，针对其制订的全方位教育康复计划就开始实施了。第一步是针对儿童实施教育评估，通过科学的评估工具对儿童的能力发展进行准确

① 李斯昕：《孤独症谱系障碍儿童教育干预康复效果探究》，辽宁师范大学硕士学位论文，2014。

② 刘毅梅、张枫等：《不同训练方式对孤独症患儿预后的影响》，载《山东医药》2015年第21期。

定位；第二步，针对孤独症儿童的需求因材施教，制订个别化教育计划，计划制订的同时还邀请学生家长等重要他人召开个别化教育计划会议，确保计划制订的科学性和可实施性；第三步是针对个别化教育计划制订学生的个别化教育康复目标和课程，然后由儿童的教师、相关康复师、家长等共同完成，三者互相联系。如何有效地实施教育、如何开展教育康复工作也正在逐渐形成体系。

总结成果的同时不可否认，中国大陆孤独症儿童教育康复工作还存在诸多不足之处。例如：孤独症康复教育质量区域间差异较大，一些专业化的学校和机构主要分布在东部较发达的城市和地区，很多发展落后的地区孤独症儿童的教育康复资源相当匮乏；孤独症儿童教育康复师资力量薄弱，专业教师缺口大，孤独症儿童的学校教育安置形式、课程建设都需要进一步探索，家庭干预的科学性、有效性有待进一步增强，社会支持和保障体系有待进一步建立；等等。应该说，在保障孤独症儿童享受良好教育康复资源这条路上，从国家、社会到学校、家庭，都任重而道远。

第二节
港台地区孤独症教育康复发展历程

一、香港地区孤独症教育康复发展历程

（一）香港地区孤独症教育康复的产生和发展

20世纪60至70年代，香港地区还未对孤独症有所认知。这一时期大多数孤独症患者的治疗和干预方式都是借鉴智力障碍者的治疗方式。直至1978年香港地区实行义务教育后，孤独症及其他特殊儿童的特殊教育得到迅速发展，孤独症的教育康复问题才逐渐被认识和了解。到20世纪80年代中后期，专业的儿科医生开始对孤独症以及言语发展迟缓或情绪行为问题严重的儿童进行发展性评估。1991年，港英政府成立“孤独症人士服务工作小组”，为孤独症儿童制订服务计划。1996年，港英政府实施《残疾歧视条例》和《香港学校教育目标》。这些政策的出台保障了孤独症及其他特殊儿童受教育的权利，为香港地区发展特殊教育奠定了政策和法律基础。之后，香港地区的融合教育蓬勃发展，香港教育署及非政府机构为孤独症儿童在内的特殊需要儿童提供的教育和服务逐渐增加。

（二）香港地区孤独症患者教育康复服务体系现状

特殊学校设有小学一年级至高中三年级课程。学生在读期间评估其发展程度，若达到普通水平，就可以转读普通学校。读到高中若学生能力许可，也可以参加各项公开考试，如可以参加高考进入高等院校。普通学校

内的特殊教育需要学生会有额外支援，之后的发展就和普通学生一样。

特殊学校学生高中毕业前，职业训练局会为学生做职业评估，以确认学生将来可以参与何种职业训练或就业。一方面，首先是政府提供服务。根据其能力，学生会被分配至对应不同能力及需要的展能中心、庇护工场或社会企业，推荐公开就业。需要一提的是，能力越弱的人士在所对应的服务中需要越长的时间才可以轮候到位置。根据特殊学校社工的反映，有严重残疾的成人轮候以照顾为主的服务的时间，最长可达八至十年。从出生到幼儿园期间，家长发现孩子有任何发展问题，都可以到医院或者健康院检查，若有需要会被转介至卫生署下辖的儿童体能智力测验中心（简称CAC）做评估，在CAC诊断是否患有孤独症及其程度如何。由于部分患有孤独症的儿童兼有智力障碍，在此也会一并评估。若确诊，CAC将会为该儿童在社会福利署的一个中央分配系统中排队。政府负责的学前特殊教育需要服务分为三类：special child care centre（俗称S位或者特殊位），early education and training centre（俗称E位或者早期位），integrated child care centre（俗称I位或者兼收位）。三类幼儿学校交由不同的非政府组织办学，这些非政府组织的生源全部来源于上文所提的中央分配系统。其中的I位其实是普通幼儿园里面所设的用于招收一定数量特殊教育需要幼儿的学位。E位的幼儿有自己在读的普通幼儿园，但每周一次或两次到E位幼儿中心做训练。S位则收录情况较严重的幼儿，这里的幼儿每周五天上学。幼儿若有需要，可在这三种类别的学校内转换。近年来，从开始在中央系统排队至入读，需要大约1年半时间。所有S位幼儿需要做再次评估，而E位及I位的幼儿根据实际需要决定是否再评估。这次评估基本上决定幼儿将来会在特殊教育体制内，还是在普通教育体制内。经CAC评估智力分数90以下的，可以参与分配特殊学位；90分以上的，只可以经普通教育制度分配到普通小学。另一方面，还有非政府参与的部分。香港有各种类型的国际学校，其中包括少数特殊学校，有经济能力的家庭可以选择入读这些学校。还有一些私人训练机构和非政府组织提供训练，一些家长会在等候学位的时候在这些机构中为孩子安排训练，或者在读政府学位的同时再为孩子安排额外训练。

二、台湾地区孤独症教育康复发展历程

台湾地区的孤独症儿童教育始于1967年台湾大学医学院儿童心理卫生中心设立日间住院部，由台湾大学医学院精神科的杨思根医师、徐澄清医师、宋维村医师等率先引进孤独症的概念与干预服务。1997年修订的《特殊教育法》，正式将孤独症单独列为身心障碍中的一类，与其他身心障碍者同样可享有就学、就养、就医及就业的权益。在入学安置上最早专为孤独症儿童提供的特殊教育，是1985年在台北市立师范专科学校附属小学所开设的情绪障碍班，有4名中重度孤独症儿童，是全日制的特殊班，由两位特教老师任教。[①]目前，台湾地区并不主张为孤独症设置专门的孤独症班，而是采用按照学生的能力程度进行不同的安置教育。障碍程度比较轻的儿童可进行融合教育，或在普通学校建立资源班；障碍程度严重的儿童可进入特殊学校，与其他障碍类学生一起接受教育，不能入学的还可以申请送教上门。孤独症儿童在培智班或培智学校就读时，除以智力障碍儿童所需课程为主和做全班或分组学习外，同样要根据需要，提供个别指导，确保孤独症儿童在原课程无法兼顾的部分能够得到适性的、补救的教导。

孤独症学生虽在病程、行为特征、智力高低、预后转归等方面各有不同，但因都有社会性、沟通及行为兴趣等方面的障碍，因此除一般教育目标外，台湾地区的孤独症教育将改善障碍列为首要目标，致力于提高独立、自主、稳定的生活能力。为此，可设置以下目标：

1. 增进口语及非口语的沟通能力；
2. 增进社会性能力；
3. 增进自我照顾、独立作业能力；
4. 增进基本学科（认知、读、写、算）能力；
5. 增进情绪的稳定；
6. 增进优势能力的发挥；
7. 增进休闲娱乐技能；

---

① 林宝贵、徐云：台湾孤独症儿童教育，载《现代特殊教育》2016年第9期。

8. 减少固执性等不适当行为的出现；

9. 提高成年者的职业技能。

近些年，台湾地区针对不同的教育安置情况，孤独症儿童的课程与教学重点也有所不同。普通班着重加强学生的沟通能力，提高其融入社会的能力；资源班开设原班无法或较不易实施的课程，与原班形成互补；特殊教育班、特殊教育学校注重课程的实用性与功能性，强调加强儿童的适应能力。未来，将加强早期发现与早期干预，提供发挥优势与补救弱势二者并存的教育，加强课程与教材、教法的研发，加强成年孤独症者的职业教育。

第三章
晨星生态课程体系构建与实施

孤独症教育课程建设越来越备受关注与重视。但是，针对孤独症学生开展学校教育是一项全新且艰难的尝试。在此方面暂无国家标准，也没有太多经验可供参考。现行孤独症儿童安置形式与课程设置无法满足孤独症儿童个性化、全面化的发展需求。在特殊教育经历了从关注“缺陷”到关注“潜能”、从关注“能力”到关注“能力与环境的互动”转变的背景下，多元化的教育安置形式与适性课程体系的构建是孤独症儿童接受优质教育的迫切需求。因此，站在教育供给侧结构性改革的十字路口，我们亟须思考“培养什么样的孤独症儿童”“怎样培养孤独症儿童”等根本性问题，进一步明确孤独症教育探索之路的方向，凝聚共识、行稳致远。青岛市晨星实验学校成立于2017年，是我国北方地区第一所公办孤独症教育学校。办学以来，晨星学校经历了从学习、研究中萌生理念与方法，到教育实践中落实检验，再到在实践中反思、修改完善，并以科学严谨的课题研究引领全过程，对孤独症儿童教育的观点、原则与理念逐渐清晰，逐渐探索出一条提升孤独症儿童教育康复质量的“生态教育之路”。

第一节
晨星生态教育的理论基础

自孤独症的概念提出以来，研究者们分别从不同的学科视角对其进行阐述和研究。虽然研究者们已经认识到孤独症的病因在神经组织或器官上，但目前还未有孤独症诊断的生理指标和生理测试，我们还仅是从行为层面对孤独症给予界定，孤独症的诊断标准也比较宽泛。在跨学科的研究背景下，不同学科分别从各自的学科背景和理论基础出发对孤独症进行解读，研究者们从心理学模式、医学模式、知觉生态学模式等视角提出了不同的孤独症教育观。当前，孤独症儿童的教育与心理评估、干预技术与方法等呈现出越来越明显的生态化倾向。我们通过不断研究与实践，最终确定将知觉生态学作为晨星生态教育的理论基础。

一、知觉生态学模式下的孤独症观

洛夫兰（Loveland）将吉布森夫妇（James J. Gibson & Eleanor J. Gibson）知觉生态理论的框架运用解释孤独症，提出了知觉生态学模式的孤独症观。

首先，生态学模式下的孤独症儿童是可教育的，且教育质量与后天环境因素有着密不可分的联系。洛夫兰（1991）和吉布森（2001）用知觉生态理论解释孤独症，认为孤独症虽然是一种先天性的神经发育障碍，但孤独症儿童后天与环境互动的质量却决定能否修正他们的神经连接与大脑结构，进而影响心理结构的建构。若儿童能够尽早获得积极有利的经验，孤独症儿童具有的一些典型症状，如社交与沟通障碍、想象力缺失、狭窄的兴趣和刻板性行为等，就可以在很大程度上减轻，将来融入社会的可能性也将大大提高。相反，若不能克服神经发育损伤所带来的障碍，尤其是后天不利的生长环境，累积过多的消极负面的体验，就会导致二次神经发展障碍，出现一系列的情绪行为问题，进而影响其他各方面能力的综合发展。①

其次，从知觉生态学的角度看，孤独症并不是存在于个体内部的一种静态症状，孤独症是一个发展着的过程，而且是发生在个体与环境之间的相互作用过程中。也就是说，孤独症并不是发生在某个个体头脑中的问题，孤独症的发生是因为个体与环境之间的互动关系出现了障碍。通俗来讲，孤独症儿童并不是"病"了，而是在社交沟通、语言行为等方面有异于普通人。孤独症教育的终极目标并不是"治愈"孤独症，而是帮助孤独症人群克服身体与情感方面的机能障碍，使他们将来能够有机会、有能力融入普通的家庭、社区以及社会生活。

二、知觉生态学模式下的教学观

知觉生态学模式强调利用生态学的整体观、系统观、层次观、发展观来解释孤独症的发生机制，用整体、联系、和谐、动态平衡的理念指导孤独症儿童的教育实践。在教学实践中，重视以孤独症儿童为中心，从经验和需要出发，关注孤独症儿童的主体性和独特性，注重潜能开发；重视孤独症儿童家庭、社区和社会教育资源的有效整合和高效利用，创设支持性的教育环境。

知觉生态学模式坚决反对威胁式的训育以及成人化的说教，而强调优质人际关系（亲子关系、师生关系、治疗关系）的重要性。孤独症儿童生命中的亲密的"重要他人"，应成为教育教学活动中的陪伴者、引导者和关爱者。安全的依恋和互动关系是教育教学中不可忽视的重要教育资源。

① 杨凌燕、肖非：《从知觉生态理论看自闭症的发生与发展》，载《中国特殊教育》2005年第11期。

同时，教育活动中老师手把手带领学生进行学习、工作、生活，使学生更好、更快融入其中的“师徒制”教学模式在孤独症儿童的教育教学中具有良好效益，应予以重视。

总之，知觉生态学模式下的教学观强调孤独症儿童在充满意义的真实生活环境中，依托知行合一、身心整合的活动课程平台，实现潜能的开发和有意志、有情感的自我建构。

三、知觉生态学模式下的课程观

课程是一个由目标、内容、学生、教师、环境（包括校内环境和校外环境）等要素构成的系统，这些要素是动态开放的，相互间进行着信息交流，保持着动态的和谐平衡，在教学过程中反映的就是人与人、人与环境之间的关系。因此，课程本身具有生态性。知觉生态学模式的课程即生态化课程，就是要摒弃以往技术性课程的弊端，使课程回归其生态本性。生态化的课程属于经验或体验式的课程，是符合学生发展的实际、生活的实际，并与生存环境相关联的，更加强调立足精神世界，立足于人、自然、社会（主体与客体）整体有机统一的“存在界”。孤独症儿童因自我意识薄弱、社交沟通的缺陷，与周围世界建立意义关联的障碍，概念思维与语言加工的差异，应尽量避开抽象的理论灌输和机械的重复训教，转而关注主体需求，注重直觉体验以及精神世界。生态化课程中，儿童一方面能够实实在在感受到自我的存在价值，感觉到自我的理智力量、情感的满足、意志的独立与自由，另一方面则真真切切感觉到自我与自然、与社会、与他人之间内在（非工具的）、有机的（非机械的）联系。在某种意义上，生态化课程赋予儿童的“经验”以个性意义，是一种尊重儿童个体的高度个别化的课程。[①]

① 杨广学、王芳:《自闭症整合干预》，复旦大学出版社2015年版，第251页。

第二节
晨星生态课程体系构建

基于知觉生态学模式的孤独症观，晨星学校在办学之初，便明确了“孤独症儿童首先是儿童，然后才是存在特殊症状、有特殊需求的儿童”的学生观。基于知觉生态学模式的教育观和课程观，晨星学校直面现存“重康复、轻教育”“重方法、轻内容”等问题，秉持“尊重、支持”的育人理念，在孤独症学校教育的困境中寻求突破点：兼顾儿童全面发展与个体优势、生活适应与社会适应能力培养、个体与环境双向改变，着力体现“适性”“生活性”“开放性”等晨星生态教育理念的基本特性，构建起基础性课程、康复性课程、发展性课程相结合的学校课程体系。

一、晨星生态教育理念

尊重每一名孤独症儿童的主体价值及其成长规律、教育规律，着眼于儿童生命发展的全程，采取多元教育策略，为其提供全员、全环境、全过程的支持与教育服务，使其在充满意义的真实学习、生活环境中，进行有意志、有情感的自我建构，丰富其人生的意义，涵养其生命的灵性，提升其生命的质量。

（一）晨星生态教育的基本特性

1. 适性

以孤独症儿童为本，以科学评估为依据，以个别化教育计划为导向，兼顾其共性与个性，实施与之相适应的教育与康复，改善其核心障碍，促进其全面发展。

2. 生活性

立足于孤独症儿童生活实际，将个人生活、家庭生活、学校生活、社区生活、社会生活等内容进行有机整合，提高学生解决实际生活问题的能力，促进其融入社会。

3. 开放性

利用一切可以利用的社会资源，打破空间、时间、课程等局限，构建全面的、丰富的、动态的教学环境，促进孤独症学生的可持续性发展。

（二）晨星生态教育原则

1. 一般性与选择性相结合

在课程设置方案中，尊重学生的教育康复需求，通过一般性课程来满足其生理、心理和社会发展的需求，最大限度地开发其潜能。同时，通过选择性课程来满足学生的个别化需求，促进其综合素质的发展。

2. 个训课程与集体课程相结合

在课程组织形式上，分为个训课程和集体课程（包括集体课和小组课），力求既针对学生的不同障碍特点进行个别化教育训练，满足其个体健康发展的需求，又关注知识传授和学生相互之间的沟通交流，培养其融入集体生活的能力。

3. 生活适应与潜能开发相结合

在课程功能上，强调对学生积极生活态度的养成，注重对学生生活自理能力和社会适应能力的培养与训练，同时关注对学生潜能的开发，培养发展学生的特长。

4. 教育与康复相结合

在课程特色上，针对学生普遍存在的社交沟通障碍、情绪行为问题、刻板行为等，遵循教育规律，应用行为分析技术开展教育，同时注意吸收现代医学和康复技术新成果，融入物理治疗、言语治疗、情绪行为管理和心理辅导等相关专业知识，促进学生全面健康发展。

5. 传承借鉴与发展创新相结合

在课程开发上，借鉴国内外普通学前教育、小学教育和特殊教育的先进理论和成功实践，结合学生的身心发展特征和特殊需要，通过探索、总结、发展和创造，不断调整、修改和完善课程，使课程更适合学生的需要和发展。

二、晨星生态课程结构

学校认真研究《幼儿园教育指导纲要》《3—6岁儿童学习与发展指南》《普通小学学科课程标准》，参考《培智学校义务教育课程标准》等，结合改善孤独症儿童核心障碍的需要，从社交沟通、健康、生活、艺术、科学等五个领域设置课程，各领域的内容相互渗透，从不同的角度促进儿童情感、态度、能力、知识、技能等方面的发展。经过三年多的研究探索，制订了《青岛市晨星实验学校课程方案》，建立起基础性课程、康复性课程与发展性课程相结合的生态课程体系。

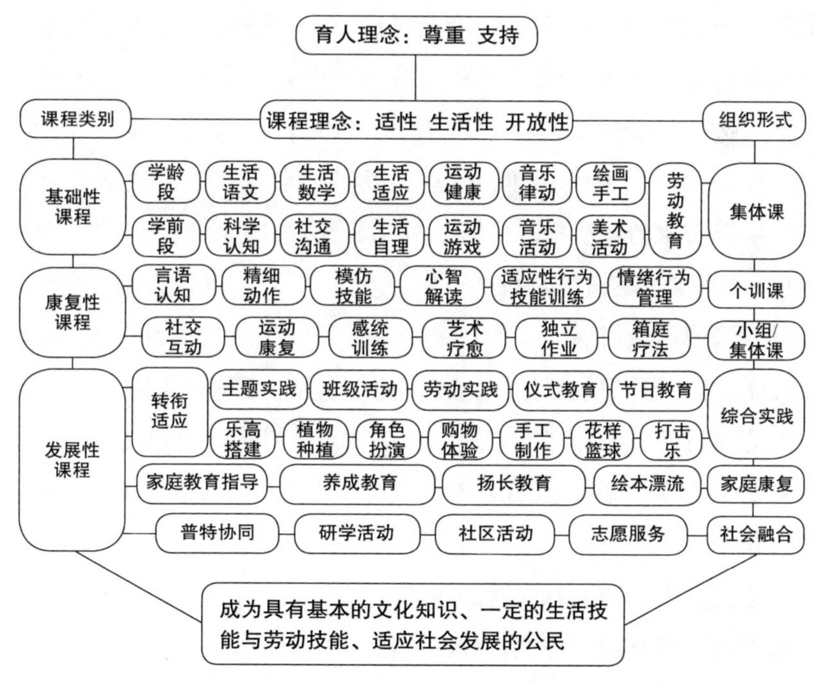

图3.1　生态课程体系结构

生态课程充分尊重孤独症儿童的个体差异性，关注孤独症儿童的优势与潜能，创设生态课堂，创设生态化学习环境，开发多样化课程资源，将学习活动拓展到校园、社会生活等各个场所，深入到孤独症儿童的艺术修养、精神文化、生活技能、社会交往等各个方面，让孤独症儿童在自然的生态环境中学习，在学习中更好地生活。

《青岛市晨星实验学校课程方案》确立了学前段社交沟通、生活适应、运动游戏、美术手工、音乐律动、劳动教育，以及义务教育第一学段生活语文、生活数学、情绪管理、劳动实践、运动与康复、生活适应、绘画与手工、唱游与律动各领域与各学科课程的总目标及分阶目标，设置了“基础性课程+康复性课程+发展性课程”的课程体系。

三、晨星生态课程目标

晨星学校通过实施专业教育评估、直接观察、家长访谈等多种评估方式，对学生进行精准化教育评估，全面掌握其各方面的发展水平，并对比普通儿童发展规律，确立学校培养目标。在此基础上，结合各领域和学科发展目标，经过反复斟酌、实践、修改，确立了学前段社交沟通、生活适应、运动游戏、美术手工、音乐律动各领域，以及义务教育第一学段生活语文、生活数学、情绪管理、劳动实践、运动与康复、生活适应、绘画与手工、唱游与律动各学科课程的总目标及分阶目标。

（一）学前领域教学目标

社交沟通　总目标

1. 学会倾听并理解任务性语言，能结合情境理解常用语言。

2. 能进行简单的命名、复述和对话，会合理表达自己的需求。

3. 愿意与人交往，具有基本的社会交往能力，能与同伴友好交流、分享与合作。

4. 会说普通话，具有文明的语言习惯。

5. 对阅读感兴趣，养成良好的阅读习惯。

6. 形成初步的自我意识，适应并喜欢集体生活，能遵守基本的社会行为规则，有初步的归属感。

社交沟通　分阶目标

【一阶目标】

1. 有叫名反应，能与交谈的人有眼神接触，能关注到身边的人。

2. 能理解简单的任务性语言，执行至少1个步骤的指令。

3. 对常见物品及动作进行指认、命名，并回应关于“谁”“什么”的问题。

4. 能使用非语言的形式或常用词语表达自己的需求。

5. 能在引导下使用非语言的形式或常用词语回应他人发起的交流和分享。

6. 能在引导下使用日常礼貌用语。

7. 对阅读产生兴趣，阅读时能基本保持正确的姿势。

8. 能在引导下参与集体活动，在提醒下能遵守家庭生活、学校生活的基本规则。

【二阶目标】

1. 能理解任务性语言，执行至少2个步骤的指令。

2. 能理解根据功能、特征、类别而描述的常见事物。

3. 能用短语命名事物或场景并泛化使用，能倾听并回应关于“在哪里”“干什么”“怎么样”的问题。

4. 能用简单句表达自己的需求。

5. 能在提示下使用非语言形式或简单句子回应或邀请他人参与交流、分享与合作。

6. 能辨别基本的表情和情绪。

7. 能区辨、模仿高低音量，能根据指令调整自己的音量；能在不同场合发出功能性的语调，能辨别基本的语气。

8. 能自发使用日常的礼貌用语。

9. 爱护图书，具有良好的阅读习惯。能通过阅读获取信息，并回答与绘本内容相关的问题。

10. 能感受家庭和学校的温暖，亲近家人和老师，愿意参加集体活动，能遵守日常生活的基本行为规则。

【三阶目标】

1. 能倾听并理解较复杂的任务性语言，执行至少3个步骤的指令。

2. 能结合情境理解较复杂的句子。

3. 能使用多种句子成分较为清楚地描述事物或活动。

4. 能用合理的方式清楚表达自己的需求。

5. 能使用简单疑问句向成人或同伴询问，能围绕一个主题与成人或同伴进行至少3个回合的对话。

6. 能主动加入或邀请同伴参与交流、分享、合作。

7. 能关注他人的表情和情绪，能用语言或动作安慰他人。

8. 能专注地阅读，知道文字符号表示一定的意义，能看图讲述故事，能理解绘本的主要内容并简单复述。

9. 能在不同的情境下用恰当的语言和音量进行表达，并正确使用礼貌用语。

10. 认识国家标志及城市象征，能遵守基本社会规则。

生活适应　总目标

1. 学习个人日常生活自理技能，具备自我服务能力。

2. 养成良好的卫生习惯，建立良好的饮食习惯。

3. 养成健康、规律的生活作息，能接纳新环境，具备适应环境的能力。

4. 形成基本的自我认知，能认识和接纳自我。

5. 知道必要的安全保健常识，学习保护自己。

6. 学习简单的劳动技能，能参与居家和集体劳动。

7. 知道基本生活常识和日常礼仪，遵守基本的社会行为规则，适应并喜欢集体生活。

生活适应　分阶目标

【一阶目标】

1. 在辅助下能适应学校一日生活和作息，能用语言或非语言方式表达个人生活需求。

2. 能在提示下独立喝水、吃饭，尝试接受各类食物。

3. 能在提示下按时用餐、入睡，能在引导下平稳进行环境转换，用恰当的方式表达情绪。

4. 认识校园学习环境中常见的规则标志。

5. 有初步的自我意识，能够分辨自己和他人。

6. 初步认知生活中的安全标识，能在提醒下不做危险的事情。

7. 对家务劳动和集体劳动感兴趣并喜欢参与其中。

8. 学习简单的日常生活礼仪及学校行为规则，能基本适应集体生活。

【二阶目标】

1. 能习得适应学校一日生活的基本技能，初步具有个人卫生意识。

2. 能独立用餐，能表达饥渴的感受，不浪费食物。

3. 能在引导下有规律地饮食、睡眠，能尝试接受新环境，可以在提醒下调整情绪。

4. 认识社区学习环境中常见的规则标志。

5. 自我意识增强，认识身体部位及功能，知道自己的社会角色。

6. 简单了解居家生活的安全常识，学习居家环境中的自我保护。

7. 能在引导下进行简单的家务劳动和集体劳动。

8. 知道简单的日常生活礼仪及家庭生活规则，能适应集体生活。

【三阶目标】

1. 能独立完成居家生活必备的基本技能，基本实现自己照顾自己。

2. 就餐时能基本实现自我服务，不挑食，不暴饮暴食。

3. 养成良好的个人生活作息习惯，能在新环境中较快稳定情绪，保持愉快的心情。

4. 认识社会学习环境中的标志，能在提示下按环境的要求做出正确反应。

5. 有初步的性别意识，了解并知道保护自己的隐私部位，学会身体的基础清洁。

6. 知道社会生活中必要的安全常识，学习社会环境中的自我保护。

7. 能独立承担力所能及的家务劳动和集体劳动。

8. 在引导下能遵守简单的日常生活礼仪及社区生活规则，能适应并喜欢集体生活。

运动游戏　总目标

1. 喜欢参与运动游戏和体育活动，体验运动的乐趣，能在运动中调节情绪。

2. 学习基础运动知识，学习粗大运动的基本技能和方法，身体素质得到增强。

3. 感统失调状况得到改善，有一定的平衡能力，动作协调、灵敏。

4. 具有一定的力量和耐力，对困难的耐受力和抗挫折能力得到提升。

5. 在运动游戏中能遵守规则，学习合作与互动。

6. 学习运动安全知识和方法，建立运动安全意识。

运动游戏　分阶目标

【一阶目标】

1. 能在引导下参与运动游戏和体育活动，体验运动的乐趣。

2. 初步了解身体部位，能模仿并按口令完成简单动作。

3. 学习跑、跳、投、爬等动作名称及相关技能，并能在提示下应用到运动游戏中，身体平衡和协调能力、力量和耐力得到发展。能感受快慢、高矮、远近等运动现象。

4. 愿意玩篮球、足球等球类，能用双手连续拍球。

5. 学习简单的运动游戏规则，初步建立游戏规则意识。能在提示下与同伴在运动游戏中合作互动。

6. 学习基本的运动安全知识和方法。

【二阶目标】

1. 愿意参与运动游戏和体育活动，体验运动的乐趣，学习通过运动调节情绪。

2. 学习正确的身体姿态，在提示下能保持正确的站、坐、行走姿势。

3. 基本掌握跑、跳、投、爬等动作技能，并能应用到运动游戏中，身体平衡和协调能力、力量和耐力得到发展。能说出快慢、高矮、远近等运动现象。

4. 愿意玩以篮球、足球为主的球类游戏，能单手连续拍球，能用脚踢球并追赶球。

5. 能在提示下遵守运动游戏规则，能在引导下邀请同伴一起参与游戏，并与同伴合作互动。

6. 在运动中，经提示能躲闪同伴避免冲撞，初步建立自我保护意识。

【三阶目标】

1. 喜欢参与运动游戏和体育活动，体验运动的乐趣，能通过运动调节情绪。

2. 学习简单的体操类活动基本动作，能在日常生活和运动中保持正确的身体姿态。

3. 掌握基础运动技能，并能在运动游戏中泛化应用，身体平衡和协调能力、力量和耐力得到充分发展。

4. 喜欢并能熟练玩球类游戏，学习其他器材类游戏技能。

5. 能遵守运动游戏规则，能在提示下自主与同伴开展游戏，并在游戏中合作互动。

6. 掌握基础运动安全和运动避险的知识和方法。

美术手工　总目标

1. 初步感受自然界、生活中的美，能在引导下欣赏多种多样的美工形式和作品。

2. 喜欢参与美工活动，能用适当的形式表现和表达自己的情感和体验，发展创作、想象能力。

3. 能分辨基本颜色和形状，能掌握一些简单的美工技能，发展手眼协调能力，锻炼手部力量和手的控制能力。

4. 能在美工活动中合作、分享，并从中获得愉悦的艺术体验。

5. 能保持良好的坐姿和正确的握笔姿势，爱护美工用具。

美术手工　分阶目标

【一阶目标】

1. 能在引导下，关注大自然中美的事物，对常见美工形式的作品感兴趣。

2. 乐于摆弄美工材料，能参与简单的美工活动，能专注于其中3分钟以上。

3. 学习1—2种简单美工技能，以此进行艺术创作。

4. 能初步分辨3种以上颜色和形状。

5. 在提示下能够保持良好的坐姿。

【二阶目标】

1. 能初步观察和感受自然、生活中美的事物，对常见美工形式的作品有模仿的意愿。

2. 学习3—4种简单美工技能，能独立进行简单的美工创作，并专注于其中5分钟以上。

3. 能正确辨认5种以上颜色和形状。

4. 能在提示下关注同伴，在引导下与同伴进行合作创作。

5. 参与美工活动时，能在提示下保持正确的握笔方式和写画姿势，能正确使用美工用具，能有序摆放美工工具、材料等。

【三阶目标】

1. 感受、发现和欣赏自然、生活中美的事物，关注其形态、色彩等特征，喜欢运用绘画、手工制作等不同手段表达自己观察到的事物。

2. 学习5种以上简单美工技能，能初步运用多种技能、材料完成简单的艺术创作，并专注于其中10分钟以上。

3. 能正确辨认常见的颜色和形状。

4. 能与同伴进行合作创作，愿意和同伴分享、交流。

5. 能基本保持良好的坐姿和正确的握笔姿势，能正确使用美工工具，养成良好的美工学习习惯。

音乐律动　总目标

1. 对自然界和生活中的音乐、声响感兴趣，喜欢欣赏音乐、舞蹈等表演。

2. 喜欢参加音乐活动，能用哼唱、舞蹈等形式表现和表达自己的情感和体验，初步发展音乐表现和创造能力。

3. 在音乐活动中，能用恰当的方式与同伴互动，体验与他人合作的乐趣。

4. 学习一些简单的音乐律动技能，发展模仿能力、身体协调能力和表演能力。

音乐律动　分阶目标

【一阶目标】

1. 对自然界中好听的声音有兴趣。

2. 喜欢听简单的儿歌，能模仿学唱短小歌曲。

3. 在音乐活动中，能模仿单一的动作和有趣的声调。

4. 能在辅助下与同伴一起进行音乐游戏，能在引导下关注同伴。

【二阶目标】

1. 能倾听各种有特点的声音，分辨声音的长短、高低等变化并做出相应的动作反应。

2. 学唱短小歌曲，能做连贯的两步以上的律动动作，能使用打击类乐器进行基本节奏的模仿。

3. 喜欢参与音乐活动，能跟随音乐歌唱、律动、舞蹈、表演等。

4. 能与同伴一起进行音乐游戏，能关注同伴。

【三阶目标】

1. 能倾听各种有特点的声音，分辨声音的高低、快慢、强弱等变化并做出相应的动作反应。

2. 能独立演唱简单儿歌，能做连贯的三步以上的律动动作，能使用打击类乐器完整跟打节奏。

3. 能用喜欢的音乐形式表现自己的情绪或自然界的情景。

4. 能主动参与或邀请同伴一起进行音乐游戏，能关注同伴的表情、动作等。

劳动教育　总目标

1. 能认识并正确使用常见的材料和劳动工具。

2. 掌握基本的自我服务技能和简单的劳动技能。

3. 对劳动感兴趣，建立良好的劳动习惯，具有一定的劳动安全意识和环保意识。

4. 在劳动中初步建立服务他人的意识，具有分工合作意识，初步体会劳动价值。

劳动教育　分阶目标

【一阶目标】

1. 初步认识个人物品，能在引导下正确使用和整理个人物品。

2. 能在辅助下完成洗漱、进餐、如厕等自理活动。

3. 能在辅助下参与劳动的全过程，初步建立劳动意识。

4. 初步建立自我服务意识，在引导下完成个人劳动。

【二阶目标】

1. 认识并在引导下正确使用常见的劳动材料和工具。

2. 能在引导下摆放、整理个人物品，能擦拭校内和家庭物品。

3. 愿意参与劳动，能在提示下正确取放劳动材料和工具，并在劳动中注意自己的安全。

4. 初步形成自我服务意识，能在引导下与他人共同劳动。

【三阶目标】

1. 能正确使用常见的劳动材料和工具，并能泛化到不同的劳动场景中。

2. 能自觉整理个人物品，保持个人卫生，能对校内和家庭环境进行简单的清扫。

3. 能正确取放劳动材料和工具，初步建立节约劳动材料、爱护劳动工具的意识，具有一定的劳动安全意识。

4. 初步建立服务他人的意识，能在引导下与他人分工合作进行劳动。

（二）义务教育第一学段学科教学目标

生活语文　总目标

1. 掌握与生活紧密相关的语文基础知识和技能，培养初步的倾听、说话、阅读、识字和写作能力，提升社会交往能力。

2. 养成良好的学习习惯，能在生活实践中学习和运用语文知识和技能，为适应生活和适应社会打下基础。

3. 提高生活语文素养，在学习过程中渗透爱国、爱校、爱家的情感教育，促进形成积极的生活态度和正确的价值观。

生活语文　具体目标

1. 拼音符号的学习和应用能力

（1）能正确辨识或认念单韵母、声母、复韵母的音形。

（2）能正确进行双拼音节和三拼音节的拼读。

（3）能辨认四声声调的符号与发音。

（4）能运用拼音辅助认识汉字。

2. 倾听能力

（1）能在别人对自己讲话时注意倾听，且有眼睛注视对方的行为。

（2）能听懂常用词语和简单的句子，并做出恰当回应。

（3）能通过信息技术等辅助手段，提高学习兴趣，提升倾听能力。

3. 说话能力

（1）能说普通话，养成说普通话的习惯。

（2）能运用简单句式表达个人基本需求。

（3）能正确地使用短语和简单句与他人沟通。无语言能力的儿童至少能够学会使用一项替代性沟通方式（如PECS、手指语等）。

（4）能在说的过程中使用各种人称代词。

（5）能说出自己的基本信息（如姓名、年龄、家庭地址、主要家庭成员、学校班级等）。

（6）能就一个简单的主题与他人交流3个回合以上。

4. 识字与写字能力

（1）能关注汉字，萌发识字兴趣。

（2）能认读生活中常用的词汇10—50个（如姓名、学校、年级等）。

（3）能在图片引导下利用生字造出生活常用词汇。

（4）能养成良好的书写姿势（如坐姿端正、握笔方式正确等）。

（5）能说出并写出汉字基本的笔画：横、竖、撇、捺、点、提、钩等。

（6）能写出生活中常用汉字50个以上。

5. 阅读能力

（1）对书感兴趣，能正确翻页，模仿成人的样子看书。

（2）能从图片中找出熟悉的人、物和生活场景。

（3）当成人给自己读故事书时，在3分钟的读书时间段内有80%的时间注意书本。

（4）养成良好阅读习惯，用正确的阅读姿势进行阅读。

（5）从阅读中找到乐趣，能主动选择课外读物（如绘本）进行阅读。

（6）能阅读背景简单的图画书，知道书中的图画和文字是对应的，文字是用来表示画面的意义的；能认识常见汉字并理解字义。

（7）能在提示下运用普通话朗读课文和简单的拼音读物。

（8）会背诵诗歌（古诗、童谣等）至少10首。

6. 综合性学习

（1）熟悉班级环境，融入集体生活，关注同伴，在交流中获取同学姓名、任课老师姓名、班级规则、班级一日流程等信息，初步建立文明交往的意识。

（2）观察校园环境，能用自己的方式说出观察所得。

（3）能参加班级活动、学校活动，在活动中初步养成良好的语言行为习惯。

（4）参与同伴游戏、互动，能对如何进行游戏或怎样做某事给出指导、指令或解释，体验语言交流的作用。

生活数学　总目标

1. 获得适应社会生活和进一步发展所必需的数学基础知识、基本技能、基本思想和基本活动经验。

2. 体会数学知识之间、数学与其他学科之间、数学与生活之间的联系，能运用数学的思维方式进行思考，增强解决日常生活中简单数学问题的能力。

3. 了解数学的价值，培养学习数学的兴趣，增强在生活中运用数学的信心，养成良好的学习习惯，具有一定的科学意识。

生活数学　具体目标

1. 知识技能

（1）经历从日常生活中认识常见的量的过程，了解日常生活中常见的量。

（2）经历从日常生活中抽象出数的过程，理解20以内数的意义；体会“加”和“减”的意义，能计算20以内的加法和减法。

（3）经历从实际物体中抽象出简单几何体和平面图形的过程，了解简单几何体和常见的平面图形，初步形成识图能力。

（4）能根据给定的一个标准（大小、高矮、长短等）对事物做初步的分类。

2. 数学思考

（1）了解生活中常见的量，感受常见的量在生活中的作用。

（2）运用20以内的数描述现实生活中的简单现象，初步形成数感；通过从物体中抽象出几何图形，初步形成空间观念。

3. 问题解决

（1）在教师指导下，通过观察、比较、操作等方法发现简单问题，并尝试解决。

（2）经历与他人合作交流解决问题的过程。

（3）尝试回顾解决问题的过程与方法。

4. 情感态度

（1）能在引导下感受参与数学学习活动的乐趣。

（2）能在引导与帮助下尝试克服困难，感受数学活动中的成功。

（3）感受数学与日常生活的紧密联系。

情绪管理　总目标

提升正确识别、理解和适当表达情绪的能力，能使用恰当的方法调节自己的负面情绪，具备初级心智理论意向，以满足日常生活及学习活动中人际交往的基本需求。

情绪管理　具体目标

1. 知识与技能

（1）能从面部表情、言语、动作等识别基本情绪（喜、怒、哀、惧）。

（2）能以面部表情、言语、动作等适当表达自己的情绪。

（3）能辨别不同情境并理解自己和他人的基本情绪。

（4）能运用恰当的方法调节或尝试调节自己的负面情绪。

（5）具备一级心智理论的能力。

2. 过程与方法

（1）能够关注他人的面部和眼神。

（2）掌握基本的识别情绪的方法。

（3）能够将情绪与情境相结合。

（4）理解基本的因果关系。

3. 情感、态度与价值观

（1）能正确表达自己的情绪，实现与他人良好的沟通。

（2）能理解他人的情绪，提升人际交往水平和生活质量。

劳动实践　总目标

通过自我服务劳动、家务劳动和公益劳动的学习，学会基本的劳动技能，形成参与劳动的意识和独立或半独立的生活能力，为参与社会工作打下基础。

劳动实践　具体目标

1. 知识与技能

（1）能整理个人学习用品和其他个人物品。

（2）能正确使用抹布、扫帚、拖把、垃圾桶、垃圾袋等卫生工具。

（3）能按照流程进行卫生清扫和个人物品整理。

（4）能按照分工完成劳动任务。

2. 过程与方法

（1）初步熟悉教室、学校的整体环境，熟知个人物品。

（2）能了解他人的要求，并按照要求进行劳动。

（3）能认真观察活动情境并做出恰当的行为表现。

（4）养成规范操作的习惯，眼、手、脑配合完成操作任务。

3. 情感、态度与价值观

（1）形成参与劳动的意识，初步具有不怕挫折、克服困难的意志品质。

（2）初步具有爱护工具、节约材料的意识，珍惜劳动成果。

（3）初步具有安全意识和环保意识。

运动与康复　总目标

1. 运动参与

（1）参与体育运动学习和锻炼，体验运动乐趣与成功。

（2）能够向同伴、家人展示运动技能。

（3）学习并遵守运动规则，建立规则意识。

2. 运动技能

（1）学习体育运动知识。

（2）掌握运动技能和方法。

（3）增强安全运动意识，提高防范能力。

3. 康复训练及身体健康

（1）掌握基本的运动保健知识和方法，提高感觉统合能力。

（2）塑造良好体形和身体姿态。

（3）全面发展体能与健身能力。

（4）提高适应自然环境的能力。

4. 心理健康与社会适应

（1）努力完成体育学习和锻炼任务，培养坚强的意志品质。

（2）学会调控情绪的方法，学会合理宣泄。

（3）形成运动合作意识，提高运动互动能力。

运动与康复　具体目标

1. 运动参与

（1）学习课堂常规并能在引导下参与各项体育活动，对体育活动产生兴趣。

（2）了解运动规则，形成规则意识。

（3）向同伴、家人展示学会的简单动作。

2. 运动技能

（1）知道身体部位的名称，模仿简单动作。

（2）学习跑步、篮球、游泳等运动项目的名称，知道走、跑、跳、爬等动作名称，并做出相关动作。

（3）初步体验运动过程并了解速度、力量、方向等运动现象。

（4）能够基本掌握走、跑、跳、投、抛、接、爬等基本的身体活动方法，并参与相关体育游戏。

（5）能够掌握向前看、向左（右、后）转、齐步走、集体广播操等体操类活动的基本动作。

（6）学习踢毽子、跳绳等简单的民族传统体育活动项目的基本动作。

（7）初步了解运动安全以及日常生活中有关安全避险的知识和方法。

3. 康复训练及身体健康

（1）初步了解运动的卫生保健知识和方法，提高感觉统合能力。

（2）知道正确的身体姿态，能在提示下尽量保持正确的坐、立、行姿态等。

（3）能完成坐位体前屈、立位体前屈握脚踝、绕杆跑、走平衡木等简单的柔韧性、灵敏性、平衡能力运动。

（4）乐于参加户外运动，能在较热或较冷的户外环境中活动。

（5）换新环境时较少出现身体不适，情绪能较快稳定。

4. 心理健康与社会适应

（1）能在指导下尝试完成体育学习和锻炼任务。

（2）体验体育活动对情绪的积极影响，感知体育活动中的情绪变化，保持比较稳定的情绪。

（3）在体育活动中建立初步的合作意识，愿意参加群体活动，与同伴友好相处。

（4）掌握基本的运动交往礼仪，在运动中使用礼貌用语，懂得礼仪规范。

生活适应　总目标

1. 掌握必备的生活自理技能，建立良好的生活、卫生习惯。

2. 建立良好的饮食习惯，喜爱各种食品，不挑食，不浪费。

3. 形成基本的自我管理能力，懂得自己的事情自己做，具有一定的自我服务意识。

4. 具备基础的生活常识，包括生活安全常识、简单的生活礼仪、良好的规则意识等。

生活适应　具体目标

1. 个人生活

（1）具有基本的个人生活所必需的自理能力，初步形成良好的饮食、卫生习惯。

（2）会表达自己的身体感受。

（3）熟悉生活环境，能观察身边事物，有一定的好奇心。

2. 家庭生活

（1）知道家庭主要成员，了解亲友关系，能听从父母长辈的话。

（2）了解家庭居住环境，建立初步的环境保护和安全意识。

（3）能参与家庭劳动，能承担力所能及的家务劳动。

3. 学校生活

（1）遵守学校纪律，愿意参与学校活动。

（2）熟悉校园环境，注意校园安全。

（3）在学校能基本实现自我服务，积极参与班级、学校劳动。

（4）认识学校的同学、老师等，能礼貌待人。

4. 社区生活

（1）认识社区中的相关成员，能礼貌待人、友好相处。

（2）认识社区环境，爱护社区环境。

（3）建立初步的社区活动安全意识。

绘画与手工　总目标

1. 初步学会发现美、感受美和表现美，发展审美情趣，提高审美能力。

2. 掌握简单的美工技能，提高绘画、手工制作能力。

3. 在美工创作过程中，学会调整情绪和行为，促进手部精细动作发展。

4. 学会与同伴协作、分享，通过美工活动提升自身的社会适应能力。

绘画与手工　具体目标

1. 造型与表现：尝试用点、线、图形和色彩进行涂画活动，学会简单的撕、折、揉、搓、压、粘、贴等方法，通过看看、认认、涂涂、画画、做做等造型游戏活动，体验活动的兴趣，通过多种造型游戏活动，发展手部基本动作，保持良好的姿势。

2. 设计与应用：观察、触摸身边常见的简单物品，初步了解其形状、颜色、材料与用途。尝试用描画、涂色、拼图等方法，进行简单的组合、装饰练习，体验制作活动的乐趣。通过绘画与手工活动锻炼手部力量和控制能力。初步具备自我保护意识，能够安全地使用绘画与手工工具和材料。

3. 欣赏与交流：认识物体的颜色、形状等基本特征并能够简单描述。在欣赏过程中，能注视、追视目标，培养视觉感受能力。愿意与同伴分享、合作，通过互相评价、小组创作的形式提高表达能力。

4. 综合与探索：能够利用绘画、塑造等方法进行简单的综合表现，通过综合探索活动，培养手部握持工具的操作能力。

唱游与律动　总目标

1. 感受、发现、领略音乐艺术的魅力。

2. 学习基本的音乐知识，获得基础的音乐能力。

3. 培养对音乐的兴趣和热爱生活的情感。

4. 在音乐活动中，提高听觉、认知、语言、动作、沟通交往能力。

5. 能在唱游与律动中愉悦身心，陶冶情操，调节情绪。

唱游与律动　具体目标

1. 能对自然界和生活中的声响感兴趣，初步养成聆听音乐的习惯。

2. 能感受声音的强弱、快慢。

3. 初步练习唱歌的口型和姿势，学习正确歌唱的方式。

4. 能聆听范唱，用自然的声音模仿歌唱。

5. 能有节奏地念简单的童谣，能配合音乐做简单的表演动作。

6. 愿意参加音乐游戏，体验游戏的乐趣。

7. 在音乐游戏中，能对各种声音做出听觉反应，能初步配合音乐对节奏、速度、力度做出反应。

8. 能结合日常生活动作进行有节奏的模仿和练习。

9. 能用打击类乐器打击节拍和基本节奏。

第三节
晨星生态课程的实施

一、课程实施的原则

（一）早期干预原则

早期干预原则是开展孤独症儿童教育康复的根本原则。孤独症不能治愈，但通过适合的康复可有效改善其核心障碍，而越早发现越早干预，效果就越好。因此，我们要在孤独症儿童能力发展的早期阶段，把握住关键期，针对其已存在或可能存在的发展障碍，为其设计合适的教育康复课程，实施适合的教育干预，帮助其发展能力、改善障碍。

（二）个别化原则

教师应当了解每个孤独症儿童的兴趣爱好、能力水平和学习需要，充分掌握孤独症儿童的个体差异。在课程实施过程中，教学目标的确定、教学内容的选择、教学环节的设计、教学过程强化手段和频次的选择、课程学习评价的要求、家庭康复内容的设计等都要注意分层、分类，即便在集体课、小组课教学中，也要全方位体现个别化原则。

（三）平等性原则

在课程实施过程中，教师应为每个孤独症儿童提供公平的、适合发展的学习机会。教师不仅应从形式上，更应从情感上接纳所有的孤独症儿童，尊重他们各自的特点，理解并研究他们的情绪行为问题，发展他们的特长爱好，使其获得适合自己水平和需要的和谐发展。从个体发展的角度说，落实平等性原则为每个孤独症儿童提供了真正意义上的均等教育机会。

（四）发展性原则

在课程的设置和课程内容的选择上，摒弃只顾解决孤独症儿童语言、认知问题的急功近利的做法，在改善孤独症儿童核心障碍的同时，发展孤独症儿童的身体素质、审美能力和综合能力等。教师应当用发展的眼光看待每一个孤独症儿童，通过组织适合的教学内容、运用恰当的教学方法，为他们提供适合发展需要的教育。

（五）缺陷补偿原则

孤独症儿童的核心障碍是社交沟通障碍、兴趣狭窄和刻板重复行为以及由此引发的情绪行为问题等。缺陷补偿原则要求在各类课程的实施过程中，根据孤独症儿童障碍的实际情况，灵活选择教学内容、教学方法，设计教学情境，创新教学组织形式，拓宽社会融合渠道，为学生提供丰富多样的环境刺激，提供更多的社交互动的机会，从而有效改善其核心障碍。另外，充分发掘学生的潜能，并尽可能发展其潜能，从而帮助其利用自身的才能来克服或弥补自己的障碍。

二、孤独症儿童生态课程模式

在做好校内课程资源开发的同时，晨星学校还高度重视开发家庭、社区、社会等校外课程资源，拓宽渠道，努力创造让孤独症儿童在真实情境中学习的机会，使校内课堂所学得到有效泛化。通过不断摸索与完善，晨星学校目前已建立了“集体课+小组课+个训课+主题实践+家庭康复指导+兴趣社团”的课程组织形式，并以每月大主题、双周核心活动为载体，采用这一课程组织形式实施各具体课程。

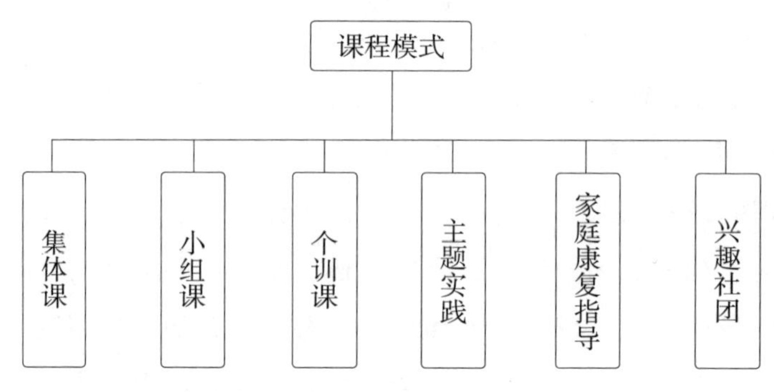

图3.2 晨星生态课程模式结构

集体课：着重训练孤独症儿童的基本技能，包括基本的主题教学内容、课堂上的集体听指令技能、安坐能力等。在人员安排上，集体课由一名教师主教，由1—2名教师进行辅助，全班孤独症儿童共同学习。在时间安排上，将每节课30分钟进行结构化，根据孤独症儿童的实际情况和教学需要划分成不同的环节，各环节要求围绕同一主题，动静结合，衔接合理，最大限度地吸引孤独症儿童的注意力，使他们共同参与其中。

小组课：根据孤独症儿童的认知能力和学习需要分组，每组一般为2—3人，教学过程中只有一位教师，一般不需要辅助教师，儿童在老师的辅助和示范下学习，并与同伴开展互动。这种形式适用于通过游戏、情境等方式训练孤独症儿童的社交沟通技巧、精细动作等。每节小组课时间为30分钟。

个训课：依据个别教育计划（Individualized education program，简称IEP），主要采用回合式教学、情境教学等形式，针对孤独症儿童的核心障碍或在集体课中未达成的目标，对学生进行一对一的教学。每节课为30分钟。为了避免厌学和畏难情绪，教学内容宜难易、新旧知识穿插进行。

家庭康复指导：根据学校教学进度，制订出家庭训练计划，提出指导性的建议，通过每日的《家校联系手册》和定期举办的家长大课堂，指导学生家长在家庭中对孩子进行个别训练（包括生活自理能力训练、语言训练和社会交往能力发展等），帮助家长了解孩子的身心发展特点和特殊需求，掌握正确的家庭康复指导方法。

主题实践：在主题教学的基础上，将主题教学的内容泛化到具体的场景中，让孤独症儿童在真实的情境中体验、应用知识，学习与人交往、沟通的技巧。主题实践需要教师提前充分做好知识、器材准备，结合学生兴趣、经验、需要进行实践内容设计，使孤独症儿童真正成为实践活动的主体。地点可在课内课外、校内校外，时间一般控制在1.5小时以内。

兴趣社团：在自愿的基础上，由兴趣爱好相近的孤独症儿童组成。兴趣社团满足孤独症儿童的兴趣爱好，发展其特长，挖掘其潜能，实现个性发展。

三、课程实施流程

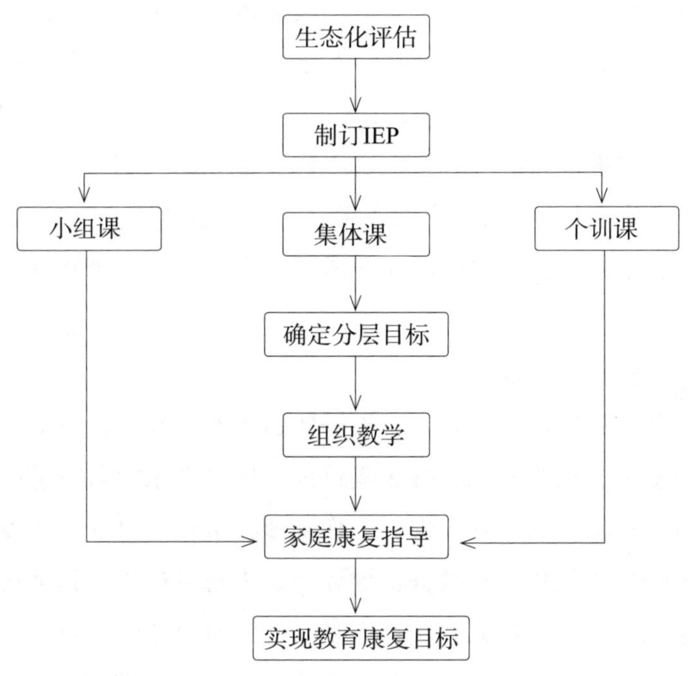

图3.3　晨星生态课程实施流程

（一）生态化评估

晨星学校每半年对每名孤独症儿童进行一次生态化评估，主要使用《孤独症谱系及相关发育障碍儿童评估用心理教育量表（中文修订三版）》（C-PEP-3）、《语言行为里程碑评估及安置程序》（VB-MAPP）等孤独症专业评估工具对孤独症儿童进行教育评估，并结合直接观察、家长访谈、平时的课程本位评估等，辅助和完善教育评估。

（二）制订IEP

在生态化评估的基础上，任课教师与家长一起为每位孤独症儿童分别制订IEP，确定长期目标和短期目标，给出课程内容建议和要求，为未来半年的教育康复内容、教育康复方式与方法提供方向性指导。

（三）实施教学

通过集体课、小组课和个训课的形式，根据每名孤独症儿童的个别化教育计划，实施各领域教学。

集体课根据孤独症儿童评估结果确定集体和分层教学目标，着重教授五大领域基本技能，以主题教学的形式进行。集体课教学对象为6名孤独症儿童，由1名教师组织教学，1—2名辅课教师参与辅助。小组课按学生能力水平和学习需要进行分组，每组2—3名孤独症儿童，1名教师组织教学，主要适用于社交沟通技能及生活技能的教学。个训课根据学生的IEP，对其进行一对一的教学，适合孤独症儿童IEP中需要专门训练的课程和集体课中未达成的目标的练习。

（四）家庭康复指导

依据孤独症家庭教育现状，积极搭建引领式家校共育桥梁，延伸、巩固教育康复效果，最终实现教育康复目标。通过《家校联系手册》，晨星学校以每日书面沟通的形式反馈孤独症儿童在学校和家庭中的表现；在假期中通过《假期个别化家庭教育指导计划》为每名孤独症儿童指定一名导师，指导家长和学生进行家庭教育康复。还针对孤独症儿童家长需求，开设“晨星大讲堂”，开展“订单式”系列家长培训，定期举行家长开放日，帮助家长了解孩子的能力水平，掌握正确的家庭训练方法。

第四章
孤独症儿童教育评估与个别化教育计划

教育评估是教育管理的一个重要环节，直接为教育决策服务。孤独症儿童的教育评估对教育康复研究与实践、教育方针政策制定、教育规划方案拟定有重要意义。教育评估使教育管理成为一个系统，对完善教育管理和改进教学工作发挥着积极的作用。个别化教育计划是在教育评估的基础上，根据学生的教育评估结果，由学校与家长共同制定的针对学生个别需要的书面教育协定。该计划旨在根据学生的学习特质与需求，提供最适当的教育服务，是落实孤独症学生个别化教育、提升教育质量的重要保障。

第一节
教育评估概述

教育评估不仅仅为教学环境创设、教学设计和开展相关数据跟踪和收集奠定基础，其本身就要以“人的发展”为目的，充分认识孤独症儿童“人”的生活、发展和教育需求。准确的评估是所有教育干预的第一步，没有评估就不能够探知孤独症儿童真实的能力在哪里。教育干预前一定要找到孤独症儿童能力的基线、优势处及弱势处，然后针对孤独症儿童的各项能力制订出最适合的一套训练计划。

一、教育评估的概念

真正现代意义的教育评估可以追溯到20世纪30年代的西方教育测量运动。我国教育评估的研究和实践，从严格意义上说只是20世纪80年代以后的事情。[①]需要指出的是，无论是国内还是国外，对教育评估的概念仍然没有统一的定论。

谢新观主编的《远距离开放教育辞典》认为，教育评估是根据既定的教育目的、相应的教育目标，建立科学的指标体系，通过系统地收集资料和定性、定量分析，对教育系统或子系统的工作状态和功效做价值判断，为科学决策提供信息与论证的过程，是实施教育科学管理的有效手段。

---

① 马强、戴燕君等：《国内外教育评估理论研究综述》，载《学理论》2011年第10期。

也有学者认为，教育评估是一种系统、广泛地搜集资料，对评估对象做出预测性、估计性的评判，以便协助教育决策者从若干种可行的策略中择一而行的过程。

马强等人认为教育评估的定义有以下几个方面：

第一，强调方法。评估是考察的方法或调查的方法。例如：斯坦福评估协作组认为，评估是对当时方案中发生的事件以及方案结局的系统考察——一种旨在帮助改进这个方案或其他有同样总目标的方案的考察。

第二，强调效果。注重通过评估判断教育目标或教育计划的实现程度。例如，泰勒（Ralph W. Tyler）认为，评价过程在本质上是确定课程和教学大纲在实际上实现教育目标的程度的过程。

第三，强调过程。评估是收集信息的过程、提供决策依据的过程、判断效果的过程、教育优化的过程以及价值判断的过程等。克龙巴赫（L. J. Cronbach）认为：所谓教育评价，是指为获取教育活动的决策资料，对参与教育活动的各个部分的状态、机能、成果等情报进行收集、整理和提供过程。得雷斯（P. Derssel）认为：所谓评价，就是决定某种活动、目的及程序的价值的过程，分为目的明确化、收集有关合适的情报、决策三个阶段。评价所追求的目的便是为达到目标而最有效地灵活使用手中的资源。

第四，强调价值。教育评估的关键在于价值判断。例如，日本学者桥本重治认为：评价是与教育训练目标和价值有明确关系的概念，是按照教育目标和价值观对学生的学习及教育计划的效果等进行测量的过程。因此，评价概念的重点在于以教育目标为标准的价值判断。本书主要论述的是孤独症儿童的教育评估，重点关注的是教育评估的效果和过程。

二、特殊教育评估的分类

诊断与评估在特殊教育中扮演着关键性的角色，不仅可以为特殊儿童的鉴别、安置提供依据，而且还被广泛应用于个别化教育计划的制订、教育效果的评价以及教育质量的监控中。

根据评估的目的和在特殊教育过程中所起的作用来划分，特殊教育的评估可粗略地分为四大类型：筛查性评估、诊断性评估、形成性评估、终结性评估。

筛查性评估：运用现有的医疗技术、筛查性问卷或其他方法，在一大群人中找出可能存在患病的个别人。如孤独症筛查量表（CHAT）、社交沟通量表（SCQ）等，均属于孤独症筛查性评估量表。

诊断性评估：对评估对象的现实状况及存在的问题、产生的原因所进行的价值判断。如孤独症学生在入学前进行的入学评估、进行教学前运用VB-MAPP和C-PEP-3等教育评估工具进行的现阶段能力水平测试等，均属于诊断性评估。

形成性评估：对正在进行的教育活动做出的价值判断，以反馈调控和改进完善为主要目的，又称进行性评估或过程评估。形成性评估能够反映评估对象在活动过程中的发展变化走向和影响终结性评估结果的具体原因，容易看出教学工作的实际情况。如在孤独症教学过程中使用的个别化教育训练记录表、课堂教学评价表等都是形成性评估。

终结性评估：对评估对象一定时期的较全面状况进行的价值判断，基本特点是在活动完成后，根据活动效果对评估对象做出价值判断，又称总结性评估，如孤独症学生的学期总结和学年总结等。

另外，根据评估的取向来划分，可分为以下几种类型：

一是心理计量取向评估方法，包含认知能力评估、智力评估、言语与语言评估、知觉动作评估、情绪与行为评估、适应性行为评估、发展性评估、性向评估等。

二是生态行为取向评估方法，包含生态评估、功能性评估等。

三是质性取向评估方法，包含动态评估、档案评估、课程本位评估等。

三、特殊教育评估的意义和作用

教育评估是整个教育管理的一个重要环节，直接为教育决策服务，对制定教育方针政策、拟定教育规划方案有重要意义。教育评估使教育管理成为一个系统，对于完善教育管理和改进教学工作发挥着积极的作用。现代管理科学强调决策的核心地位，同时也重视评估的意义和作用。

（一）对特殊儿童进行教育评估的意义

1. 实现教育公平的要求

我们强调对特殊儿童进行教育评估，其主旨就是充分认识特殊儿童的身心发展特点及其蕴含的教育潜力，从而为特殊教育的开展提供切实的依据。[①]保护特殊人群受教育的权利，是对教育公平的追求。

2. 特殊儿童发展的需要

特殊儿童在适合他的内外因素作用下，能呈现出很高的发展水平。对特殊儿童进行教育评估，能帮助人们正确认识他们在身心发展中存在的问题和困难，发掘其内涵潜力，为教育策略的制定与实施提供参考，从而让特殊儿童发展的可能变为现实。

3. 因材施教原则的体现

相较于普通儿童，特殊儿童的群体间差异较大，统一步调的训练教学难以保证每个孩子都能获得适合其发展的教育帮助，因而要依据个体的不同情况，采取不用的课程设置、教学方法和学习目标。特殊儿童的教育评估是帮助人们更好地认识儿童间的差异、进行因材施教的必然要求。

4. 有助于提高教师专业化水平

特殊儿童的教育评估是一项科学性、政策性工作，它对教师的要求很高：教师既要及时把握国家的相关政策、特教资讯，还要有扎实的教育学、心理学功底；既要有严谨的工作作风，又要掌握科学评估方法；不光要有观察问题、分析问题的能力，还要有和家长乃至特殊儿童沟通的能力。可以说，这项工作是对教师综合素质的考验，有助于教师专业化水平的提高。

（二）对特殊儿童进行教育评估的作用

1. 指导个别化（家庭）教育计划（IEP或individualized family service

① 梁纪恒：《特殊儿童早期鉴别、评估与干预》，中国轻工业出版社2015年版，第15页。

plan——简称IFSP）的制订。[①]

2. 监控和反馈IEP或IFSP的成功与否，以及方案目标的达成进度。

3. 为判定针对残疾儿童所提供的支持性干预是否有效提供依据。

4. 反映拟定的教育康复计划的针对性和有效性。

5. 获得当事人（特殊儿童、家长、方案实施者、教师、相关专业人员或其他相关人员）对IEP或IFSP结果的反馈。

6. 确保方案执行者可以依据自己的决策进行方案的推行，并调整和分配资源。

7. 对相关政策制定、方案制订、实施程序和内容优化，以及相关社区资源利用和调整提供有益建议。

四、特殊教育评估的实施原则

好的教育评估方式和手段，能够促使特殊教育工作向积极的方向发展，但是如果教育评估使用不正确或者评估标准不当，就可能使我们的教育工作走入误区，影响教育的质量和学生的发展。在对特殊儿童实施教育评估时，我们要遵循一定原则：

（一）客观性原则

所谓客观性原则，是指对特殊儿童进行教育评估时，一切从实际出发，正确地、真实地反映特殊儿童的实际情况，使结论真正能反映客观存在。

首先，要高度重视，严肃认真。应该明确，对特殊儿童的教育评估是一项科学性、技术性和政策性要求都很高的工作，是一件严肃的事情，参与人员要不带任何功利目的，对特殊儿童做出客观公正的评价。切忌“先入为主”的主观判断影响评估的准确性。

其次，运用方法要科学。使用但不迷信于各种看似客观的检测工具，尤其对一些舶来品更要注意使用过程中与我国国情、儿童生活实际相结

① 梁巍：《残疾儿童康复教育评估的设计》，载《 中国听力语言康复科学杂志》2020年第1期。

合，提倡操作过程中的事必躬亲，以确保所获材料的真实可信。

再次，把握教育评估的标准，克服随意性。教育评估的参照不同，结论不同。

（二）全面性原则

每一个儿童都是复杂环境的复杂个体。特殊儿童与普通儿童之间、特殊儿童不同群体之间、个体与个体之间、个体身心发展各要素之间都存在明显的个体差异。对特殊儿童的教育评估，要重视其身心发展的复杂性、全面性，从其心理到生理，从个性到行为，从缺陷存在到其蕴含的发展潜力，从他的过去到现在，都应全面了解与把握。

首先，要多角度、全方位地收集测评材料。教育评估过程是一个系统、全面的搜集材料的过程，这是基础性工作，也是重要环节。

其次，要注意多种教育评估方法的综合运用，实现手段的全面性。可以采用观察法，即对儿童在“自然环境中”的“本我”表现进行实事求是的观察记录，并以此作为对其进行教育鉴别评估的信息基础；可以采用测验法，如通过各种标准及非标准化测验、教育评估工具，获取科学的测验数据；可以采用访谈法，通过与老师、家长或同伴等儿童相关人员的交流获取儿童身心发展的间接资料。特殊儿童教育评估的结论，是多种方法综合运用的结果，这样才能取长补短，提高结论的可信度和正确性。

再次，重视各环节、各因素的有机整合。

（三）目的性原则

缺乏目的性或目的不明确，一方面会浪费人力、物力、财力，另一方面也会给儿童造成过重的心理压力，甚至会伤害孩子。在特殊儿童教育中，教育是鉴别学生能力水平、制订教育计划和课程的重要依据，有目的、有阶段地实施教育评估才能有助于儿童受教育质量的提升。

（四）连续性原则

马克思主义自然辩证法告诉我们，事物是普遍联系并且处于永恒的运动之中的，不能用孤立的、静止的观点看问题。儿童的教育评估，要注意其可变性、相对性、条件性，注意到由于儿童自身发展的规律及所获得的教育支持的不同而带来的对教育评估的动态化、连续性的要求。不能把某时、某地、根据某些资料做出的评判作为对特殊儿童的永恒不变的定论，而要根据新情况、新变化，随时观察对象、调整方法，确保教育评估的科学性、准确性。

此外还有其他原则：评价标准的一致性原则，即在进行教育评估时，各评估者之间要有一致的标准，要参照评估工具给予相应的标准；评估结果的保密性原则，即未经允许，教师或评估师不能将其随意告诉他人，要注意保密；等等。

第二节
孤独症儿童教育评估

了解教育评估的重要意义、作用及其原则，能够帮助我们在孤独症儿童教育评估领域科学地实施评估。对孤独症儿童实施教育评估主要包括标准化的教育评估和课程本位评估。标准化教育评估中最主要的是进行教育评估工具的选择。教育评估工具是否科学、是否符合孤独症儿童的年龄发展阶段、是否能够对儿童的教育康复提供依据等，都是我们需要考量的。课程本位评估是基于课堂的生成性评估，对学校教育而言是必不可少的。

一、孤独症儿童教育评估工具

本部分内容主要为大家介绍目前在孤独症学校和机构中正在使用的一些常用的评估工具和国内外其他被证实可用的教育评估工具，其中包括《语言行为里程碑评估及安置程序》《孤独症谱系及相关发育障碍儿童评估用心理教育量表（中文修订三版）》《学龄孤独症儿童教育评估系统》等。

（一）《语言行为里程碑评估及安置程序》

1. 简介

《语言行为里程碑评估及安置程序》（*Verbal Behavior Milestones Assessment and Placement Program*，简称VB-MAPP）是一套针对孤独症及其他发展性障碍儿童的语言和社会能力的评估程序。它来源于斯金纳关于语言分析、行为分析的基本原理和儿童发展里程碑，可以帮助确认那些妨碍孩子学习和语言进步的障碍，有助于为儿童发展个别化干预方案提供研发方向。

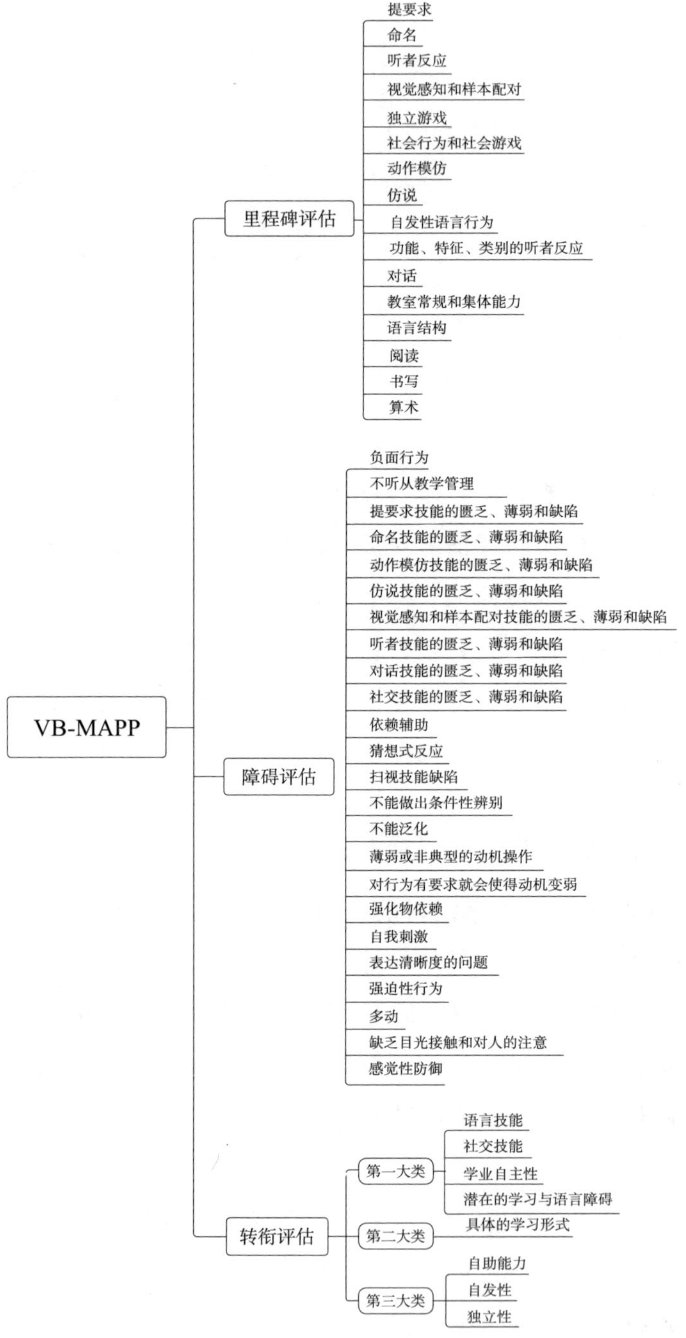

图4.1　VB-MAPP评估内容

VB-MAPP通过评估，全面真实地展现儿童目前已经具备的语言及相关能力，共有170个重要的学习和语言里程碑，跨越三个发展阶段。

第一阶段（0—18个月）：要求，命名，听者反应，视觉接收及配对，独立游戏，社会性行为及游戏，动作模仿，仿说，自然发声。

第二阶段（18—30个月）：要求，命名，听者反应，视觉接收及配对，独立游戏，社会性行为及游戏，动作模仿，仿说，依据物品功能、特征及类别，互动语言，课堂纪律与团体技能，语言结构。

第三阶段（30—48个月）：要求，命名，听者反应，视觉接收及配对，独立游戏，社会性行为及游戏，阅读，写作，依据物品功能、特征及类别，互动语言，课堂纪律与团体技能，语言结构，数学。

2. VB-MAPP学习障碍评估

该部分提供了24种孤独症或其他发展性障碍儿童会面临的常见学习和语言获得性障碍的评估。通过识别这些障碍，专业人士能够给出有针对性的干预策略，从而使儿童能更有效地学习。

24项学习和语言障碍的评估包括：行为问题、指令控制、缺陷需求、缺陷命名、缺陷仿说、缺陷模仿、缺陷视觉接收和配对、缺陷听者技能、缺陷互动语言、缺陷社交技能、辅助依赖、猜想式反应、缺陷视觉扫描、缺陷条件区辨、泛化失败、弱动机调控、所需反应降低动机、依靠增强物、自我刺激、发音清晰的缺陷、强迫行为、多动行为、无视觉接触、感知防御。

3. VB-MAPP转衔评估

转衔评估包括18个评估领域，能帮助鉴别出儿童是否正在发生有意义的进步，以及是否已经具备在宽松的教学环境中学习必需技能的能力，从而对儿童的总体技能和现有学习能力提供客观的评价，为儿童的教育需要提供指导意见。

18个评估领域：VB-MAPP里程碑评分、VB-MAPP障碍评分、负面行为和指令控制、课堂纪律与团体技能、社会行为和社会游戏、独立学习能力、泛化、增强物范围、技能获取速度、新技能保持、自然情景教学、语言操作举一反三能力、适应变化、立即行为、自我游戏及休闲技巧、一般性自我帮助技巧、如厕技能、饮食技巧。

4. VB-MAPP任务分析和技能追踪

本部分涵盖了VB-MAPP中14个领域所展现的将近750种技能，这些技能是对各个里程碑的进一步分解，并可作为一个更完整的、可以进行学习的课程指导。

5. VB-MAPP安置与IEP目标

安置指南对里程碑评估里的170个里程碑提供具体的指导并为IEP的目标提供各种建议。安置建议能够帮助教学计划的设计者平衡干预计划的内容，并保证所有相关的必要的干预内容都包含在IEP目标内。

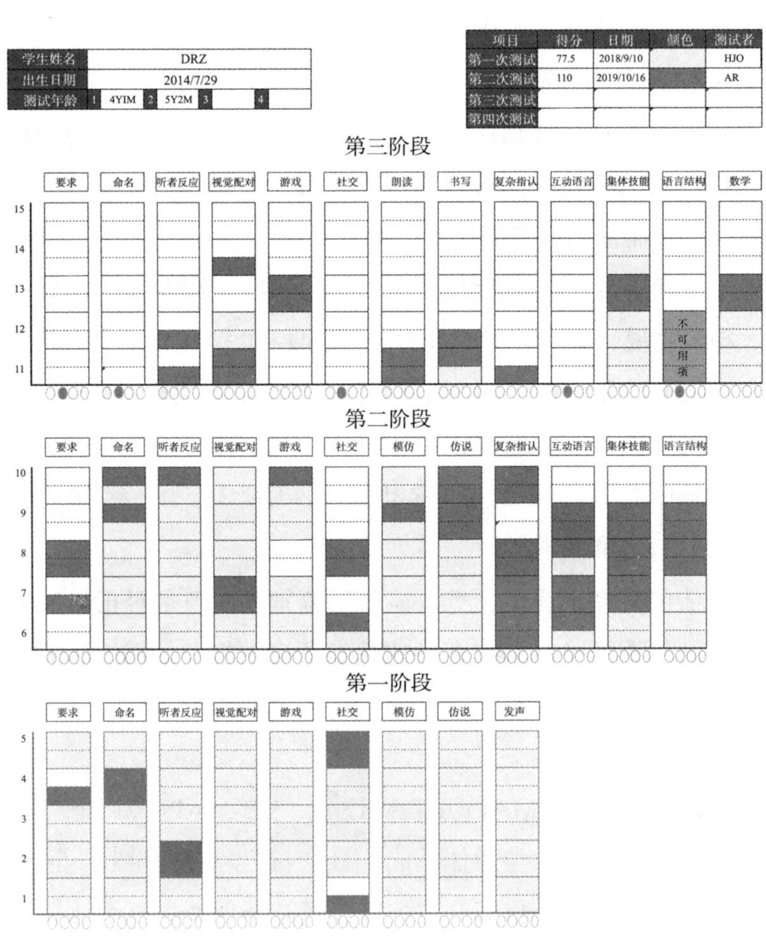

图4.2 VB-MAPP里程碑评估样表

如图4.2所示，VB-MAPP评估总分为170分，除去不可用项，总分为168分。该生第一次VB-MAPP评估得分为77.5分，第二次评估得分为110分。该生基本具备第一个年龄发育阶段（0—18个月）、第二个阶段（18—30个月）内的大多数技能和第三个阶段（30—48个月）内的部分技能。该生优势技能在于命名、听者反应、视觉感知和样本配对、独立游戏、动作模仿、互动语言、复杂指认和团体技能方面，目前欠缺的技能包含提要求、社交等方面。

（二）《孤独症谱系及相关发育障碍儿童评估用心理教育量表（中文修订三版）》（*The Third Edition of the Revised Chinese Version of Psycho-Educational Profile for Children With ASD&Developmental Disabilities*，简称C-PEP-3）

1. 适用范围

C-PEP-3量表是专为孤独症谱系及相关发育障碍儿童个别化评估所设计的，适用于生理年龄在12岁以下、心理功能仅相当于7岁以下的儿童。

2. 量表功能

C-PEP-3的功能发展量表可以提供有关儿童当前模仿、知觉、动作技能、手眼协调、认知表现、口语认知等方面的发育水平的信息，了解其不均衡的现状。

C-PEP-3所得到的“中间反应”项目可直接转化为儿童个别化教育计划的目标和内容。

C-PEP-3的病理量表作为诊断辅助工具，能识别患儿在情感、人际关系及合作模式、游戏及材料嗜好、感觉模式和语言等领域的病理行为及其程度。

C-PEP-3的测验结果可以作为评估治疗干预效果的重要指标。

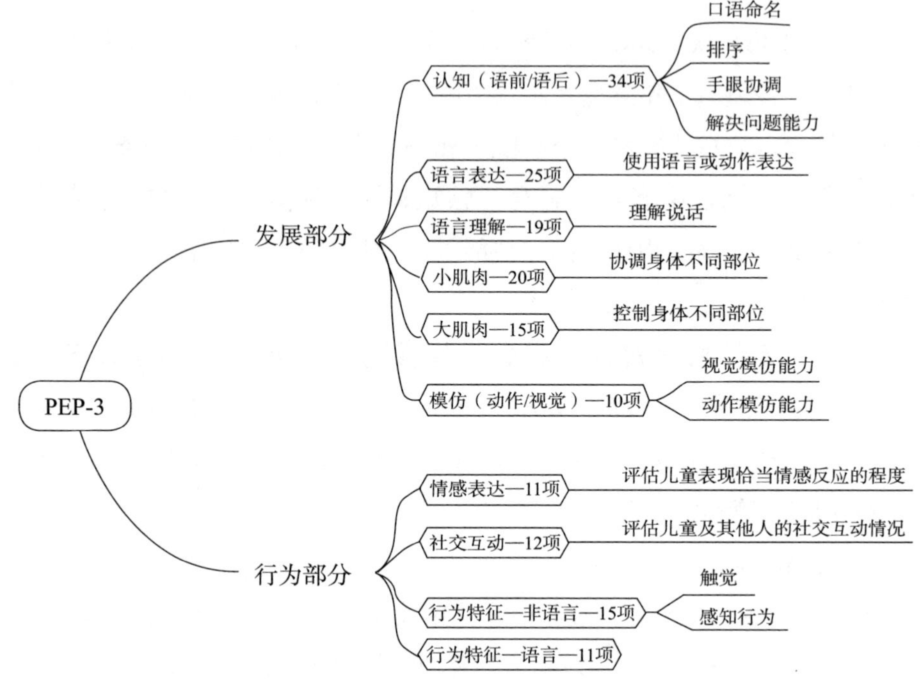

图4.3　C-PEP-3评估内容

3. C-PEP-3评估工具内容结构

（1）功能发展量表（共6个领域，95项）

模仿：包含10个项目，用于评估孩子在口语及动作方面的模仿能力。模仿项目涉及对动作、声音及语言的模仿。

知觉：由11个项目组成，用于评估视觉和听觉两种感知觉发展水平。正常学习需要各种感觉信息的协调，知觉的项目涉及视觉注意、视觉追踪、视觉分辨、听觉注意、听觉分辨等。

动作技能：包含精细动作10项，例如穿珠子、用剪子剪东西等；粗大动作11项，如接球、踢球、行走、上阶梯、单脚站立、双脚跳等。所有项目均为孩子在最初几年内应掌握的一些基本技能，这些技能的发育是更高级功能的基础。另外，此领域的项目由于不需要语言，也比较能吸引儿童的兴趣。

手眼协调：包含14个项目，如在线内着色、临摹图形、堆积木、抄写汉字等。此方面的能力是掌握书写、绘画的基础能力。

认知表现：包含20个项目，如认知身体部位，辨认形状、颜色、大小、拼图等。侧重对语言的理解而表现出的认知能力，它不需要任何直接的口语回答。

口语认知：包含19个项目，与认知表现有一定的交叉，二者都需要语言理解，但它更侧重口语表达，如数数、心算、命名图片等。

（2）病理行为量表（共44项）

病理量表包含五个领域：情感、人际关系、游戏及物品喜好、感觉模式和语言。病理量表的项目涉及保持目光接触、适当考察测试材料、显示正常的嗅觉兴趣、使用与其年龄相适应的语言、非结构化时间的使用等。

病理量表的项目并不显示发展性的变化，正常儿童一岁半会在这些病理项目上有轻微反应，但不是像孤独症或其他发展障碍儿童那样有严重的反应形式。

病理量表是为诊断目的而设计的，它可以提供患儿障碍行为的严重程度的信息，并识别异常行为所属的具体领域。

4. C-PEP-3评分与记录

（1）功能发展量表的评分与记录

C-PEP-3功能量表采用三级评分：P（通过）、F（不通过）、E（中间反应）。

P：孩子能成功地完成任务而不需要主试演示。

E：孩子对完成任务似乎有所领会，但不能表现出功能行为（不会做），或不全会，或需主试示范才能部分完成。

F：孩子不能完成任务的任何一方面，或者即使在反复示范之后，被试仍无法完成。

C-PEP-3功能量表的记录在记分册上进行，每通过一题记1分，将统计出的各领域的得分总和标记在发展评分的相应数值上，各领域通过的项目分数用实线连起来；中间反应不计分，将各领域的中间反应项目的项目数加上通过的项目数，在对应的合计数上用圆圈标出各个功能领域的中间反应所得分数，并用虚线连接起来；功能发展侧面图上实线和虚线之间的区域可显示儿童目前可能的发展区域。

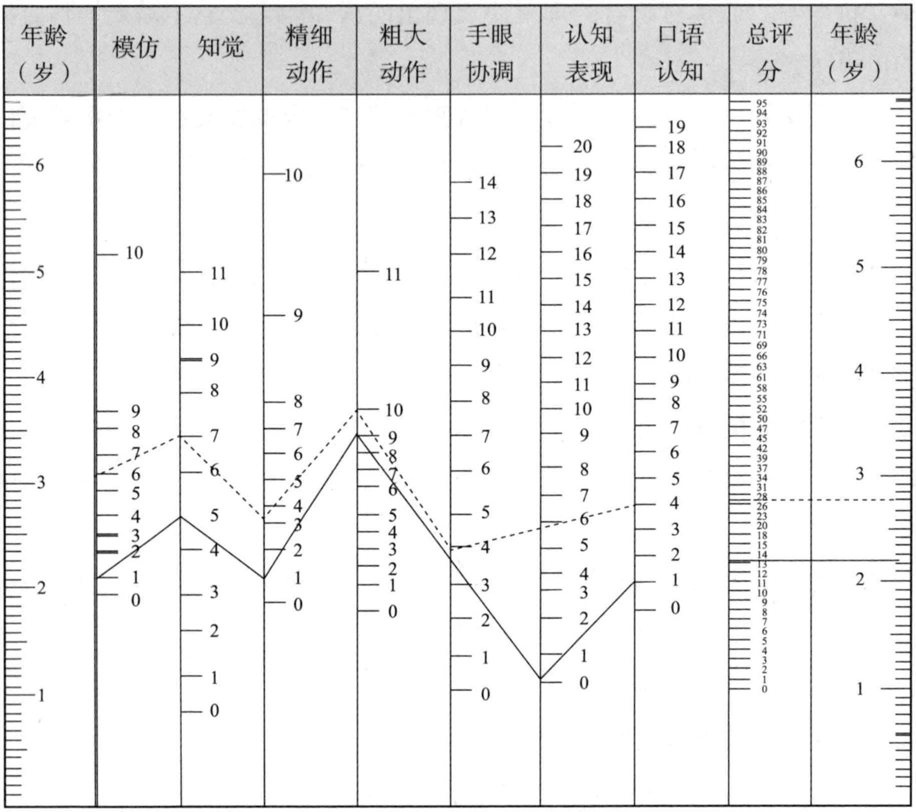

图4.4　学生C-PEP-3发展功能量表侧面样图

如图4.4所示，实线表示该生通过（P）得分，总得分为21分，整体相当于26—27个月正常幼儿的发展水平。虚线表示该生中间反应（E）得分，即预计经过一段时间的干预，能达到33—34个月正常幼儿的发展水平。

（2）病理行为量表的评分与记录

C-PEP-3病理行为量表采用三级评分：A（适当）、M（轻度）、S（严重）。

A：孩子的行为是与其年龄相适应的。

M：孩子的行为与其年龄明显不相适应，很可能在比他年龄小的儿童身上看到这些在该患儿的年龄已不该有的行为。

S：孩子的行为在强烈程度、性质、特点上明显地表现出不同与特异。虽然这一评分等级的反应有可能与年龄较小的孩子所显示的反应相似，但这些反应是奇特的、极端的。

记录病理项目时，不仅要记录行为的等级程度，还要记录下具体的行为表现。

将各病理领域出现的不适当行为按不同等级加以分类统计，再转画于病理量表的侧面图上，圆心开始涂相应的环数，轻度用阴影表示，重度用黑色表示，从图中可以显示患儿的病理领域和程度。

姓名：　　　　　　　　　　性别：　　　　　　　　　　病历号：
出生日期：　　　　　　　　测试日期：　　　　　　　　实际年龄：
测试者：　　　　　　　　　其他测验分数：

［说明］根据每个病理行为领域中评为严重（S）的项目数，从圆心开始涂黑相应的环数，再根据各病理行为领域中评为轻度（M）的项目数，继续将相应的环数涂上阴影，其余的留作空白。

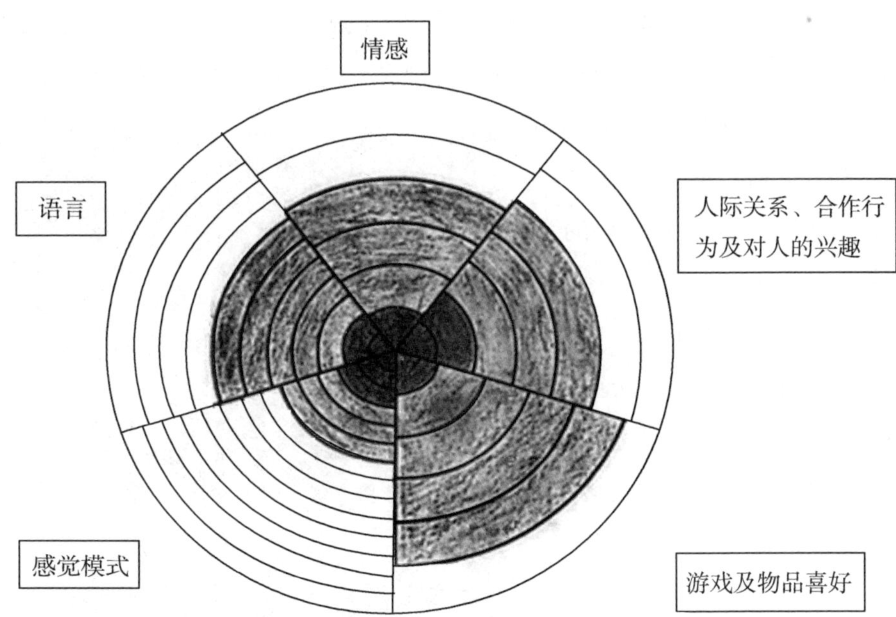

图4.5　C-PEP-3病理行为量表侧面样图

如图4.5所示，该生在病理发展中存在轻中度的病理问题，感觉模式、情感和语音语言上稍有不适，在游戏及物品喜好，人际关系、合作行为及对人的兴趣方面，存在较多不适。

（三）《学龄孤独症儿童教育评估系统》

北京师范大学教育学部孤独症儿童教育研究中心研究编制了《学龄孤独症儿童教育评估系统》。该评估系统由《学龄孤独症儿童教育评估系统软件》《学龄孤独症儿童教育评估指南》和《学龄孤独症儿童教育评估工具包》三部分组成。该评估是以《国际功能、残疾和健康分类》（*International Classification of Functioning*，*Disability and Health*，简称ICF）的理念为指导，依据冰山理论和需求分层理论，结合孤独症学生的身心发展特点设计的。

1. 评估的适用范围

该系统适应于特殊教育学校教师、融合教育中的资源教师和普通教师、干预康复机构教师以及家长使用。主要的评估对象是处于学龄阶段的孤独症儿童，评估范围比较广，既包括孤独症学生的核心领域与技能的评估，也包括孤独症学生优势与劣势的评估，强调对孤独症儿童进行自然、生态化的评估。

2. 评估内容及领域

评估内容涉及感知觉、运动、情绪管理、常规执行、兴趣与行为、社会交往、言语沟通以及认知与学业八大领域，并针对八大领域，有梯度、有选择地进行领域评估和排序。

图4.6　学龄孤独症儿童教育评估系统八大领域

（1）感知觉领域

感知觉领域有21个条目，涵盖的感知觉内容有：视觉、听觉、触压觉、嗅觉、味觉、前庭觉、本体觉（定位觉、图形觉、实体觉、重量觉）、皮层觉和通感现象。

（2）运动领域

运动领域有61个条目，主要分为四个方面：基本运动、精细运动、运动执行和身体素质。其中基本运动又包括姿势（坐姿、站姿）、上肢动作（推、拉、提、举、抛、接、敲、拧）、下肢动作（爬、跪、蹲、走、跳、跑）、躯干运动（腹肌、背肌平衡：静态、动态）和动作协调（四肢协调性、视动协调）。

（3）情绪管理领域

情绪管理领域有23个条目，分属于情绪识别、情绪理解与表达、情绪回应、情绪调节四部分内容。

（4）常规执行领域

常规执行领域包含42个条目，分属于生活自理、学习常规和健康安全三方面内容。

（5）兴趣与行为领域

兴趣与行为领域包含43个条目，分属于有限兴趣、不适宜行为、主动性行为、变通的灵活性四个方面。

（6）言语沟通领域

言语沟通领域有60个条目，分属于指令听从、理解回应、表达需求、变语音语调、沟通互动五方面。

（7）社会交往领域

社会交往领域有33个条目，分属于共同注意、社交礼仪、交往互动、游戏技能四方面。

（8）认知与学业领域

认知与学业领域包括80个条目，分为三个方向：概念形成、逻辑思维和心智解读。其中，概念形成包括数前概念、分类、配对、常识、数概念；逻辑思维包括数学、语文、信息应用；心智解读包括观点取代和基本信念。

由于各个领域所涉及的内容不同，其评分计分方式也并不完全相同，如感知觉领域的评分计分方式是低敏感、正常反应和高敏感，运动领域评分计分方式是无法通过、部分通过、通过，兴趣与行为领域的评分计分方式是没有、偶尔、经常，更多的领域则使用通过、部分通过、不通过的方式进行评分计分。

3. 评估结果与教学

按照评估工具研究设计者的构想，孤独症儿童的教育教学可以按照评估系统中的三个层次依次进行，并根据学生年龄、严重程度等进行各个领域评估的优先级排序，为学生综合设立IEP目标与分科教学目标，确定学生的长短期教学目标以及具体的教学内容，并为教学环境创设等提供翔实的依据。

图4.7　教学目标设置页面样图

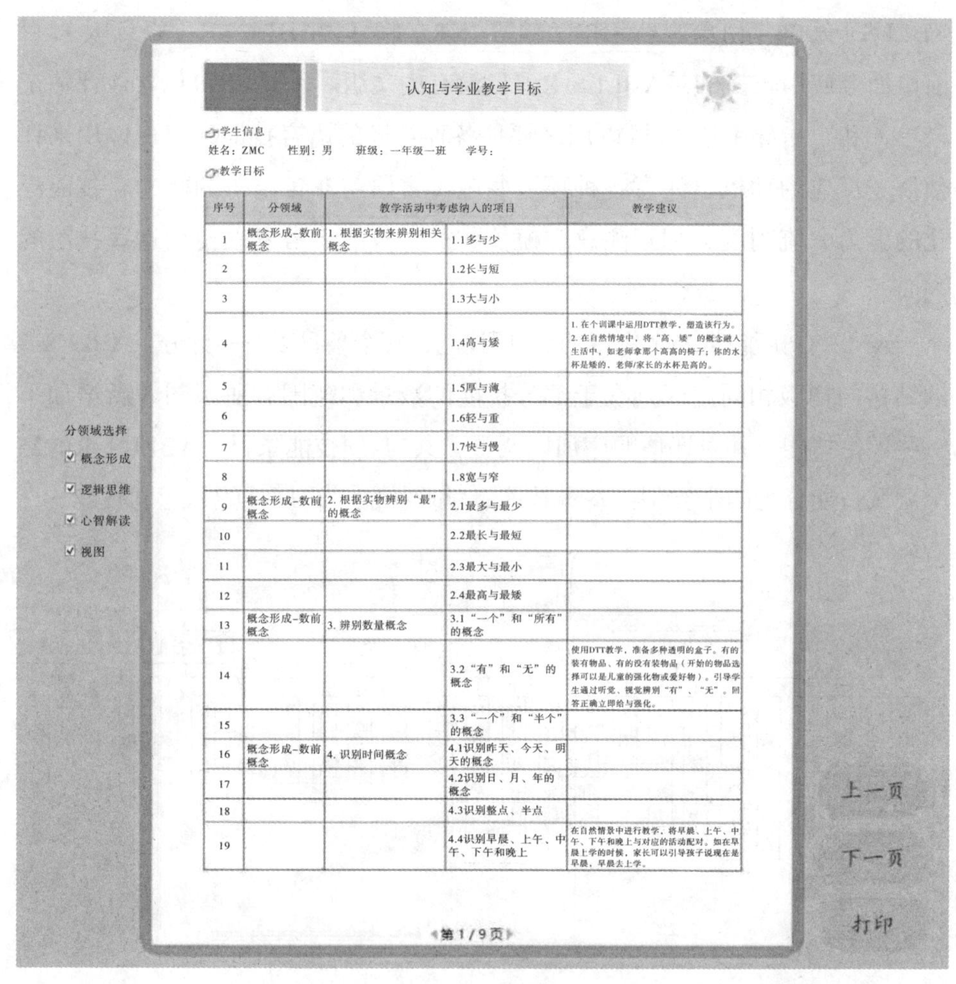

认知与学业教学目标

学生信息

姓名：ZMC　性别：男　班级：一年级一班　学号：

教学目标

序号	分领域	教学活动中考虑纳入的项目		教学建议
1	概念形成–数前概念	1. 根据实物来辨别相关概念	1.1多与少	
2			1.2长与短	
3			1.3大与小	
4			1.4高与矮	1. 在个训课中运用DTT教学，塑造该行为。 2. 在自然情境中，将“高、矮”的概念融入生活中，如老师拿那个高高的椅子；你的水杯是矮的，老师/家长的水杯是高的。
5			1.5厚与薄	
6			1.6轻与重	
7			1.7快与慢	
8			1.8宽与窄	
9	概念形成–数前概念	2. 根据实物辨别“最”的概念	2.1最多与最少	
10			2.2最长与最短	
11			2.3最大与最小	
12			2.4最高与最矮	
13	概念形成–数前概念	3. 辨别数量概念	3.1“一个”和“所有”的概念	
14			3.2“有”和“无”的概念	使用DTT教学，准备多种透明的盒子。有的装有物品、有的没有装物品（开始的物品选择可以是儿童的强化物或爱好物）。引导学生通过听觉、视觉辨别“有”、“无”。回答正确立即给与强化。
15			3.3“一个”和“半个”的概念	
16	概念形成–数前概念	4. 识别时间概念	4.1识别昨天、今天、明天的概念	
17			4.2识别日、月、年的概念	
18			4.3识别整点、半点	
19			4.4识别早晨、上午、中午、下午和晚上	在自然情景中进行教学，将早晨、上午、中午、下午和晚上与对应的活动配对。如在早晨上学的时候，家长可以引导孩子说现在是早晨，早晨去上学。

第1/9页

图4.8　领域教学目标设置页面样图

（四）其他常用孤独症儿童教育评估工具

除了上述教育评估工具外，国内外还有一些教育评估工具值得教育工作者们关注。

1. ABLLS和ABLLS-R

ABLLS（《基本语言和学习技能评估》，*Assessment of Basic Language and Learning Skills*）是由詹姆斯·帕廷顿（James W. Partington）博士和马克·桑德博格（Mark L. Sundberg）博士共同编写的，于1998年面世。

ABLLS于2006年由詹姆斯·帕廷顿博士独立修订为ABLLS-R（修订版），目前市面上使用较多的是ABLLS-R，且没有中文版。ABLLS-R包含《评估记录单》和《指导手册》，可以用来评估各种各样的语言技能，也可以用来评估孩子反应的动机、注意各种环境刺激（言语与非言语）的能力、技能泛化的能力、流利度、相互注意、模仿、社交技能、自发性使用这些技能的趋向。

ABLLS初版包含25个领域的476项技能，每个条目以0—4计分。ABLLS-R的结构与初版相同，区别在于部分技能的数量和范围有所不同，新增加了一些评估技能，并对评估顺序加以调整，共544项技能条目。ABLLS–R的25个领域技能分为四个类别：基本技能、学业技能、自理技能、运动技能。

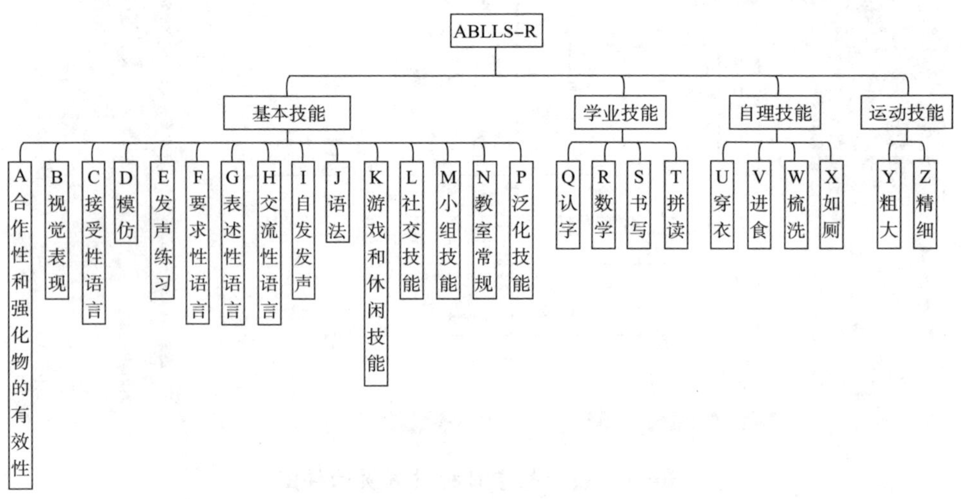

图4.9　ABLLS–R评估内容

ABLLS的适用范围是从出生到12岁大的儿童。使用ABLLS首次评估需要3—4小时，之后的评估时长取决于被评估儿童的技能水平和评估员的技能水平，总体而言，总共可能需要10—14个小时。测试步骤：先做技能跟踪系统测量，分析每个技能领域的获取程度；再分析技能跟踪网格，生成与评估相关的报告。所有这些步骤最后合并在一起，确定教学内容。

2. PEAK

PEAK（Promoting the Emergence of Advanced Knowledge）是美国心理

学家马克·迪克森（Mark Dixon）于2014年出版的一种孤独症儿童评估工具，目前还没有中文版。其设计原理基于语言行为和关系框架理论，可以评估2—18岁的孤独症儿童。

PEAK不仅是一种评估工具，还可以直接转换成教学项目，这大大减轻了对评估者的专业要求。作者本人指出，具有高中以上学历的老师或者家长，经过简单训练就可以操作。PEAK包括的模块分别是：直接训练模块（PEAK-DT）、泛化模块（PEAK-G）、等价关系模块（PEAK-E）和功能转化模块（PEAK-T）。每个模块有184个训练技能点，四个模块共736个训练技能点。四个模块之间的关系呈复杂程度递增。

PEAK评估的出现，使一些已经具备较高能力的孤独症儿童有了训练的依据和方法。对于能力较好或者大龄的孤独症孩子，改善了他们在教学上没有成体系教学方法的现状。PEAK评估虽然出现的时间不长，但现有的研究表明，作为一种孤独症评估+教学工具，其信效度都表现良好，有非常大的应用前景。同时由于其对专业度要求比较低，国内的家长和老师经过简单培训，完全可以独立开展应用，是一种非常有发展前景的评估+教学工具。

3. 孤独症儿童发展本位行为评量系统

《孤独症儿童发展本位行为评量系统》是由台湾彰化师范大学复健咨商研究所凤华教授团队编制、经过彰化师大应用行为分析发展研究中心十年的实践验证和重庆师范大学孤独症儿童研究中心七年的实践验证和本土化修订、旨在解决0—12岁孤独症儿童“教什么”和“怎么教”的一套评量系统。该系统包括《指导手册》和《题本》两本书、一套330多张的卡片和一个微信小程序。《指导手册》是说明书，介绍了评量系统的编制来由、理论基础、应用、信效度；《题本》是评量系统的题库。

该评量系统包括三大主轴：第一大主轴是回应DSM-5在孤独症诊断中新增加的项目“感官知觉过高或过低的反应形态”。孤独症者在感官知觉方面有其特殊偏好及局限性，教学前如果能了解其特殊性，可以让个体免于焦虑及依其偏好安排适当的环境，使其具有安全感。第二大主轴包含发展的五大领域：沟通、社会情绪、认知、适应行为及动作发展。该评量系统以发展阶段为基础，以孤独症者的核心需求为考虑，以斯金纳语言行为、情绪发展、心理理论及认知发展等理论为架构，发展与行为理论相辅相成，期待能敏锐地感应到孤独症者的特殊需求，提供适切的评量。同时，该评量系统以课程本位的概念进行编撰，评量之后即可转换为教学目标，与教学密切结合，让教学者可以很快确认教学方向。第三大主轴则是转衔评量的设计，为适应学龄前阶段的儿童顺利进入小学阶段，对基础转衔能力进行评量，协助其快速适应新的学习环境。

二、课程本位评估

课程本位评估最早在20世纪70年代由美国明尼苏达大学学习障碍研究所提出，后来被广泛应用于阅读、数学运算、拼写和书面表达等课程的教学效果的评估之中。[①]

（一）课程本位评估

广义上说，任何以实际课程内容为依据来评估学生技能发展的程序都可称为课程本位评估。[②]John（2006）认为，课程本位评估是以直接观察和记录学生在课程中的表现为基础、收集信息并制定教学决策的一系列测量活动。[③]Beth（2007）指出，课程本位评估是一类通过收集和评价学生的成就数据从而管理学生学业的评估方法。[④]Deno（1987）认为，课程本位评估是通过直接观察并记录学生在课程中的表现，根据收集到的信息来制定教学决议的一系列过程。[⑤]

---

① 雷江华、方俊明：《特殊教育学》，北京大学出版社2011年版，第186页。

② 闫明、刘明：《课程本位评估在特殊儿童早期教育中的应用》，载《绥化学院学报》2012年第4期。

③ Hintze J. M.，Methe S. A. *Curriculum—Based Assessment*［J］. Psychology in the Schools，2006（1）：45–56.

④ Beth R.，Katherine M.，Caroline G.，et al. *Kentucky's Early Childhood Continuous Assessment and Accountability System*：*Local Decisions and State Supports*［J］. Topics in Early Childhood Special Education，2007（27）：19.

⑤ Deno S. L. *Curriculum—Based Assessment*［J］. Teaching Exceptional Children，1987（20）：40–42.

综上所述，课程本位评估是一种整合了教学课程、教学过程以及学业测验的教学评估模式。它具有与课程教学内容紧密结合，关注学生多样性、施测情景性和方法多元性等特点，可根据学生目前的课程学习表现来决定他们的教学需要，为教学提供有效指导。

课程本位评估以课程教学内容为出发点，对教学过程和教学结果进行双测度评价，包括量的评价和质的评价两种方式。对课堂教学量的评价主要是使用标准化测验和教师自编测验来完成。标准化测验是由专家或学者们编制的，这种测验的命题、施测、评分和解释都有一定的标准，具备较高的信度和效度，测验结果比较客观，适用于大规模、大范围的评价；教师自编测验是由教师根据具体的教学目标、教材内容和测验目的，自己编制的测验，这种测验针对性较强，能较细致具体地了解到学生的学习状况和特点，但其标准化程度较低。对课堂教学质的评价通常是通过直接观察、案卷分析及学生成长记录袋评价来实施。在教学过程中，教师对学生的行为表现进行自然观察，并客观详细地记录所观察的情况，通常也能收集到大量的关于学生学业成就的信息。

（二）课程本位评估在特殊教育中的作用

学者以“融合教育”的视角，思考课程本位评估在随班就读中的运用问题（韦小满，2006），初步探索课程本位评估在特殊儿童早期教育中的应用，指出“课程本位评估作为标准化成就测验的替代评估方法，被证实在提高学生学业成绩方面有显著效果”（闫明，2012），以及“特教学校课程改革及其课程评价是其教育改革的重要任务”（章永，2012），并将对特殊儿童的教育评价和随班就读指导能力作为“复合型”特殊教育教师的培养要求（朱楠，2015）。已有研究指出了当前特殊教育学校制订学生个别化教育计划存在的问题，并指向了评价方式与目标制订的不合理（辛伟豪，2015）。与此同时，有学者也转向借鉴国外有益经验，思考美国特殊教育课程本位评估及其对我国的启示，并指出在我国特殊教育课程改革的背景下，应该注重以课程为基础的评估方式，加强对教师的相关培训并编制出适合我国的评估工具（王颖，2015）。

《培智学校义务教育课程标准（2016年版）》颁布后，课程本位评估相关研究逐渐系统化，学者们开始进行新课标背景下培智学校课程本位评估的思考，首次提出了培智学校“以学评教”的课堂教学评价实践方法（朱静，2020）。随着融合教育实践的不断发展，人们越来越发现传统的标准化成就测验和常模参照测验难以适应客观、公平、真实地评价特殊儿童的需要，课程本位评估作为一种替代性评估方法，越来越受到重视。

评估方式转变的需求催生了诸多培智学校课程本位评估的实践与探索，在最近的研究中还出现了《基于VR的培智学校生活适应课程设计与开发》（刘帅，2019）。在特殊教育领域中，课程本位评估把课堂教学提到了重要的地位，降低了课程测验或考试的作用，针对的是学生对教学内容的掌握情况，不考虑与其常模团体的比较，是传统评价方式的有效补充。它强调教学与评价的紧密结合，评价结果简单明了，易于沟通理解；它以促使学生完成课程学习为原则，根据每一个学生的状况和能力适时调整课程评价的内容、范围及形式，最大限度地反映学生的个别差异，以便教师制订个别教学计划。

（三）课程本位评估的类型

1. 着重流畅性的课程本位评估模式

该模式的目的在于直接测量学生的进步情形，作为教师长期观察与修正教学的依据。

着重流畅性的模式着重于评估速率，测量结果显示个人在单位时间内正确反应的次数，如某位学生在一分钟时间内答对了二十道数学计算题。教师若能系统性地实施课程本位测量，不但可以有效提高轻度障碍学生的学习效果，而且也能提升教师的教学效能。

2. 着重正确性的课程本位评估模式

该模式的目的在于检查教材内容对于个别学生的难易程度，作为挑选教材和分组教学的依据。

着重正确性的模式着重于计算比例，例如答对题数相对于答错题数的比例、答对题数相对于总题数的百分比。台湾地区叶靖云（1996）曾比较三种课程本位教学评估模式的效度，显示着重正确性的模式较容易在一般学校的班级中推行，可作为选取形成性教学评估工具的依据。

3. 标准参照的课程本位评估的模式

此模式的目的：以学生在具有顺序性的课程目标上的表现作为教师设计教学的参考。

标准参照的模式：先将课程中包含的技能，按照难易程度或教学的先后顺序予以排列，然后为每一项技能写出相对应的行为目标，接着再根据行为目标来编选试题，同时拟定可以接受的表现标准。教师便可以根据学生在试题上的表现，判断其是否熟练掌握每项学习目标，以此做与教学有关的决定。

三种课程本位评估模式都是以学生在课程中的表现做决定的依据，而且经常被学校教师非正式地混合使用。有关研究结果表明，目前以着重流畅性的课程本位评估模式的运用最为普遍。

（四）课程本位评估的实施步骤

生活适应课程是孤独症儿童教育的核心课程，小学第一学段的生活适应课课程本位评估的程序如下：

1. 分析课程，决定评估的主题与范围

分析学生的学业困难应从分析学生的课程着手。根据课程本位评估的目的，分析课程包括探究课程中知识和能力的安排、评估课程中知识和能力间的逻辑关系、检查课程中的教学活动以及评估学生在课程学习中所需成就表现或能力，并根据课程选择教材，清楚界定将要进行评估的课程主题与范围。

结合孤独症学龄低段学生的学习特点和能力需求，确定学龄低段生活适应课程培养目标。

2. 以行为目标陈列学习内容

分析学生所需要的技能，以行为目标叙述学习内容，以便掌握未来对学生进行施教的教学内容。

3. 按顺序陈列学习目标

根据难易程度确定逻辑顺序，陈列学生的学习目标，并以此决定教学的次序，以方便评估学生的能力表现。

4. 评估学生目前的表现水平，确定起点行为

搜集适合对个别学生做教学决定的资料，可从以下四方面着手：

（1）查看记录和文件（如永久性的记录、个别化教育计划）。

（2）咨询了解学生状况的教师。

（3）直接评估学生。

（4）与其他学生做成就表现的比较。

最后，将学生的表现直接与学习目标做比较，评估学生在课程内容中的学习起点能力，以准备教学。

5. 决定适当的达标标准

确定达标的标准通常可根据下列三种方法来决定：

（1）考虑布鲁姆的认知分类，它包括记忆、理解、应用、分析、综合及评价六个层次。

（2）考虑所需操作内容的层次。例如，数学的任务层次可以依据学生用来解决问题的各类资料：在最低层次，通过身体操作来解决问题；至于较高层次，则要求学生使用数学关系和抽象的表征来解决问题。

（3）考虑期望学生的学习层次。不仅要考虑课程阶层，还要考虑学习阶层，即获得、流畅、保留、类化及顺应五个层次。

6. 进行教学设计及实施教学

根据学习目标进行教学设计，并对学生实施教学。

7. 评估学习状况，并整理成绩

编写与学习目标和达标标准相对应的试题，以此进行评估，搜集资料以了解学生的学习状况，并作为调整、改变教学的参考。把经常性的成绩评估进行整理，以了解学生个人内在学习状况的变化。

8. 做教育性决定

（1）不要改变介入措施：如果资料显示学生有适当的进展且达到标

准，就不需要改变介入措施。

（2）改变教学：如果学生进展缓慢或错误率增加，那么应该考虑四种改变教学的选择（回到较容易的技巧、回到较容易的任务形式、尝试不同的教学程序或者提供更多学习的机会）。

（3）提高教学目标：如果学生表现出较高的成功率，那么教师应该考虑改变教学目标。依据任务和要求，教师应该考虑三种可能的选择之一（进入新的学习阶段、增加任务的难度或提供新的技巧）。

（4）传授顺从训练：当学生的成就表现资料出现高度的变化而且平均成就表现低于标准时，建议考虑顺从的问题。如果教师提供给学生的诱因、成就表现标准、教学条件及教学质量发生改变时，就可能会产生顺从上的困难，有必要给予调整。

（五）生态教育理念下的课程本位评估实践

生态教育理念提倡立足于孤独症儿童生活实际，将个人生活、家庭生活、学校生活、社区生活、社会生活等内容进行有机整合，提高学生解决生活实际问题的能力，促进其融入社会。我们实施生活教育，可提升孤独症儿童的生活能力和生活质量，为他们融入社会打下基础。怎样才能使生活适应课程更加行之有效呢？一般的测验不适合孤独症儿童的学情，所以我们需要根据孤独症儿童的实际情况实施课程本位评估。因此，从孤独症学生适应生活的角度出发，我们有必要开发一套适合孤独症学生发展特点与需要的生活适应教材和课程本位评估方案，帮助他们掌握生活常识与技能，早日融入主流社会。在这一背景下，以生活适应课程为先例的生态课程本位评估实践应运而生。

1. 实践中的课程本位评估模式

如何开发出一套适用于孤独症学生的生活适应课程，同时满足缺陷补偿与潜能开发的要求？制订什么样的长短期目标符合生态教育理念下对孤独症儿童融入社会的理想水平？什么样的评估最能体现孤独症学生能力现状？如何为每个学生提供满足自身发展所需的个性化教育内容？这些都是我们在探索课程本位评估模式的过程中要重点考虑的问题。

生态教育理念下的课程本位评估模式，旨在将教育教学与教育评估密切结合起来，将评价学生的行为表现与技能同课程直接联系起来。也就是说，学生在某些技能上的缺失说明了他在某具体课程领域尚未达到要求，这样就可以通过学生在课程上的进步情况来做出相应的教学调整。为此，以生活适应课程的探索为例，我们初步确定了一套相对完整的课程本位评估实践模式。

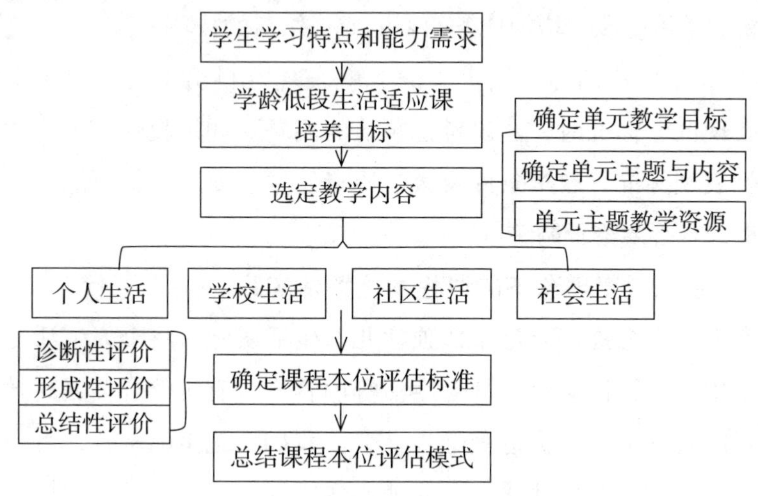

图4.10　生活适应课程课程本位评估模式

2. 课程本位评估模式实践案例——以生活适应课程为例

生活适应课程是晨星学校开设的一门立足于学生当前及未来生活需求、以提升生活适应能力为目的的基础性课程，主要是为了从生活技能、社会交往、情感交流等方面培养学生学会生活、融入社会的能力，从而提高其生活自理能力、改善其社交沟通核心障碍。在学校教育中，生活适应课程对于孤独症学生习得未来生活的基本本领具有重要意义。基于课程本位评估的实践模式，结合孤独症学生适应生活的能力现状与需求、学习特点与规律，我们对生活适应课程的内容和形式进行了初步的探索与实践。案例分享如下：

表4-1　生活适应课课程本位评估表（一年级上）

总目标	短期目标	前测基线	教学进度
前测（P通过/E辅助完成/F不通过）			第1周
一、认识自己的姓名、性别和五官	1. 认识自己的姓名和小标志		第2周
	2. 认识照片中的自己和镜子中的自己		
	3. 知道自己的性别和同学的性别		第3周
	4. 知道自己的五官及功用		第4周
二、使用学校的卫生间	1. 独立使用学校的便池如厕		第5周
	2. 知道饭前便后要洗手		第6、7周
	3. 独立使用泡泡液洗手，使用自己的毛巾擦手		
	4. 使用卫生间时知道排队等待		第8周
三、独立用餐	1. 独立做好洗手、取餐具等餐前准备		第9周
	2. 能够独立使用勺子吃午饭		第10、11周
	3. 吃饭时保持安静，不与同学争抢		第12周
	4. 吃完饭独立将剩饭倒入垃圾桶，餐盘放到指定位置		
四、安静午睡	1. 午睡时自己穿脱衣服和鞋子		第13、14周
	2. 安静入睡或安静躺下休息		
	3. 午睡后能够和同伴一起抬床		第15周
五、参与班级劳动	1. 能够自己收拾书包		第16周
	2. 能够自己擦书桌、整理书桌物品		第17周
评估后测			第18周

表4–2　生活适应课课程本位评估表（一年级下）

<table>
<tr><th>总目标</th><th>短期目标</th><th>前测基线</th><th>教学进度</th></tr>
<tr><td colspan="3">前测（P通过/E辅助完成/F不通过）</td><td>第1周</td></tr>
<tr><td rowspan="4">一、认识自己的学校、班级、老师和同学</td><td>1. 知道自己的学校和班级</td><td></td><td>第2周</td></tr>
<tr><td>2. 认识自己的老师</td><td></td><td>第3周</td></tr>
<tr><td>3. 知道自己同学的名字</td><td></td><td>第4周</td></tr>
<tr><td>4. 知道自己的身体部位及功用</td><td></td><td>第5周</td></tr>
<tr><td rowspan="4">二、使用学校的卫生间</td><td>1. 主动表达自己的如厕需求</td><td></td><td>第6周</td></tr>
<tr><td>2. 手脏了主动去洗手</td><td></td><td rowspan="2">第7周</td></tr>
<tr><td>3. 不浪费卫生间的水</td><td></td></tr>
<tr><td>4. 洗完手能够把洗手台擦干净</td><td></td><td>第8周</td></tr>
<tr><td rowspan="4">三、独立用餐</td><td>1. 独立使用纸巾擦嘴</td><td></td><td>第9周</td></tr>
<tr><td>2. 能够吃完自己的饭菜，不浪费</td><td></td><td>第10周</td></tr>
<tr><td>3. 主动表达自己添饭的需求</td><td></td><td>第11周</td></tr>
<tr><td>4. 能够将自己掉的饭粒捡干净</td><td></td><td>第12周</td></tr>
<tr><td rowspan="3">四、安静午睡</td><td>1. 午睡前将脱下的衣物和鞋子摆好</td><td></td><td>第13周</td></tr>
<tr><td>2. 午睡后对照镜子整理仪表</td><td></td><td>第14周</td></tr>
<tr><td>3. 午睡后自己叠被子</td><td></td><td>第15周</td></tr>
<tr><td rowspan="2">五、参与班级劳动</td><td>1. 能够擦拭班级家具（桌子、柜子）</td><td></td><td>第16周</td></tr>
<tr><td>2. 能够协助完成扫地、倒垃圾等劳动</td><td></td><td>第17周</td></tr>
<tr><td colspan="3">评估后测</td><td>第18周</td></tr>
</table>

教学设计：

一　认识自己的姓名、性别和五官

学习目标：

1. 认识自己的姓名和小标志。

2. 认识照片中的自己和镜子中的自己。

3. 知道自己的性别和同学的性别。

4. 知道自己的五官及功用。

前备技能：

1. 有叫名反应。

2. 有仿说的能力。

3. 能进行一步指令的听者反应。

教学准备：

1. 学生照片（多张）

2. 五官照片（各种类型）

3. 环境安排：教室、卫生间、午休室

教学活动：

活动一　贴上自己的小标志

1. 教师点名，把姓名贴交给学生，学生把姓名贴贴在点名册上自己的照片旁边。

2. 学生拿着自己的姓名贴，在教室、卫生间和午休室等有自己照片的地方将其贴上。

3. 将姓名贴放入盛有玩具的玩具盒中，学生分组比赛，找到玩具盒中自己的姓名贴并贴到自己的照片旁边。

活动二　给自己的名字涂色

1. 出示有学生名字轮廓的涂色纸，学生在轮廓内涂色，认识自己的姓名。

2. 在沙盘中用手指写一写自己的名字。

活动三　找一找照片和镜子中的自己

1. 和学生一起翻相册，指认相册中的自己。

2. 和学生一起到卫生间，在镜子前喊学生的名字，学生回应。

活动四　认识男孩和女孩

1. 和学生一起认识不同的发型，判断男孩与女孩。

2. 班里的男孩和女孩分组站好，互相介绍自己。

活动五　找五官

1. 指认娃娃玩偶的五官。

2. 听者反应练习，老师说“指一指……”学生做出反应，也可同学间互相练习。

3. 反应力比赛，老师说“闭上眼睛”“眨眨眼”“张大嘴巴”等，学生快速做出反应。

家庭指导：

1. 将家里孩子的个人物品贴上自己的小标志，加深学生对自己所有物这一概念的理解。

2. 尽量避免在家中只唤孩子的小名，经常称呼孩子大名，提高学生的自我认识。

3. 在穿衣打扮、发型梳妆、如厕、举止等方面为孩子渗透性别的意识，感知男女有别。

4. 和孩子一起翻现在和以前的相册，认识相册中的自己和小时候的自己。

5. 和孩子一起做五官游戏，感知五官的作用。

泛化：

1. 向其他班级的同学和老师做自我介绍。

2. 说一说其他班级同学的性别。

3. 对校园里不同角色的人都能做出叫名反应。

4. 指出自己大头照中的五官。

评估：

<table>
<tr><td>学生：</td><td colspan="4">学习期</td><td colspan="4">泛化期</td><td colspan="5">维持期</td></tr>
<tr><td>教学目标</td><td colspan="13">评量方式：□操作　□纸笔　□口语
□观察　□指认　□其他</td></tr>
<tr><td>目标1：认识自己的姓名和小标志。</td><td></td><td></td><td></td><td></td><td></td><td></td><td></td><td></td><td></td><td></td><td></td><td></td><td></td></tr>
<tr><td>目标2：认识照片中的自己和镜子中的自己。</td><td></td><td></td><td></td><td></td><td></td><td></td><td></td><td></td><td></td><td></td><td></td><td></td><td></td></tr>
</table>

注：基于对不同学生的学情设置和班级内学生的整体学情现状，一门课程的目标设置并不单一，且同一目标对每位学生的要求程度并不相同。比如，同一目标，有的学生处于学习期，而有的学生已经有了部分学习经

验，处于泛化期或者巩固期，这就需要在课后评估时，在不同的表格内进行标注。此外，关于评分标准，独立完成记为P，得5分；语言或示范辅助下完成记为H1，得4分；半肢体辅助下完成记为H2，得3分；全辅助下完成记为A，得2分；无法完成记为N，得1分。再进行分数统合，学习期的得分占50%分值，泛化期的得分占30%的分值，维持期的得分占20%的分值。

在初次投入使用的过程中，老师们面临目标设置不统一、内容零碎化的问题。经过深入探讨修订，我们采取了主题教学的形式，在同一主题下，老师们提前教研，将可以教授的知识点、技能点进行系统的梳理，再由任课教师选取适合本班学生的目标进行教授，生活教学逐渐系统起来。总体来说，在教学中，通过引入课程本位评估，教师可以更加精确地掌握每位学生的学情和最近发展区，并在此基础上进行个性化教学内容的设计，能够解决一堂集体课很难照顾到每一位学生的状况，避免在一项技能目标里出现习得的学生重复学习、未习得的学生又难以实现学习目标的情况。这样一来，课程本位评估的使用可以有效调节教学进度和教学弹性，呈现出更加适切的生态课堂。

总体来说，在孤独症康复教育上，只有关注孤独症儿童的生活发展需求，才能为其制订科学的教育目标和教学内容，提供更加适切的康复与教育，帮助孤独症儿童在最佳干预期间养成良好的生活适应能力，以更好地融入社会、提高生活质量。

课程本位评估在分析特殊儿童的发展性能力、制订个别化教育计划的目标、监控特殊儿童进步情况、评价课程方案以及特殊儿童资格鉴定等方面发挥着重要的作用。我们进行孤独症儿童生活适应课程本位评估的探索，是为了形成教学与评价相结合的教学模式。与此同时，在实施过程中，我们不断总结、反思、提升，以更好地为孤独症儿童提供更加适切的教育。

第三节 孤独症儿童个别化教育计划

随着世界范围内对特殊儿童受教育情况的关注与特殊教育课堂教学研究的深入，IEP在特殊教育领域的受重视程度越来越高。可以说IEP已经不仅是在教育教学过程中使用的教学方式，更被纳入相关的特殊教育法律法规中。IEP的制订与实施体现了现代特殊教育领域的科学性和政策导向。

一、IEP概述

实施IEP之前，最重要是对IEP的相关概念有一定的了解，这有助于我们在实际操作过程中有所依据。本节从IEP的概念、IEP的构成要素、IEP的意义和作用几个方面进行论述。

（一）IEP的概念

IEP是一个准合同协议，指导、策划和记录为满足每个特殊学生的学业、社会和行为需要而特别设计的教学。IEP描述了学生现有发展水平，具体规定了在较长时间内学生需要达成的发展目标、达成这些目标所需要的服务以及如何评价目标的达成情况。它既是特殊需要学生教育和身心全面发展的一个总体构想，又是对他们进行教育教学工作的指南性文件，也是个别化教育理念转化为实际操作的必须手段。IEP不同于教案，教案描述的重心是教学过程，IEP则以评估为基础，包含了学生的现有水平、长短期目标及目标达成情况。

（二）IEP的构成要素[①]

1. IEP的依据

IEP主要依据教育评估结果拟订课程。教育评估主要解决该生的教育起点、教育原因探索，并开出教育教学处方。课程是教育评估的重要依据，提供教学内容和目标。

2. IEP参拟人员

IEP参拟人员含教师、家长、各类测评人员（如医生、心理学家、教育学工作者），必要时儿童本人也可参与共同拟订，主要执笔人是教师。

3. 完整的IEP项目

包括：① 学生姓名、年龄、性别、年级；② IEP的执行起止日期、拟订日期、设计人；③ 未来安置，即该生下一阶段正常化的最大可能性；④ 本计划执行期安置的各项内容、时间、主要负责人；⑤ 长期目标，按不同领域分布目标，较为抽象、概括，有指引性的时间为一学期；⑥ 短期目标，是达成长期目标细致、具体的步骤和内容，是完成长期目标的保障；⑦ 各短期目标后的教学策略，指这一教学目标最适合的教学情境。

此外，评量含等级评量（依制订的评量标准）结果和评量日期。不仅要备注各长期、短期目标（后附），还要专门对该项目状况、执行人等情况做出说明。

（三）IEP的意义和作用

IEP的意义在于对儿童个性的尊重，变原来以教师为中心的教育为以儿童为中心的教育，切实关注每位儿童个性的发展。其主要作用包括：

1. IEP是个别化教育能够实施的总设计，是使特殊儿童获得合适教育服务的保证。

2. IEP是教师、学校对某儿童实施教育的承诺，这一承诺会受到家长、学校、社会的监督和检查。

① 张文京、严小琴：《特殊儿童个别化教育：理论、计划、实施》，重庆大学出版社2015年版，第10页。

3. IEP沟通了教师、家长、社工人员与儿童，沟通了儿童的学校生活、家庭生活、社会生活，让各类参与教育的人员能相互交流、相互配合，在明确目标导引下从不同角度实施个别化教育。

4. IEP是教师在这一阶段内作计划、设计教学活动、安排教学环境、实施教学活动的重要依据，也是对儿童做教育评量的重要依据。

二、IEP的制订与实施

如何制订和实施IEP是学校个别化教育的重点，每一位特殊教育教师都应该熟悉和掌握这部分内容。

（一）IEP的制订

1. IEP的制订人员

IEP的制订成员由一个团队组成，通常包括教师、家长和康复师、学校教育行政人员等。团队成员之间互相分享自己所掌握的关于儿童的重要信息，一起合作撰写IEP。下面简要分析一下在学生的IEP制订过程中，每个成员的角色以及所承担的任务。

教师：包括学生的班主任、科任教师、个训课教师，如果学生是新生，还可以包括学生转入之前的教师等。他们主要负责提供学生资料，明确指出学生的学习能力与限制，明确指出学生的障碍需求，研究拟定学生的长短期目标，提供课程设计，与家长沟通，等等。

学生家长：负责了解IEP的所有内容，并阐述自己在IEP实施过程中的参与能力与限制因素；提出自己对学生的发展期望；如果学生之前接受过其他康复训练，还需提供相关资料。

各个康复领域的专业人员：根据学生需要而定，如物理治疗师、作业治疗师、言语治疗师、心理治疗师等。他们主要负责解释特殊评量资料与提供自己所负责领域的治疗服务建议等。

学校教育行政人员：负责了解IEP的内容制订，监督IEP各项内容的实施过程，为IEP的推进提供必要的物力、财力和人力支持，确保IEP顺利实施。

2. IEP的制订与实施步骤

IEP的制订会针对学生的各方面情况综合考虑，包括学生的基本信息、疾病史、接受康复教育史、入学表现情况、环境适应情况等。以学校为例，IEP的制订应包括以下环节：学生基本资料收集→安置试读→确定IEP训练团队→个案评量→个案讨论分析→制订阶段性长短期目标→召开IEP会议→确定训练方案→实施IEP→中期评估及调整→末期评估，针对升学或融合的学生，还应包括转衔的评估。

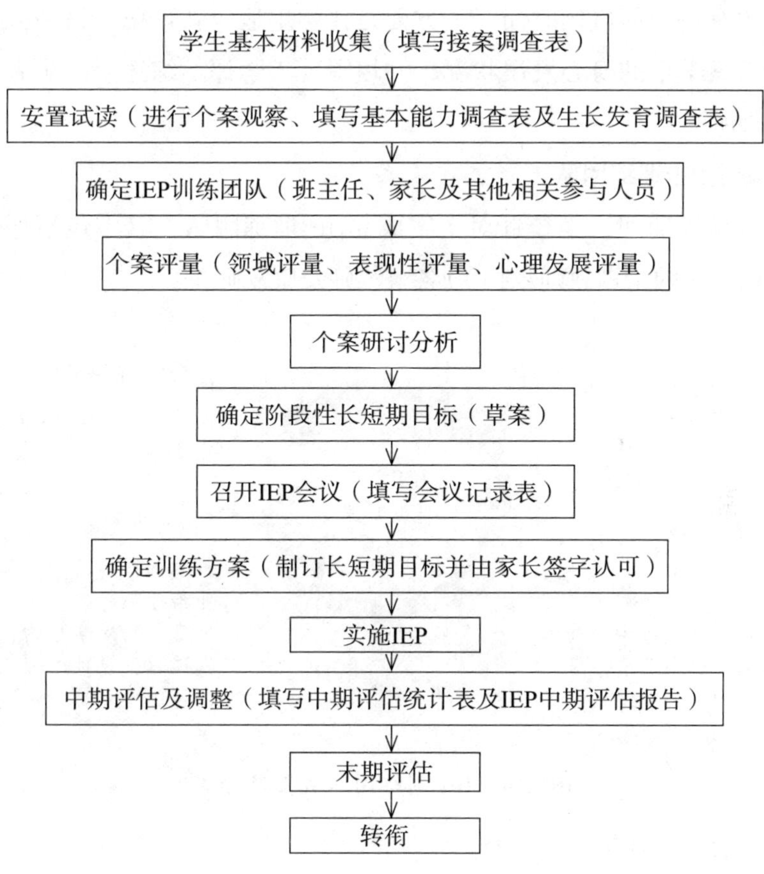

图4.13　IEP的制订与实施步骤

（二）IEP的实施

个别化教育实施是实践性的活动，是将IEP变为行动的过程。教师通过对学生实施个别化的观察、评估后撰写IEP，又将IEP实施到学生的日常个别化教育之中，在个别化教育的实施中再调整和丰富IEP的内容。

1. 学生基本资料收集

家长为孤独症儿童入学报名成功后，需要来校进行面谈。面谈时，家长需要填写《学生信息登记表》，提供学生的基本资料，包括户口证明和诊断证明，配合教师完成《家长访谈记录》。

2. 安置试读

新生有1—2周试读时间，一方面是让学生适应新环境，另一方面是让教师们观察学生的身心发展状况，并填写《入学评估综述》。（有关表格详见附件）

3. 确定IEP训练团队

安置试读期间，学校针对个案成立IEP训练团队，其中包括评估人员（一般由学生的个训教师承担）、各科教师及康复师。

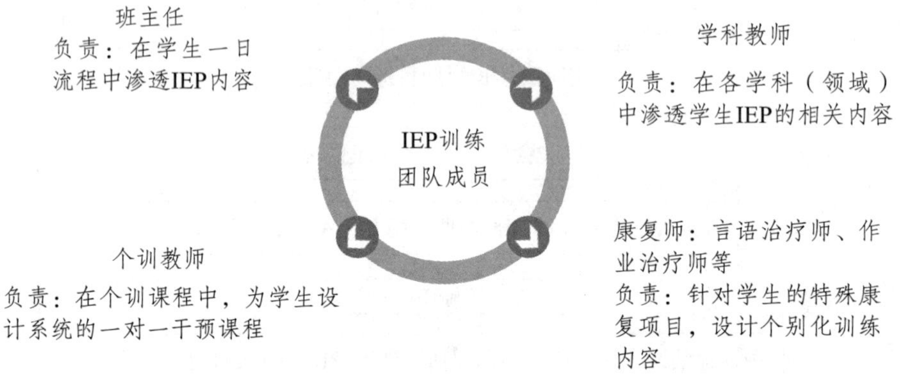

图4.14　IEP训练团队成员及分工

4. 进行个案评量

本环节是对学生进行全面的评估、评量，是在学生基本信息和安置试读的基础上，利用教育评估工具对学生的语言行为、认知发展、运动技能、生活适应和情绪行为等能力进行个别化评估，得出学生个人的评估结果。不同的评估工具评估结果的呈现方式也不同，如VB-MAPP和C-PEP-3

的评估结果。

5. 个案讨论分析

通过科学的个别化评估手段，得出教育诊断结果。根据评估结果，确定学生的发展年龄是多少，评估者与IEP团队的其他人员共同讨论学生能力发展的优弱势，然后给出教育建议。以C-PEP-3的评估结果为例，可将学生每一个领域的发展年龄、具有的优弱势清晰地呈现出来。

6. 制订阶段性长短期目标

针对IEP团队给出的教育建议，评估者结合学生的在校教育课程，通常以一学年为单位，研究拟订学生各领域的长短期目标，即学生的个别化教育康复计划。其中长期目标是依据学生现阶段的能力水平、优弱势、家长的期望等，制订一学年学生应该发展的总目标和总方向。短期目标则是在长期目标的指引下，以周、月为单位，依据课程的架构、技能组织、能力发展的顺序等，细化若干小目标，是教学实施的依据。

7. 召开IEP会议

IEP团队的教师们与家长共同讨论学生的教育评估结果、个别化教育康复计划，由评估者向家长转述拟订的IEP的内容，并针对学生的居家康复内容，向家长提出教育建议。接着家长提出该计划的调整意见。最后由双方共同确定IEP最终版的内容。

8. 实施IEP

内容确定实施后，学生的个别化训练目标将会融入学生的一日流程之中，既有课堂中的教学，又有生活中的练习。其涵盖的训练人员有各学科（领域）教师、个训教师、康复训练师和家长。其中各学科（领域）教师是在该学科（领域）下，通过教学目标的分层，将学生的个别化教育康复目标融入学科（领域）之中。个训教师主要是通过个训时间对学生进行一对一的个别化训练，其主要练习的技能一方面是学生在各学科（领域）中已习得、但需要加强和泛化的技能；另一方面是学科中未得到充分练习的弱势技能，如提要求、使用句子等。

9. 中期评估及调整

在实施IEP的过程中，教师为进一步了解学生的学习速度、范围、深度及学习的状态等情况，为自己提供反思教学的机会，需要针对学生的阶段表现，进行个别化教育实施情况中期评估和调整。以一学期为中期，在学期末，班级教师需要将中期评估和调整的内容进行汇总上报，为下一阶段IEP的实施提供参考资料。

10. 末期评估

一学年结束后，对学生的发展进行整体评价，总结学生在本学年的整体情况，主要包括：根据现有的IEP和儿童所取得的进步及目标实现情况，确定学生下一学年的评估内内容，对学生哪方面的内容还需要重新评估，哪些方面需要增设新目标进行初步的判定，并制作课程改进方案。

11. 转衔

简单来说，转衔就是转介和衔接的意思，是学生从一个阶段过渡到另一个阶段，一方面需要转介，另一方面需要衔接，这就是转衔。孤独症学生入学期间，至少有两个重要的转衔过渡时期：升学期和外出融合期。升学期指从幼儿园升入义务教育阶段，外出融合期指从特殊学校转学入普通学校。在转衔时期，IEP团队还需要为其制订一份《××转衔评估报告及康复建议》，其中包括学生现阶段各领域的能力水平和下一阶段的教育康复建议，协助其向各生活阶段过渡。

孤独症学生IEP的制订与实施，展现了在教育领域每个孩子均享有接受适性教育的机会，表现了教育的公正与尊重。在孤独症儿童的教育实践中，需要根据每一位学生的学习风格、速度、兴趣进行教育康复，从学生的入学评估到学生的转衔，将个别化教育落实在学生生活与学习的方方面面。

青岛市晨星实验学校

学生转衔评估报告

学生姓名　GBS

出生日期　2014.7.29

评估日期　2021.6.21

评估教师　邵秀筠

评估报告

第一类转衔：VB-MAPP得分和独立学习的能力

Transition Category 1: VB-MAPP Scores and Academic Independence

- VB-MAPP里程碑评估总分　　得分：4 分

就该单项而言：此次得分为“转衔问题—得分”。单项最高分为5分；分数越高，说明学生在里程碑评估中所表现出的能力越高，在限制较少的教学环境中的学习能力越高。

基于学生得分的阶段性转衔安置建议如下：

该生目前在VB-mapp里程碑得分中，总分为132.5分，介于101—135分之间，目前该生已经具备绝大部分VB二阶（正常学生18~30个月的水平）的技能和部分VB三阶（正常学生30~48个月的水平）的技能，主要的优势技能是：听者反应、视觉感知和样本配对、独立游戏、书写、数学和集体技能。弱势技能在于提要求、社会和社交技能以及对话技能。

结合学生的能力特点，学生适合参加一些形式较为松散的集体课，能够在限制较少的环境中进行学习。但是学生的提要求能力、对话等高阶能力相对较弱，在进行集体课的基础上仍然需要进行一部分集中的言语、语言以及沟通技能的训练，除此之外，建议增加学生与同龄人（尤其是言语水平较好的同龄人）的互动机会。在教学方式上，注意使用适当的辅助和行为管理系统（比如：视觉提示、代币制等）。

第二类转衔：学习模式

Transition Category 2: Learning Patterns

- 技能在时间、地点、行为、材料和人物方面的泛化　　得分：2 分

就该单项而言：GBS此次得2分。单项最高分为5分；分数越高，说明技能泛化能力越高，在限制较少的教学环境中（如：无高强度的泛化训练、师生比例较低）的学习能力越高。

- 能够产生强化作用的物品和活动种类　　得分：4 分

就该单项而言：GBS此次得4分。单项最高分为5分；分数越高，说明学生的行为较多受控于社会性、与年龄相符的强化物，且多依赖于间歇强化，因此学生在限制较少的教学环境中（如：实物强化物的使用率偏低）的学习能力越高。

- 习得新技能的速度　　得分：4 分

就该单项而言：GBS此次得4分。单项最高分为5分；分数越高，说明习得新技能的速度越快，在限制较少的教学环境中（如：多回合教学较少）的学习能力越高。

- 新技能的保持　　得分：3 分

就该单项而言：GBS此次得3分。单项最高分为5分；分数越高，说明学生保持新技能的能力越强，在限制较少的教学环境中（如：维持性教学较少）的学习能力越高。

- 从自然环境中学习　　得分：3 分

就该单项而言：GBS此次得3分。单项最高分为5分；分数越高，说明学生在自然环境中的学习能力越强，也就是说，在限制较少的教学环境中（如：通过观察同伴来学习，较少结构化教学）的学习能力越高。

转衔评估建议

VB-MAPP' Transition Assessment Suggestions

1. 总体概述

目前，GBS在转衔领域的评估分数为67分（满分90分），具备较好的融合基础和能力（包含学业技能和生活适应能力），在集体课（6—10人左右）中能够关注集体、学习技能。但是仍旧需要给与一定的支持和辅助。结合学生的各项能力表现，建议该生参加一些形式较为松散的集体课，在限制较少的环境中进行学习。但是学生的提问题能力、对话等高阶能力相对较弱，仍然需要进行一部分的高强度、密集型的言语、语言以及沟通技能的训练。除此之外，建议学生教师与家长增加学生与同龄人（尤其是言语水平较好的同龄人）的互动机会。

2. 分项描述

该在VB-MAPP得分和独立学习的能力。主要的优势技能是：听者反应、视觉感知和样本配对、独立游戏、书写、数学和集体技能。弱势技能在于提要求、社会和社交技能以及对话技能。如：在进行提要求评估时，该生能够很好的关注到评估材料，并能对材料中的物品进行相同、相似的配对、很好的听者和复杂指认；但在生活情境中学生提要求的能力相对较低，由于学生的动手能力较强，大多数情况下可以靠自己直接获得，这样是影响学生提要求能力相对较弱的原因之一；在对话中评估者也发现，该生的眼神对视能力相对较弱，对话动机不高，难以进行主动发起，在游戏时学生能够进行独立游戏和平行游戏，有少量的互动游戏产生，但是自发性较低。

在学习模式上，学生有一定的学习新知和泛化新知的能力，能够在自然环境中学习一定数量的命名和提要求。但是在技能的泛化和语言操作元素之间的转换上还存在一定的困难，需要更多的练习。

在自理、自发和自主性上，根据观察可以发现学生有较高的生活自理能力，能够独自去厕所小便，之后独立返回教室，能够发起一些自理任务（如收拾书包、收拾玩具等）；在进餐方面该生也能够独立的拿放餐盘、独立清洁桌面卫生。相较于自理和自主性；学生语言表达、社交沟通的自发性相对较低，在评估过程中我们发现，学生能够发出一些自发性行为，但主要是非语言行为；另外学生在变化的适应性上存在一定困难，在光线较暗的陌生环境中、有较高强度的响声中学生都会出现捂眼睛、捂耳朵等行为，表现出明显的焦虑。

结合GBS目前的转衔评估结果，有如下建议：

1. 提升学生提要求能力：在不同场合制造学生提要求的机会，进行提要求技能的练习，如在家中我们可以控制起学生喜欢吃的食物、玩具等，待学生提要求后给与学生相

图4.15　学生转衔评估报告及康复建议示例

第五章
孤独症儿童教育康复策略与方法

现如今，对孤独症教育康复问题的研究逐渐深入，孤独症的教育干预方式也在发生着变化。随着人们对孤独症群体的了解和接纳度的提升，教育干预的方式更加人性化，更加注重考虑孤独症儿童的内在感受。

第一节

孤独症儿童结构化教学

20世纪70年代，美国北卡罗来纳大学精神科学系的一个专门研究、支援和推行孤独症儿童教育的部门制订了“孤独症与沟通障碍儿童的治疗与教育计划”（Treatment and Education of Autistic and Communication Handicapped Children，简称TEACCH），该计划也被称为“结构化教学”。它是以孤独症儿童的生活自立为目标，综合诊断、评量、早期教育、学校教育、家庭教育以及职业教育等，发展出的一套教育治疗计划。这个计划是一套十分系统的工作计划，历经几十年的应用，取得了很好的教学效果。该教育项目曾获得美国精神病学会的成就金奖，被认为是一种杰出的服务训练和研究模式，已得到世界的认可。我国的台湾、香港地区很早就借鉴这套计划训练孤独症儿童，中国大陆近几年使用此方法的学校、训练机构也越来越多。

一、结构化教学概述

结构化教学也称系统教学法，是根据儿童的学习特点，有组织、有系统地安排学习环境、学习材料及学习程序，让儿童按照设计好的结构从中学习的一种教学方法。它的基本思想是把教学空间、教学设备、时间安排、交往方式、教学手段等方面做系统安排，形成一种模式，使教学的各种因素有机地形成一体，全方位地帮助孤独症儿童进行学习。

结构化教学以静态的视觉传递为主要方式，即图片式、空间结构安排式。其优点是这种传递方式的信息不会衰减，且信息存在的时间易于控制和把握。这种结构化教学的设计是活用儿童的视知觉优势，以弥补其本身欠缺处理环境情报的理解能力和抽象能力的基本问题。

结构化教学通常由五个重要的部分组成：

（一）视觉安排

视觉安排就是把学习环境、学习材料及程序做一个适当的安排，使儿童无需语言，只用视觉辨别能力便能明白和理解学习的要求。

常见的视觉安排包括以下三个部分：

1. 视觉清晰显示

把最重要的资料或物件部分清晰地表现出来，以便儿童辨认。用标签标出重要的资料或物体是视觉清晰辨别的重点所在。

2. 视觉组织

物件和空间的组织安排有序，使儿童能了解自己的工作范围涉及的地点、材料、步骤等。

3. 视觉指示

利用文字、图片等把要完成的工作安排成一个模式，包含工作的内容及步骤，以便儿童能够按照指示明白怎样完成该工作。

（二）常规

常规就是一些惯例程序，用在日常生活中以适应环境要求。每个人都有自己的常规，常规通常既能方便自己，又能方便他人或外部环境，例如：每个人必须工作至一段时间才能拿到工资，就是先工作，后得到奖励的常规。熟悉环境常规可以提高人的环境适应能力，以减轻焦虑。

在长期的日常生活中，孤独症儿童根据自己的兴趣或感官偏好，会自己设定一些常规，这些常规常常不能体现出环境要求和社交习惯，通常是无意义的。常规能帮助他们克服组织资料及计划自己活动时的困难，并提高他们解决问题、理解环境以及适应社会环境的能力和学习的效率。

常规的建立主要从以下几个方面着手：

1. 建立做事先后顺序的常规

建立做事先后顺序的常规，就是让儿童明白他们的行为会影响周边环境，帮助他们理解自己与外部事物之间是有关联的，是有次序的。

2. 建立完成工作的常规

建立完成工作的常规，就是通过训练儿童建立起“工作是会完成的，完成工作就会有奖励”的概念，以此促使儿童努力完成任务。

3. 建立从左到右、由上到下的工作步骤常规

孤独症儿童往往不知道一件工作从什么地方开始，这时用视觉讯号做出指示，便于指导他们完成任务。

4. 检视个人时间表

通过训练，培养孤独症儿童在每天活动之前先看时间表的习惯，以便他们能了解个人活动的内容、时间以及先后顺序，把精力放在要做的事情之上。

在建立常规时要注意一致性，无论在家中还是在课堂中，都要遵从同样的常规处理环境及生活。

（三）环境安排

环境安排就是用清晰的界限为孤独症儿童划定不同的活动和学习空间（图5.1），以便其了解活动、学习与环境的关系，了解环境对他们的要求。在教室里，除了有用来学习的空间，还可以划分出儿童自由玩耍的范围、个别辅导的范围以及工作程序表放置、衣物放置的范围等。如果教室的空间太狭小，无法安排很多的活动区域，则可做变通处理。安排环境结构时要尽量减少视觉和听觉的干扰，用清晰的界限为儿童建立不同的活动空间，如教学区、游戏区、生活区等，宜用文字标出；家庭训练新行为时也要适当进行环境安排；教学区桌椅要有序摆放，可以用红、黄、蓝等颜色区别，也可按系列摆放，使学生一目了然地知道自己此时要完成的任务在哪里，下一步该完成的任务去哪里能了解到。

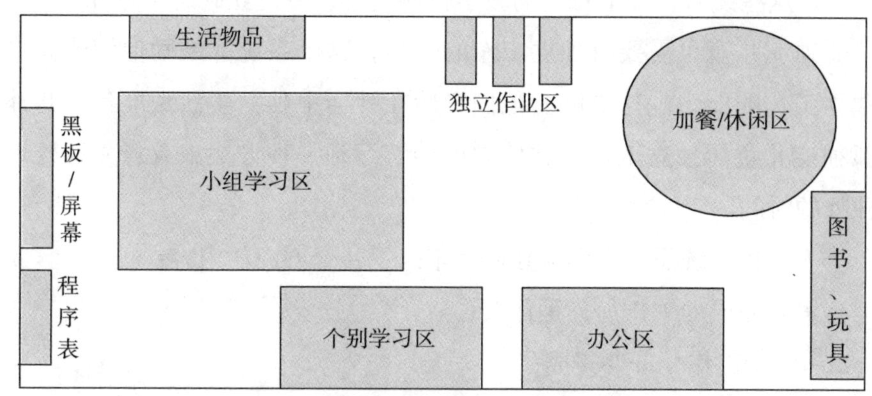

图5.1　结构化的教室布置

（四）程序时间表

程序时间表就是告诉孤独症儿童每日或某段时间中所要进行的活动，以及进行这些活动的先后次序。孤独症儿童常常在转换程序、活动次序及时间组织方面会出现问题。在实际生活中表现为不懂得适时结束，活动杂乱无序。常见的程序时间表主要有两种：一种是全日流程时间表，显示全天每一项活动的时间；一种是个人工作时使用的工作程序表，这是针对孤独症儿童的特殊需要，按照IEP制订的程序表。程序时间表的形式可以用图片、照片、物件和文字描述，长短规格、步骤的详略以儿童的能力而定。程序时间表在一定时期内应相对固定，可以全班统一，也可以为个别学生单列，但两者不要有时间冲突。

在程序时间表的安排过程中需要注意以下三点：

1. 清楚列出每日活动的程序，帮助孤独症儿童提前预知理解每一个转变，清楚活动的先后次序及如何运用时间。

2. 活动时间的安排要考虑孤独症儿童的兴趣和能力。

3. 时间表的具体含义必须是孤独症儿童能够充分理解的。

（五）个人工作系统

个人工作系统就是建立一个孤独症儿童独立工作的系统。个人工作系统包括结构化教学的各要素：视觉安排、常规、环境安排及时间程序表等，综合这些元素，加上特定的教学材料安排，便建立起这个系统。

孤独症儿童也需要有独立工作的时间，这个系统能鼓励他们建立自发及独立工作的能力。这能够为他们日后在社会中独立生活做准备。此外，当孤独症儿童能独立工作时，他们也会学习到一种方法来有意义地处理他们独处的时间。

个人工作系统需要告诉孤独症儿童以下几个方面的内容：

1. 需要完成的工作任务是什么；

2.有多少工作任务要完成；

3. 完成工作任务的要求；

4. 完成工作任务后将会发生的事情。

二、结构化教学实践

结构化教学是针对孤独症群体个别化需求的教学策略，把握空间环境结构、运用时间表和个别化工作系统、提供视觉清楚且有组织的学习材料是本教学方法的主要特色。在具体的教学实践中，也是将结构化教学的重要组成部分进行有机结合，营造一个适合学生发展的学习、生活的环境。

（一）环境安排实例

在集体教学的教室环境中，明确的视觉安排、清楚的界限、合理的环境分区能够让孤独症儿童知道范围的作用，并了解环境对他们的要求。适当的环境安排还可减少儿童分心，让他们集中于有意义的环节。

1. 集体教学区

集体教学环境的布置，利用了很多视觉提示的策略，让孤独症儿童明确自己上课所坐的位置；集体课的环节和常规，让孤独症儿童能够处于更为有序且适宜的环境中。

图5.2　集体教学区

2. 玩具区、图书角布置、摆放规则及视觉提示

玩具区和图书角都设置了本区域内规则的视觉提示，帮助孤独症儿童建立独立游戏、独立阅读的常规。玩具区每一个玩具和存放该玩具的柜子中，都贴上了相应的玩具图片及序号，能够帮助儿童进行配对，建立“东西用完放回原处”的常规。

图5.3 玩具区

图5.4 图书角

3. 书包、衣物放置区

在书包、衣物放置区，教师会根据学生能力水平的不同，设置每个学生个人衣物柜的标识，培养学生自己穿脱外套、整理衣物的良好常规。

图5.5 衣物放置区

4. 独立作业

独立作业的每一个任务篮外面都贴有不同的任务标识，教师会提前根据班级内孤独症儿童的能力水平设置不同难度的任务，学生根据颜色、形状寻找匹配的任务来完成。

图5.6　独立作业区

（二）常规的建立

1. 入校的常规

孤独症儿童脱离了家长和老师的辅助，往往不知道早晨进入校园之后应该做什么，要按照什么顺序去做，因此，建立入校的常规十分重要。现以孤独症儿童学前班果果班为例，展示学生建立常规的具体操作流程。

入校常规分为五个部分：（1）问好；（2）交家校练习册；（3）脱外套，放书包；（4）去洗手间；（5）喝水。

在入校流程中，学生活动范围较大，涉及衣物放置区、洗手间、加餐区等多个不同区域，因此采用分步式的视觉提示帮助学生建立常规，即在任务区标注当前任务并提示下一项任务，如在放置家校练习册处标明：2. 家校练习册→3. 脱外套，放书包。同时，针对学生能力水平个别化差异较大的问题，对结构化提示采取文字内容介绍（图5.7）、图片内容介绍（图5.8）两种形式的调整。

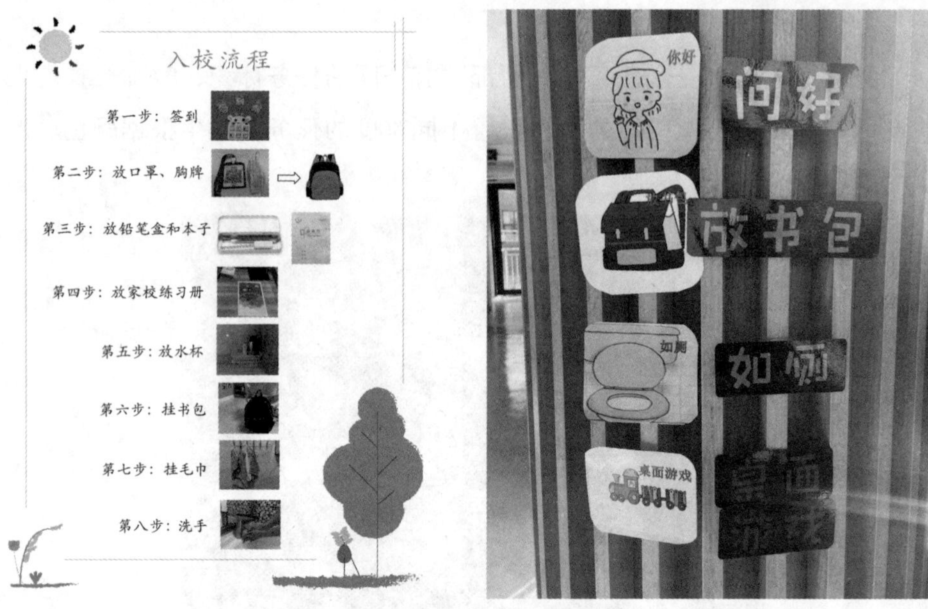

图5.7　文字形式入校常规

图5.8　图片形式入校常规

2. 集体课的常规

在集体课中，为了让孤独症儿童能够更好地参与到集体学习活动中来，教师可通过视觉提示的方式，向学生展示一节课的流程、课堂规则及奖励机制。

（1）课堂流程

在结构化的集体教学中，课堂流程一般包括常规环节、集体教学环节、个别化练习环节。以图片形式呈现这一流程，让孤独症儿童明确当前环节的任务内容以及接下来要完成的任务内容。

图5.9　集体课流程

（2）课堂规则

规则训练的主要目的是控制学生的情绪行为，把学生的注意力逐渐引向主题教学的环节之中，因此该环节的内容比较固定，变化较少，有利于学生领会接下来的程序或步骤。

图5.10　集体课常规

（3）奖励机制

根据各班级学生能力水平的差异，可以设置班级个性化的奖励机制。

学生能力水平较低的班级，可以设置个人代币系统的奖励机制，课堂出现教师期待的良好行为，就及时给予代币强化，集满约定个数的代币，可立即得到强化物。

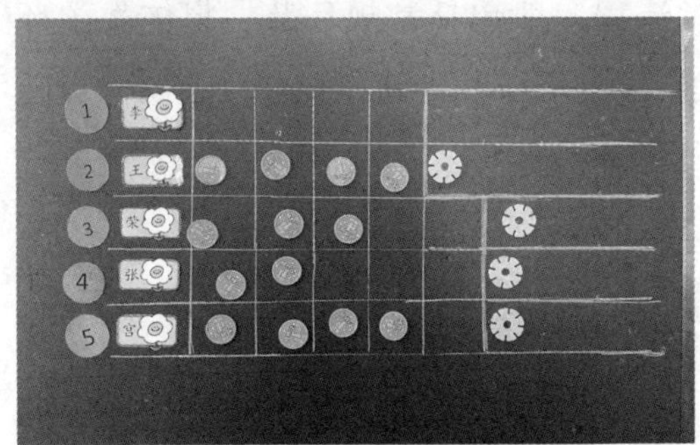

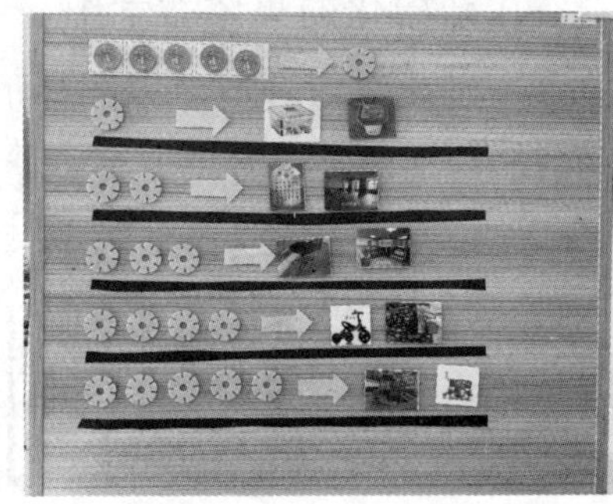

图5.11　代币奖励机制

学生能力较好的班级，可采用阶梯式强化，学生出现良好行为，可向上前进一个台阶，到达台阶顶层，可得到一个代币，将最后的强化物延迟至每天放学时予以满足。

图5.12　阶梯式奖励机制

3. 如厕的常规

一些孤独症儿童在生活自理方面存在一定的滞后情况，通过视觉图片提示，能够帮助儿童建立良好的如厕常规，培养其生活自理的能力。

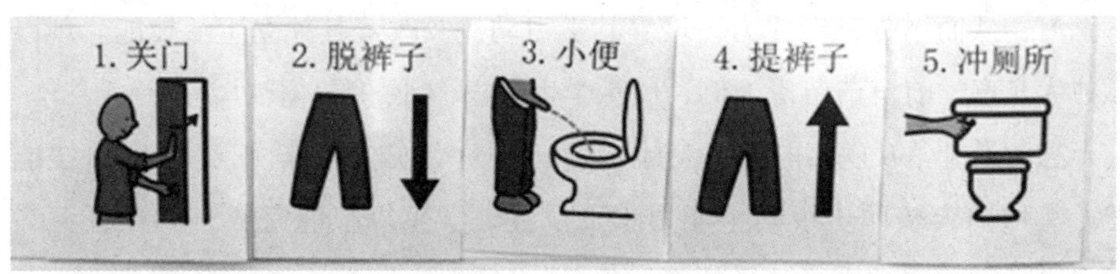

图5.13　如厕常规

（三）程序时间表的应用

孤独症儿童对时间概念的理解有困难，记忆力差且语言表达能力弱，往往对下一个活动状况由于不了解而不安。因此除了指导他们在每天一定时间内学习以外，还可以帮助他们主动地由一项活动转向另一项活动；对于那些不愿离开的学生，可以让他们知道接下来的活动更有趣。

通常每个孤独症儿童至少有两种程序时间表，一种是集体的时间表，一种是个人的时间表。教师根据孤独症儿童的能力，采用文字卡、图片或具体实物提示等方式制作活动内容时间表，以便他们更容易了解活动的内容和顺序。

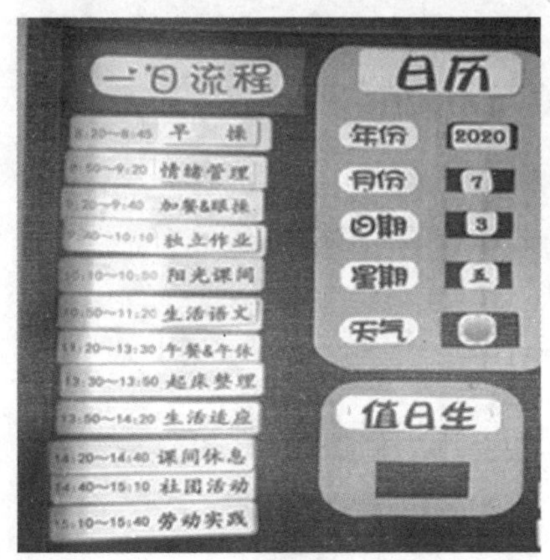

图5.14　集体程序时间表

图5.15　个人程序时间表

（四）个人工作系统的实例

个人工作系统主要是帮助孤独症儿童建立起开始工作、继续做下一项工作、完成工作的概念。建立顺序工作的习惯可以使学生在有固定规律的模式下学习，从而增强其专注力，培养其学习动机及改善其独立生活技能。现以孤独症儿童学前班苗苗班为例，展示学生独立作业的具体操作流程。

独立作业的任务准备，大体包含三类：认知类、精细类、生活技能类。具体内容按照班级学生能力水平设置，学生每节课完成3—4项任务，其中包括1—2项学生喜欢且精熟的任务，1项较为简单，1项稍有难度。

在独立作业课上，教师首先为学生下发个人任务板，学生按照从上到下的顺序，取下自己的第一个任务卡，到独立作业放置处，找到与任务卡相同标识的任务篮，将任务篮拿到自己的位置上，进行独立作业。在完成独立作业的过程中，教师给予学生从最轻到最重的辅助，尽量让学生能够独立地完成任务。学生完成第一项任务后，要将任务篮放回原处，并取回自己的任务卡，教师为其粘贴完成标识。所有任务都完成后，可用完成标识与教师交换奖励卡，得到完成任务后的强化物（零食/玩具）。

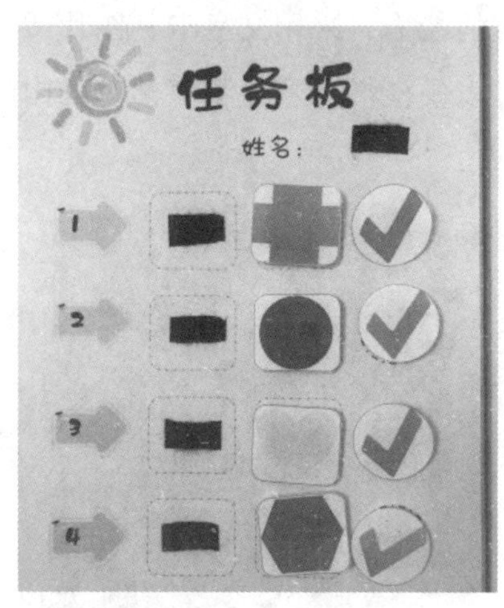

图5.16　个人任务板

图5.17　独立工作任务篮

第二节
认知能力教学策略与方法

认知能力指接收、加工、储存和应用信息的能力。它是人们成功地完成活动的最重要的心理条件。知觉、记忆、注意、思维和想象的能力都被认为是认知能力，那么孤独症儿童的认知能力是如何训练的呢？如果针对孤独症儿童认知发展水平提供的教育支持策略过于刻板或过于机械化，不具有灵活性，将导致孤独症儿童的认知发展过程较为被动，孤独症儿童将缺乏主动思考问题的能力。同时，在当下社会高速发展、知识迅猛增加的时代，如果教育支持过程中教学效果进展缓慢，更加不利于孤独症儿童获得更多的知识和技能。同时，个体在参与游戏活动的时候，心理活动是不可能单独出现的，而是表现为多个心理活动的共同参与。因此，应该改变教育支持的传统观念，将孤独症儿童的认知活动建立在游戏活动的基础上，通过自然化、生活化的方式，激发孤独症儿童以多个心理活动共同参与。

一、孤独症儿童认知能力教育支持策略

认知过程是行为和情感的中介，适应不良性行为和情感与适应不良性认知有关。孤独症儿童的认知发展水平较低，思维、想象、注意、语言等方面的发展水平不利于孤独症儿童参与高级的社交活动，影响孤独症儿童对客观信息进行加工处理的结果。心理学研究表明：3—5岁的学龄前儿童处于认知能力发展的关键期，所以，应有目标、有计划、有系统地对孤独症儿童的认知能力进行训练与培养。因此，教师应结合孤独症儿童的认知

发展的表现和认知发展的特点采取有针对性的教育支持策略，以此满足孤独症儿童认知发展的需要。

（一）建立沟通渠道

孤独症儿童不懂得采取有效的方式与人沟通，教师也无法通过语言与孤独症儿童建立有效的沟通渠道，那么，教师就需要采取有效的措施帮助孤独症儿童与外界环境之间建立有效的沟通渠道。以往相关研究发现，孤独症儿童的视觉通道占有绝对的优势，孤独症儿童可以利用视觉通道获取信息，因此，教师可以借助视觉提示，引导孤独症儿童参与认知活动，包括认识图画、了解概念、揣摩意图等认知活动。沟通渠道的建立是有效沟通的前提，也是提升认知水平的基础，但是，孤独症儿童的个体差异性较大，同一种方法不可能完全适用于所有孤独症儿童的教师和家长，还需要结合孤独症儿童的实际特点和能力，采取有效的辅助措施，建立有效的沟通渠道。

（二）联结生活情境

孤独症儿童的理解能力不好，抽象的信息不利于孤独症儿童进行理解和记忆。如果教师长期使用强化物，只能够使孤独症儿童与客观实物之间建立联结而已，却不利于孤独症儿童理解概念或者建立概念。例如：如果教师经常使用强化法，教师就会发现，孤独症儿童只有在教室内面对教师的时候才会表现出预期的行为，当离开教室、面对父母的时候，孤独症儿童就不再表现出预期的行为，因此，孤独症儿童的认知学习需要和特殊的生活情境相联结，增加孤独症儿童的感性经验和情境记忆的能力，使下一次在同样的情境中，能够更好地激发孤独症儿童主动的行为。联结生活情境能够更好地避免孤独症儿童的认知障碍导致的学习过程中的刻板性。

（三）注重实物的启发

孤独症儿童的认知能力有限，对于抽象的事物理解较差，对于事物的感知能力较弱，因此，教师不能以抽象的活动对孤独症儿童进行认知训练，不能给孤独症儿童“假”的物品进行认知学习，而必须为孤独症儿童提供真实的物品，例如：教师教授苹果的概念，就可以给孤独症儿童提供真实的苹果，让孤独症儿童利用“闻、吃、扔、摸”等方式获取信息。

（四）激发多项感官的参与

孤独症儿童的认知发展，需要借助多项感官活动的参与，包括视觉、听觉、嗅觉、味觉等。通过多项感官的参与，促使孤独症儿童加深对客观事物的理解，增强孤独症儿童的记忆能力、理解能力，从而更好地提升孤独症儿童的认知水平。例如，认识水杯的时候，教师可以让孤独症儿童自己先感受水杯，包括水杯的颜色、重量、味道等，通过自我刺激性的学习，孤独症儿童会对水杯有一个初步的认识。如果孤独症儿童对水杯感兴趣，下一次参与活动的时候，孤独症儿童依然会主动选择水杯；如果孤独症儿童对水杯不感兴趣，下一次参与活动的时候就不会再选择水杯。这样的参与方式，是源于孤独症儿童自己的真实感受，有助于提升孤独症儿童的理解能力。利用多个感官共同参与活动，可以加强孤独症儿童对实物的理解，相比抽象的认知学习活动而言，实物认知更具有优势，教学效果更好。

（五）重视和加强语言的发展

孤独症儿童的语言多半为儿童最初的非交流性言语，也称为自我中心言语。自我中心言语有三种表现形式：仿说、独白、集体独白。

皮亚杰认为，2岁前儿童智能有真实事物的心理意向。儿童看东西、抓东西，把它们同化到正在形成的心理格局中，但还不具备把这些符号转化为词的能力。大约2岁时，儿童开始能思考，开始用他听到的词来标志周围环境中他感兴趣的事物。儿童此时所用的词通常是非常奇怪的、不正确的，此时，儿童能够非常有限地把过去的经验和词联系起来，儿童一旦开始把客体同词联系起来，也就促进了语言的发展。

实际上，孤独症儿童语言发展也离不开这一规律，因此必须引起我们高度的关注。皮亚杰在对6—7岁儿童的观察中发现：儿童的自我中心言语逐渐向社会性言语过渡。这种社会性的言语是一种交往的言语，是用来促进与他人相互交流的。可见，儿童的社会性言语是在自我中心言语的基础上发展起来的，因此，在孤独症儿童的语言发展上，我们必须重视他们自我中心言语的发展。

二、提高孤独症儿童认知能力的方法与实践

根据孤独症儿童认知能力发展的表现与特点，认知训练的具体目标是提高孤独症儿童的知觉、记忆、表象、思维等各方面能力，达到全面发展的康复目标。在家庭康复中，认知训练的内容包括注意训练、图形认知、颜色认知、数字认知、同类匹配、观察能力、记忆能力和比较排序等。结合孤独症儿童认知能力发展的教育支持策略，可以提供适当的教育支持活动。每项教育支持活动都有局限性，教师可以结合具体的案例情况，采取有针对性的教育支持活动，或者结合案例情况对教育支持活动做适当调整。

活动一　排排队

【活动目标】

1. 理解“长”“短”的相对概念；

2. 提高动手能力；

3. 初步建立物品比较的意识。

【活动准备】

长短不同的木棒或蒙台梭利教具（长短棒）。

【活动过程】

教师示范：学生和老师坐在学习桌前，教师坐在学生的右侧。教师出示教具，一端对齐，示范比较长短的过程，并对长短进行命名，“这是长的”“这是短的”，引导学生跟随仿说。

认识长短：教师出示两个长短不同（差距较为明显）的木棒，进行提问：“请你指一指长长的/短短的。”学生能够在辅助下正确指认。随后逐渐降低辅助等级，直到学生能够独立正确地指认长短木棒。

学生操作：让学生将两个长短不同（差距较为明显）的木棒进行比较，教师可以根据情况进行辅助，将长短不同的木棒分别放置，按照从长到短或从短到长的顺序排列。

【注意事项】

1. 在操作过程中，教师根据学生的情况选择不同数量的木棒，可以让能力好的学生将多个木棒进行排队比较。

2. 学习初期以仿说和指认为主。

活动二　我的餐具

【活动目标】

1. 认识“勺子”和“碗”两种实物；

2. 能够正确命名“勺子”“碗”；

3. 能够正确指认“勺子”“碗”。

【活动准备】

学生日常生活中经常使用的勺子和碗。

【活动过程】

指认勺子和碗。教师和学生坐在学习桌前，教师坐在学生的右侧。教师出示实物勺子和碗，发出口令：“请你指一指勺子（或碗）。”辅助学生进行指认，随后进行社会性强化。根据学生情况，逐渐降低辅助等级，直到学生能够独立正确地指认勺子和碗。

命名勺子和碗。教师和学生坐在学习桌前，教师坐在学生的右侧。教师出示实物勺子和碗，并提问：“这是什么？”学生回答：“勺子（碗）/这是勺子（这是碗）。”随后进行社会性强化。根据学生情况，逐渐降低辅助等级，直到学生能够独立正确地命名勺子和碗。

【注意事项】

1. 学习初期以仿说和指认为主，从最重的辅助开始，适时地逐步撤出辅助。

2. 对于学习能力稍差的儿童，先从实物教学开始，注重实物的启发。

活动三　对对碰

【活动目标】

1. 了解物品的不同形态；

2. 养成对实物的泛化能力。

【活动准备】

苹果的图片、苹果的实物、其他干扰项图片和实物。

【活动过程】

全辅：教师和学生坐在学习桌前，教师坐在学生的右侧。教师出示4张图片（其中一张为苹果的图片），将苹果递给学生并发出指令："一样的放在一起。"教师使用肢体辅助或指示提示，全辅学生将苹果的图片和实物放在一起，随后进行社会性强化。

半辅：教师和学生坐在学习桌前，教师坐在学生的右侧。教师出示4张图片（其中一张为苹果的图片），将苹果递给学生并发出指令："请把苹果和苹果图片放在一起。"教师使用肢体辅助或指示提示，半辅学生将苹果的图片和实物放在一起，随后进行社会性强化。

无辅：教师和学生坐在学习桌前，教师坐在学生的右侧。教师出示4张图片（其中一张为苹果的图片），将苹果递给学生并发出指令："请把一样的放在一起。"学生独立、正确地将苹果的图片和实物放在一起，随后进行社会性强化。

【注意事项】

1. 根据学生的能力设置干扰项，随后增加图片或实物的数量。

2. 可以在桌面上展示图片，将实物与图片配对；也可以在桌面上展示实物，将图片与实物配对。

3. 在活动中要经常变化图片的位置，根据学生的情况更换图片和实物的形态（如：红苹果、绿苹果，不同的实物和图片）。

活动四　猜猜它是谁

【活动目标】

1. 增强感官辨别能力；

2. 培养使用视觉、嗅觉、味觉的能力；

3. 提升感知觉能力。

【活动准备】

橙汁一杯、白开水一杯。

【活动过程】

味觉：教师出示一杯橙汁和一杯白开水，分别让学生尝一尝，并让学生选择哪杯是橙汁，哪杯是白开水。可以尝试告诉学生橙汁的味道是酸酸甜甜的，白开水是没有味道的。

嗅觉：教师出示一杯橙汁和一杯白开水，引导学生闻一闻，并让学生选择哪杯是橙汁，哪杯是白开水。可以尝试告诉学生橙汁的味道是酸酸甜甜的，白开水是没有味道的。

视觉：教师出示一杯橙汁和一杯白开水，引导学生观察两杯液体的颜色，并让学生选择哪杯是橙汁，哪杯是白开水。可以尝试告诉学生橙汁是橙色的，白开水是透明的。

【注意事项】

1. 在活动过程中教师要保证儿童的安全，避免发生危险。

2. 在活动过程中教师要善于引导，孤独症儿童的感知觉较为特殊，对食物的选择也有特殊性，如果儿童不喜欢饮白开水或橙汁，可以换成学生喜欢的饮料，但要注意颜色、口味的区分。

第三节
语言沟通教学策略与方法

语言功能异常是孤独症儿童的典型症状之一。孤独症儿童的语言障碍，主要问题不是不能说，而是不会说。但是这绝非心理障碍，而是脑功能障碍导致孤独症儿童对语言信息的编码出现问题，从而引发的语言障碍。在语音、语义、语法和语用四个语言范畴中，语音、语义和语法作为语言的表达形式，孤独症儿童在这些方面表现正常或者障碍程度较轻；语用是语言的功能，孤独症儿童在语言功能方面表现出明显的障碍，语用障碍是孤独症儿童语言发展的核心障碍。

一、孤独症儿童语言沟通教育支持策略

孤独症儿童的语言发展障碍与其他发展性障碍儿童的语言障碍是有区别的。对于孤独症儿童的语言发展方面的教育支持，主要目的还是期望能够激发脑功能和孤独症儿童的动机，引导孤独症儿童的主动性言语。

（一）反复地增加语言刺激

儿童学习语言的过程不是孤立的，需要在特定的条件下发展儿童与成人、同龄儿童之间的交往和互动关系，引导儿童有规律地与客体进行交往和相互影响，在活动中帮助儿童形成对客观对象的认识并产生个人的选择性。

为了激发孤独症儿童的主动性言语，我们必须依据儿童兴趣，创造特殊的环境，不断地在游戏或学习中激发儿童发声、进行语言反射，例如：当

孤独症儿童的积木塔倒塌了，儿童会表现出喜悦或悲伤的面部表情，有时会伴有言语，此时教师和家长需要再现这种游戏情景，努力通过“激化紧张局势”来重新创建相同的情感反应，激发儿童言语反应的反复性。如果儿童的言语和表情没有重复出现，这时可以反复尝试用夸张的言语和表情吸引儿童的注意力，加强与儿童的互动，增强儿童对语言的反应和重复。

（二）借助诗体的韵律、节奏和悦耳的音乐

教师借助诗体的韵律、节奏和悦耳的音乐，可以促进孤独症儿童产生条件反射。当教师给孤独症儿童唱歌或读很熟悉的诗歌时，可以突然停顿，激发儿童说出需要补充的词语。如果儿童不能补充，教师就自己说出来。也可以低声提示儿童，例如：模仿火车的声音说“呜—呜—呜!坐火车”，或者发出假想性和滑稽的喊声等帮助孤独症儿童把声音和具体的物体联系起来，引起儿童主动性的言语。在这种情况下，教师和父母可以尝试捕捉孤独症儿童的目光，激发孤独症儿童对活动的关注度。教师的言语和表情只是试图引起孤独症儿童的兴趣和对语言的反应。

（三）激发儿童不由自主的模仿

不由自主的模仿包括模仿教师的行为、面部表情、语音语调。不由自主的模仿有可能成为学习发音和口语的先决条件。通过模仿很容易引发孤独症儿童愉快的感观印象而导致其正确发音，例如：当我们在玩泡泡游戏时，儿童会由于兴奋而不由自主地模仿成人的笑声和叫喊声。

（四）激发儿童主动性的回应

这是教师通过身体的节奏、韵律和儿童自身的运动实现的。教师可以利用孤独症儿童在荡秋千时身体的摆动进行沟通，例如：“我在飞，我飞，我飞起来了!”在匀速的、有节奏的运动中偶尔停顿一下，在游戏的瞬间引导孤独症儿童把注意力集中在教师的脸上，“捕捉”教师的表情，这很可能激发其模仿教师的表情或言语。

总之，孤独症儿童的语言干预，需要凸显以人为本的原则，同时借助生活化和自然化的生活环境，为孤独症儿童提供教育支持。学习过程中，教师需要付出足够的耐心，保持接纳的态度，以保证孤独症儿童能够快乐地学习，在愉快的氛围中自然性地发音并习得语言。

二、孤独症儿童语言沟通方法与实践

通常来说，语言能力的发展分为三个阶段：（1）基础发音阶段；（2）语言理解阶段；（3）语言表达阶段。以下是儿童语言能力发展三个阶段的训练目标。

表5.1　儿童语言能力三个阶段训练目标表

目标/分级		1	2	3	4
语言基础训练	A. 外部舌位功能训练	正伸舌	侧伸舌	上卷舌、下卷舌	舌环绕唇
	B.唇部功能训练	双唇张开、合唇	会鼓气、吹气	碰唇、舔唇、噘唇、咧唇	利用唇部动作发音
	C.内部舌位功能训练	鼓腮、舌抵下牙齿	舌上卷、舔上腭	弹舌	利用内部舌位的功能发音
	D.舌唇气流统合	啊——、开火车——等	震双唇	吹纸、吹哨子、吹气球	有节奏地大量仿说儿歌
语言理解训练	A.听觉语言理解能力训练	呼之回视、呼之回应	理解多个大动作指令	理解多个小动作指令	听音乐打节拍
	B.视觉理解能力训练	能理解手势指令、能理解表情指令	模仿口部动作	能模仿不同发音	能模仿连续动作
主动语言表达训练	A.简单表达性语言训练	能做简单需求性表达	改变鹦鹉学舌式语言	正确使用人称代词	能主动看图说话
	B.非语言表达能力训练	会用手指所需物品	会想办法取物品	会用动作表示常用物品的用途	会以表情变化表示心情
	C.书面语言表达能力训练	糖葫芦连线、数字连线	点连画、点连字	看卡片写字	听写短句、读短句
	D.互动性交流训练	常用短句训练	疑问句训练	主动提问式训练	结构化交流训练

对于无语言表达能力的儿童，语言训练可按照以下步骤进行：

第一阶段：模仿期。

1. 口部动作模仿：从被动辅助其动作到能依从指示模仿。动作有：张大口、闭上口、打哇哇，伸收舌，弹响舌，舔唇，咬唇，拨唇等。

2. 气息训练：每天坚持做一定量的跑步、上下楼梯、仰卧起坐，增强肺部呼吸能力，模仿深呼吸、被动抓痒笑、辅助压挤腹部使其发出喉嗓声、吹哨子等。

3. 交往动作模仿：听指令拍拍子表示高兴、摆摆手表示再见、拱拱手表示感谢、伸出手表示要东西、拉拉手表示友好等。

4. 模仿发声：仿哭声，抓痒令发出大笑声，张大嘴巴发“啊——”声，即使是无意义的叫声也要给予强化。

第二阶段：训练发单音（叠音）时期。

这个阶段要培养注视及对视，使儿童学会模仿训练员的口型发音，此时无须刻意纠正儿童发音的正确性，以防止挫伤儿童的自信心及学习兴趣。

1. 要充分利用儿童喜欢的玩具转化为对训练者面部的注视，提高目光对视时间，使儿童较好地模仿口型发音。

2. 使儿童知道，听到叫其名字时要产生回头、抬眼等反应，要以“哎”应答。

3. 从儿童最亲的人物母亲开始，学习发唇音“妈”。

4. 满足儿童的动机需求，在拍一拍、亲一亲、抱一抱、打一打等动作中学习发爆破音“拍”“打”“抱”。

5. 从儿童喜欢吃的食物开始学习，如“锅巴”发音“巴巴”，“棒棒糖”发音“糖”，仿真玩具老虎发音“虎”等。

6. 采用“轰炸式”方法，对儿童能发出的音，教师要进行多次的重复刺激和训练。

7. 看图片练习发音，模仿说出单韵母“a”，说出物品名称如车、梨、杯等。

8. 看仿真玩具，模仿动物叫声与汽车、火车及打枪的响声等。

第三阶段：学习发双音节词语时期。

这个阶段儿童要学习两个音节的连续发音，它标志着儿童的语言表达能力上升到一个新的阶段，可把认知渗透入教学。

1. 开始利用儿童已会的单音节学习叠音，如“爸爸”“妈妈”“杯杯”“瓜瓜”“包包”等。

2. 在会发的音节的基础上学习双音节词语，如“杯子”“西瓜”“面包”等。

3. 利用实物和图片，帮助儿童进行双音节词语的发音学习。可采用先指指“杯子”、再拿起“杯子”、最后说出“杯子”的三步骤方法学说词语。

4. 儿童学说双音节词语阶段，不宜矫正发音速度及音质，需要增加学说词语的数量，鼓励儿童敢于仿说，但要重视模仿发音时的音节数量。

第四阶段：简单问答沟通训练。

这个阶段，让儿童能进行简单的问答对话。学习了解与自己有关的熟人之间的关系，会表达自己的需求。

1. 以儿童自己为中心，从问答练起。例如：你叫什么？你几岁了？

2. 从儿童感兴趣的事物问起。例如拿着他喜欢的食品问：谁吃？谁要？谁玩？

3. 从表扬问起。例如：谁棒？谁好？谁做对了？

4. 分辨儿童与熟人的关系，用提示自答方式。例如：你是爸爸？是妈妈？是老师？是爷爷？是奶奶？

训练中注意统一问话指示，如儿童熟悉的人（如老师、姥姥、妈妈、阿姨等）统一发指示：“叫我。”还可利用电话学习简单的对话。当父亲来电话时，请儿童说“爸爸好，我想你了”等。

第五阶段：认读仿说句子的训练。

在这个阶段，使儿童在掌握一定文字的基础上，利用图片和文字，学习认读句子、说儿歌，进一步提高儿童的语言表达能力和理解能力。

1. 认读简单句子，如“太阳出来了”“小明在跑步”等。

2. 读儿歌，如《大苹果》《小白兔》等。

3. 唱简单歌曲，如《我有一个好妈妈》《两只老虎》《小手拍拍》等。

4. 表达需求，如“我要吃东西”“我要出去玩”等。

5. 读句子依从指令做事，如“请把杯子给我”“请坐在椅子上”等。

根据孤独症儿童语言沟通发展的表现与特点，结合孤独症儿童语言沟通发展的教育支持策略，可以提供以下教育康复活动：教师可以结合具体情况，采取有针对性的教育康复活动，或者结合具体情况进行适当调整。

活动一　荡秋千

【活动目标】

1. 扩展对玩具的兴趣；

2. 提升语言表达的主动性；

3. 主动使用“推我”的语言方式进行表达。

【活动准备】

秋千

【活动过程】

1. 示范游戏操作：两名教师向学生示范如何荡秋千，用夸张的表情和动作吸引学生的注意，提高学生的兴趣。

2. 从全辅助开始指导儿童完成游戏：教师邀请学生荡秋千，在帮助学生荡秋千的过程中，适当暂停活动，全辅学生进行仿说“推我”，随后教师回答：“好的，我来推你荡秋千。”

3. 逐步降低辅助等级：随着儿童对此语言句式熟练地掌握，教师逐渐撤辅助，改为语言半辅“推——”，或用提问的方式引导学生回答：“你要说什么？”帮助学生在辅助下回答“推我”。

4. 儿童独立表白：学生在休闲时间独立进行游戏，主动向教师提出要求“推我”，教师帮助学生体验荡秋千的乐趣。

【注意事项】

1. 对语言表达的学习可以从最重的辅助开始，并适时地逐步撤出辅助。

2. 这类活动趣味性较强，荡秋千的过程就是一个很好的自然强化的过程，无须再用其他强化物作为支持。

活动二 小星星

【活动目标】

1. 提升语言表达的主动性；

2. 养成对周边人和事物的关注能力；

3. 提高语言表达能力。

【活动准备】

播放音乐的设备、《小星星》歌曲。

【活动过程】

欣赏音乐：教师播放歌曲《小星星》，带领学生欣赏音乐，使学生对歌曲产生兴趣，初步了解歌曲的歌词。

演唱：教师播放歌曲《小星星》或播放歌曲伴奏，并进行演唱，让学生逐渐了解歌词，然后让其自己独立演唱。

接歌：教师演唱小星星，“一闪一闪亮晶晶，满天都是……”引导学生接唱，对歌词进行填空，随后对其进行社会性强化。

【注意事项】

1. 要选择简单的歌曲，确保学生能够独立演唱，能够对歌词进行填空。

2. 该活动在进行过程中，要确保学生的注意力，使他们能够关注教师演唱的歌曲。

活动三 吹泡泡

【活动目标】

1. 增强学生对事物的关注能力；

2. 提高语言表达能力和主动性；

3. 提升视觉追视能力。

【活动准备】

泡泡水

【活动过程】

教师示范：教师拿出泡泡水吹泡泡，并做出夸张的表情，喊出夸张的声音，如“啊，好多泡泡啊”“泡泡飞的好高啊”等。

追泡泡游戏：师生进行追泡泡游戏，教师吹泡泡，和学生一起追着泡泡拍一拍，并进行口语表达“泡泡”。

自主仿说：教师每拍一次泡泡时，都伴用语言表达“泡泡”，引导学生仿说“泡泡”。

【注意事项】

1. 要根据学生的语言能力水平选择恰当的词语和句子进行教授。

2. 该活动在进行过程中，要确保学生的注意力，并使用学生喜欢的玩具。

活动四　颜色对对碰

【活动目标】

1. 能够对红、黄、蓝颜色进行配对；

2. 学习语言表达“没有啦”；

3. 提高独立作业的能力。

【活动准备】

红、黄、蓝三种颜色的套圈、套棍。

【活动过程】

学生自由活动：教师出示玩具套圈，让学生自己玩，教师不给予引导，培养学生对玩具的兴趣。

教师示范：学生自由活动3—5分钟后，教师引导学生点数套圈，进行颜色认知，引导学生辨别颜色，将相同颜色的套圈放到套棍上。

语言表达：对游戏进行反复练习，帮助学生了解游戏规则和内容，在游戏过程中，教师可以故意藏起某个颜色的套圈，激发儿童去寻找，并教授其语言“没有了”，并且反复创造练习机会。

【注意事项】

1. 要根据学生的语言能力水平选择恰当的词语和句子进行教授。

2. 该活动在进行过程中，要确保学生的注意力，并使用学生喜欢的玩具。

3. 情景的创设要自然，避免过于频繁，同时注意变换不同情境，避免过于单一。

第四节
社会互动教学策略与方法

孤独症儿童社会互动能力的教育支持，不能脱离具体的情境。由于孤独症儿童对于抽象的事物理解较差，不利于提升社交能力，也不利于养成基本的社交技巧，所以，要通过具体的生活实践、游戏实践，达到沟通、交流的目的，使师生双方在思想情感和行为方面产生相互影响。

一、孤独症儿童社会互动教育支持策略

孤独症儿童的社会互动能力有其显著的特点，与典型发展儿童相比有较大差异，严重影响孤独症儿童的社会互动活动。同时，孤独症儿童社会互动能力的不足，与其多方面障碍有必然关系。因为社会互动能力的表现，需要多个心理活动的共同参与，所以，教师对孤独症儿童进行教育支持的同时，要调动孤独症儿童多个心理活动的共同参与。

（一）以儿童为中心建立社交游戏

游戏的主题应来源于孤独症儿童个体的兴趣，并且由孤独症儿童来选择何时开始和结束这个游戏活动。因为社交导向的促进者和家长都意识到，社交回避是孤独症儿童社会交往中的关键问题，所以必须以孤独症儿童为中心，努力将孤独症儿童的兴趣作为其学习的起点。

1.顺从儿童的意愿和兴趣

当孤独症儿童对他们感兴趣的某个物品特别关注时，许多传统的方法

都试图转移儿童的兴趣，从而扩大他们的兴趣范围。如果将这些兴趣作为进入孤独症儿童世界的途径，通过这个途径形成一种联系，就可以为更多的孤独症儿童表现自发性、多变性的社会性行为做准备。

教师要善于让孤独症儿童自己选择教具或者玩具，关注孤独症儿童在游戏活动中所表现出来的兴趣。孤独症儿童喜欢的游戏活动或者玩具和教具，就是最好的激发兴趣的工具，兴趣又可以激发学生表达情绪或者其他心理活动。

2. 对儿童的行为做到回应并且密切关注

第二个有助于促进自发性兴趣出现的重要因素就是采用一种回应性行为。特里维特指出这种回应性行为是指儿童做出一个行为后，成年人对此做出的反应及其强度。（Trivette，2003）

当孤独症儿童表现出积极的正向行为时，教师和父母要给予关注，并且表现出较为夸张的表情，来激发孤独症儿童的兴趣和动机，让其期望下一次同样的行为继续出现。例如：孤独症儿童看到墙壁上的花朵掉了，便立刻捡起来交给教师。此时教师不仅要有言语回应，还应该伴有夸张的表情。当孤独症儿童表现出自伤行为或其他异常行为时，教师和父母要给予适当的关注和重视，因为这些行为本身便是一种信号，在暗示着孤独症儿童有某种需要。此时，教师和父母要尝试理解孤独症儿童所表现出的异常行为所代表的社交信号，并针对其需求给予适当的回应。

任何行为本身都是有意义的，都是一种无声的语言。孤独症儿童不懂得用语言进行沟通或者表达个人的主观需求，但他们有自己独特的表达方式，即用行为表达个人的需求和意图。教师应该关注孤独症儿童的行为，并且利用这个契机与孤独症儿童建立良好的师生关系。

（二）以积极的态度促进更深层次的社交行为

促进一个个体真诚地、自发性地表现出积极的社会性行为的一个重要因素就是积极的态度，因此，教师和父母要以接受孤独症儿童一切的积极态度面对孤独症儿童的行为表现。真诚的赞美和鼓励是建立在教师和父母的接受度基础之上的。只有对孤独症儿童使用赞美与鼓励性的言语，孤独症儿童才会表现出一些更好的社会性行为。

教师和父母面对孤独症儿童的作品或学习结果时，要表示出赞美和鼓励性的行为。孤独症儿童即使表现了微不足道的学习行为，教师和父母也应该以赞美和鼓励的态度面对孤独症儿童的进步，用赞美和鼓励引导孤独症儿童参与融合性的教育活动。

（三）利用重复性的行为来促进社交互动

传统意义上，对于孤独症儿童的刻板性行为或重复性行为要经常采取矫正的方式进行处理，只有孤独症儿童的异常行为得到控制，才可能被常态人群所接纳。然而，在整个矫正过程中，教师和父母已经否定了孤独症儿童所表现出的行为功能。其实，孤独症儿童所表现出的重复性的自我刺激行为并不是混乱的或者无用的，这些行为正在帮助孤独症儿童调节自己的行为系统，并达到体内平衡的目的。

重复的行为对孤独症儿童而言是有帮助的，并且实际上并不是随意的、混乱的、毫无意义的行为。如果孤独症儿童对某些物品感兴趣而经常重复某些行为时，教师和父母也可以模仿同样的行为，以此激发孤独症儿童对教师和父母的关注，例如：父母每天用20分钟的时间模仿孤独症儿童的游戏行为，一直持续两周，孤独症儿童便能够在游戏中长时间盯着他的父母，孤独症儿童的游戏行为也会更加具有创造性。即使在两周之后，孤独症儿童盯着父母的脸以及在游戏创造性方面仍然有持续增长的现象。

（四）同理心帮助建立同伴关系促进社交

同理心能够让儿童体谅对方的立场和情绪感受，更好地在社交互动中做出回应。很多孤独症儿童因为不能站在对方角度看事情，所以很难在普通社交沟通中接话，对话总是在一问一答中尴尬地结束。比如，有人说：“我今天早上了吃了超级好吃的早餐。”缺乏同理心的儿童一般连回答都不会，因为他可能无法了解对方说这句话的意思，就是想分享他吃到的“超级好吃的早餐”。能够共情的儿童则会抓住这一点，马上问：“你早上吃了什么？”然后与同伴讨论一番自己是否喜欢这类的早餐。通过社交性对话建立起来的同伴互动，能够很好地加强儿童与同伴之间的友情，对于儿童的社会性独立有很好的帮助。

二、孤独症儿童社会互动方法与实践

每个教育康复活动都有局限性，教师可以结合具体情况，采取有针对性的教育康复活动，或者结合具体情况进行适当调整。根据孤独症儿童社会互动发展的表现与特点，结合孤独症儿童社会互动发展的教育支持策略，可以提供以下教育康复活动：

活动一　打电话

【活动目标】

1. 扩展对玩具的兴趣；

2. 提升语言表达的主动性；

3. 增强对同伴的关注能力。

【活动准备】

电话玩具

【活动过程】

示范游戏操作：教师对游戏进行示范，出示电话玩具，拿起电话，拨打电话号码后，要说“你好”，在结束对话后要说“再见”。

学生尝试：教师将电话玩具给学生，引导学生拨打电话号码，并与接听电话的老师进行互动。在语言全辅下仿说“你好”“再见”。

学生独立进行游戏：教师将电话玩具给学生，引导学生拨打电话号码，并与接听电话的老师进行互动。在无辅助的情况下，独立、正确地说“你好”“再见”。

【注意事项】

1. 对活动的学习可以从最重的辅助开始，并适时地逐步撤出辅助。

2. 根据学生的实际水平选择合适的社交句子类型和词汇。

3. 可尝试让学生邀请同伴共同进行。

4. 活动设置要具有娱乐性，避免传授知识的意味过重，导致学生缺乏学习兴趣。

活动二　找朋友

【活动目标】

1. 扩展对玩具的兴趣；

2. 增强对同伴的关注能力。

【活动准备】

篮球

【活动过程】

传球练习：教师带领学生练习传球，掌握游戏的前备技能。教师辅助学生和其他教师进行击地传球练习，教师进行语言表达“给你球”。

全辅：教师辅助学生和其他教师进行击地传球练习，教师进行语言表达“给你球”，引导学生仿说“给你球”。

撤辅：根据学生情况，逐渐降低辅助等级，改为语言半辅“给——”直至学生能够独立、正确地进行互动。

学生独立表达：学生注视对方的方向，独立表达“给你球”，随后将球传给对方。

【注意事项】

1. 对活动的学习可以从最重的辅助开始，并适时地逐步撤出辅助。

2. 根据学生的实际水平选择合适的社交句子类型和词汇。

3. 可尝试让学生邀请同伴共同进行。

4. 在活动过程中，注意提示学生传球的时候要认真关注球，朝向对方的方向传球。

活动三　做面条

【活动目标】

1. 提高动手操作能力；

2. 提高精细动作和手眼协调能力；

3. 初步养成假想游戏能力；

4. 提高对同伴的关注度并培养分享意识。

【活动准备】

橡皮泥、玩具刀。

【活动过程】

做面条：教师引导学生揉搓、按压橡皮泥，拽取小块橡皮泥搓条，制作面条。

分享：教师引导学生将橡皮泥制作的面条切好，假装进行煮面条的行为，假装品尝面条，并与同伴进行分享。将面条送给喜欢的同伴，并进行语言表达“给你”“送给你”等。

【注意事项】

1. 对活动的学习可以从最重的辅助开始，并适时地逐步撤出辅助。

2. 根据学生的实际水平选择合适的社交句子类型和词汇。

活动四　去野餐

【活动目标】

1. 增强收拾、整理书包的能力；

2. 提高对同伴的关注度；

3. 培养分享的意识。

【活动准备】

零食、野餐垫、湿巾、垃圾袋、书包。

【活动过程】

收拾书包：教师带领学生准备野餐所需的物品，将物品依次整齐地放入书包。

餐前准备：吃东西前要先洗手，教师引导学生用湿巾擦手，辅助其中一名学生收垃圾，其他小朋友在递送湿巾的过程中要进行语言表达“给你”。

野餐：教师引导学生将书包内的零食取出来，同伴间先进行分享，随后各自品尝自己的食物。

分享：在教师的辅助下，学生A要将食物分享给学生B，两位小朋友面对面，学生A：“给你。”学生B：“谢谢。”学生A：“不客气。”引导所有小朋友们分享食物。

餐后整理：教师引导学生分工整理垃圾和野餐物品。

【注意事项】

1. 对活动的学习可以从最重的辅助开始，并适时地逐步撤出辅助。

2. 根据学生的实际水平选择合适的社交句子类型和词汇。

第五节
游戏技能教学策略与方法

游戏活动能够为儿童创设一个充分自由的环境，让儿童在游戏活动中自然地表达自己，满足他们好奇的需求和社会交往的需求。针对孤独症儿童游戏技能发展的特点及存在的障碍，目前有许多已被证实有效的教育支持策略。游戏技能的教育支持策略主要有系统辅助策略、关键反应训练、图片脚本策略、视频示范策略等。灵活运用恰当的教学策略，教授儿童游戏技能，可以提高孤独症儿童的创造能力和想象能力。

一、孤独症儿童游戏技能教育支持策略

孤独症儿童游戏技能发展的教育支持，主要是改善和提升孤独症儿童的游戏技能，发展恰当游戏的能力，使他们能够更好地安排自己休闲独处的时间，也可弥补他们在社交和沟通方面的不足。

（一）系统辅助（提示）策略

系统性的辅助是一项有效的游戏技能教学策略，在进行游戏教学时，教师可以根据儿童的现有能力选择适合的辅助策略。如果儿童能力较弱，或者学习的是一种新技能，那么教师可以提供从最重到最轻的辅助；如果儿童能力较强，或者在之前已经学习过该游戏技能，那么教师可以提供从最轻到最重的辅助，即从最小支持程度的辅助开始；若儿童仍做出错误反应，那么则要逐渐提高辅助等级，直到儿童能够在教师的辅助下做出正确反应。

应用辅助策略时要注意恰当选择辅助的时机。在刚开始进行一项新的游戏教学时，孤独症儿童往往不能独立、正确地产生恰当的游戏行为和语言。这时，教师要注意及时地提供辅助，帮助儿童完成教学目标，从而保持儿童参与游戏活动的兴趣。孤独症儿童逐渐完成教学目标后，教师应适时地撤出辅助，以使儿童能够独立地进行这一游戏。辅助的撤出不是突然的，而应是逐渐撤出，这样可使儿童的不良反应达到最小化。

（二）关键反应训练

关键反应训练（Pivotal Response Training，简称PRT）是能够改善孤独症儿童语言、社交互动和游戏技能的一个有效策略。PRT是自然主义的教学策略的一种，在将孩子的兴趣纳入自然环境中的教学中，同时适度地引导孩子。也就是说，成人用孩子最喜欢的玩具和模型等让其进行适当的游戏。当孩子参加游戏时，其反应会被自然地强化，成人在与孩子交流的同时提供示范。

在进行关键反应训练之前，首先要观察儿童喜欢什么，了解儿童的能力水平，选择恰当的教学目标。第二步，要与儿童建立互动，先让儿童自己进行喜欢的活动，不加以干涉，等儿童玩得开心时，抓住教学节点开始教学。教师要轻微阻挡儿童的动作，并做出正确的示范，若儿童做出正确的反应，则停止阻挡，让儿童得到自然的强化。

（三）图片脚本提供帮助

脚本是指教师在教授某种技能时，向儿童呈现一段起示范作用的口语或书面的描述，来帮助儿童完成该技能的学习。在进行游戏技能教学时，教师可以使用由多张图片组成的脚本来对孤独症儿童进行教学，例如，在角色扮演活动中，教师可以呈现根据普通儿童在扮演某一角色时会做出的动作制作的含有游戏动作姿势的图片，为孤独症儿童提供图片脚本，帮助其完成角色扮演的游戏。

游戏技能教学中应用脚本策略时，教师要注意根据儿童不同的发展水平和能力，选择合适的游戏内容进行教学。游戏内容的选择，首先选择贴近儿童生活的游戏，例如，在生日派对的主题活动中，吃蛋糕的行为是儿童经常做的。之后再选择一些儿童不经常做但很容易观察到的行为，比如切蛋糕、吹蜡烛等。在此基础上，再选择儿童熟悉度较低的一些活动，比如预订生日蛋糕、制作蛋糕等。

（四）视频示范提供范本

强调观察和模仿学习的策略已被用于促进孤独症儿童学习各种技能，视频示范是一种将要培养的目标行为过程录制成视频，供孤独症儿童反复观看、模仿学习，从而获得目标行为的干预方法。孤独症儿童具有视觉优势，这一优势可能让孤独症儿童绕过其在记忆、注意、组织、言语及语言技能等方面的缺陷，通过视觉捕捉习得技能的关键信息。另外，视频可以人为地控制许多无关刺激的干扰，并且可重复播放，让儿童反复观看。

视频的录制一般包括以下几个环节：

选定游戏主题。教师可以通过观察同龄普通儿童的游戏行为，选定几个合适的游戏主题并准备相应玩具，例如厨房主题、医院主题、消防主题等。

编写视频脚本。根据之前确定的游戏主题，教师观察并记录同龄普通儿童在该主题内所表现出的游戏行为和语言，并结合孤独症儿童的现有发展水平，编辑整理成脚本。脚本应包括游戏行为及伴随的语言。

录制示范视频。教师根据儿童的偏好和视频的需要，邀请合适的示范者，如成人、同伴或儿童自己，依照脚本录制视频并进行编辑，如加上字幕或音效等。

应用视频示范策略时要注意教学的泛化，孤独症儿童的核心缺陷之一就是刻板的行为和语言。如果只给儿童呈现单一的视频，那么儿童很有可能产生刻板和重复的行为，无法进行其他游戏行为的联想。因此，在进行视频示范教学时，教师可以邀请多名示范者进行视频的录制，并随机播放不同示范者录制的视频，为孤独症儿童提供同一游戏行为的多重范例，从而提升教学的泛化效果。

二、孤独症儿童游戏技能方法与实践

每个教育支持活动都有局限性，教师可以结合具体的案例情况，采取有针对性的教育支持活动，或者结合案例情况对教育支持活动做适当调整。根据孤独症儿童游戏技能发展的表现与特点，结合孤独症儿童游戏技能发展的教育支持策略，可以提供以下教育支持活动：

活动一　打地鼠

【活动目标】

1. 培养正确操作玩具的技能；

2. 扩展对玩具的兴趣；

3. 增加玩玩具时快乐的体验。

【活动准备】

打地鼠玩具套装

【活动过程】

1. 示范游戏操作：教师呈现打地鼠玩具，并用夸张的姿势、声音及表情吸引儿童的注意力，并示范拿起玩具套装中的木锤，用力砸一个地鼠。

2. 从全辅助开始指导儿童完成游戏：教师将木锤交给儿童，手把手地辅助儿童用力砸向一个地鼠，并在儿童完成时立即用夸张的语气给儿童口头表扬，如“哇！你砸到地鼠了，真厉害！”“砸中了，再来试试吧！”

3. 逐步降低辅助等级：随着儿童技能逐渐熟练，教师逐渐减少辅助，由手把手的辅助改为半辅助，直至儿童能够独立完成游戏操作。

4. 儿童独立游戏：儿童在休闲时间独立进行游戏，体验玩因果类玩具的乐趣。

【注意事项】

1. 新授游戏技能要从最重的辅助开始，并适时地逐步撤出辅助。

2. 这类活动趣味性较强，玩玩具的过程就是一个很好的自然强化的过程，无须再用其他强化物作为支持。

活动二　火车开啦

【活动目标】

1. 增进对玩具和物品特点的了解；

2. 学习按照功能玩玩具。

【活动准备】

儿童喜欢的玩具火车、配套的火车轨道

【活动过程】

1. 建立与学生的互动：教师呈现儿童喜欢的玩具火车，给儿童10分钟独立玩耍时间，不干涉儿童的玩法，可添加旁白。

2. 开始教学：教师呈现火车轨道，轻微阻挡儿童的动作，吸引儿童的注意力，并示范将玩具火车拿起来，打开开关放在轨道上。若儿童无法独立完成这一操作，则教师从全辅助开始，手把手辅助儿童拿起火车→打开开关→放在轨道上，并用夸张的语气表达“哇！你的小火车开啦！”

3. 重复多次教学：随着儿童技能的熟练，由手把手的辅助改为半辅助，或只在儿童不能独立完成的环节给予支持，直至儿童能够独立玩耍。

4. 儿童独立游戏：儿童在休闲时间独立进行游戏，体验按照功能玩玩具的乐趣。

【注意事项】

1. 教学过程中不要过于频繁地阻挡儿童。

2. 游戏中可以加入儿童用口语表达要求（如“打开”“帮帮我”“帮我打开”“开火车”等）的教学。对于能力更强的儿童，可以加入对话，如“火车开了”“火车开得好快呀”等。

活动三　好吃的饼干

【活动目标】

1. 发展玩象征性游戏的能力；

2. 发展创造能力和想象能力；

3. 泛化独立玩耍的能力。

【活动准备】

1. 彩色橡皮泥。

2. 根据游戏主题“好吃的饼干”编写游戏脚本。

① 做饼干，将橡皮泥压饼，并在压好的橡皮泥上扎一些小气孔，做好后表达“饼干做好啦”。

② 闻饼干：将做好的“饼干”放在鼻子前闻一闻，表达“饼干好香啊”。

③ 吃饼干：将“饼干”放在嘴巴边，假装吃饼干，表达“饼干真好吃”。

3. 制作图片脚本：依照游戏脚本，拍摄简明、清晰的示范图片。

【活动过程】

1. 展示游戏道具：教师呈现橡皮泥，并用夸张的姿势、声音及表情吸引儿童注意力：“今天我们来玩吃饼干的游戏吧。”

2. 进行现场示范：教师告知儿童“我们先来看一下老师是怎么做的”，同时演示游戏过程，演示结束后，呈现图片脚本，引导儿童观察并模仿图片中的动作。

3. 辅助教学：若儿童无法独立依照图片脚本完成游戏操作，则教师从全辅助开始，手把手辅助儿童用橡皮泥制作饼干，直到假装吃饼干，并用夸张的语气表达“你做的饼干好香呀！”“我们一起来吃饼干吧！”“饼干真好吃！”

4. 减少辅助：随着儿童游戏技能的熟练，逐渐降低辅助等级，或只在儿童不能独立完成的环节给予支持，直至儿童能够独立玩耍。

5. 儿童独立游戏：儿童在休闲时间独立进行游戏，体验简单象征性游戏的乐趣。

【注意事项】

1. 使用图片脚本策略要注意交替使用不同的颜色、造型的图片进行教学，促进儿童游戏技能的泛化。

2. 随着儿童游戏技能的熟练，可加入与成人或同伴的社交互动，如合作制作饼干、分享饼干等游戏内容。

活动四　医生看病

【活动目标】

1. 提高运用玩具和日常物品进行象征性游戏的能力；

2. 提高社会性游戏的能力。

3. 发展在游戏中的自发性和主动性。

【活动准备】

1. 医生玩具箱：玩具温度计、听诊器、打针筒、药丸等。

2. 根据游戏主题“医生看病”编写游戏脚本。

①“患者”去医院看“医生”，表示“我不舒服”。

②“医生”询问“患者”：“你哪里不舒服？”

③“患者”捂着头，说：“我头疼。”

④“医生”为“患者”测体温，并说：“你发烧了，需要打针。”

⑤“医生”拿起注射器，假装为“患者”打针。

3. 制作示范视频：教师/同伴依照游戏脚本，录制并编辑示范视频。

【活动过程】

1. 展示游戏道具：教师呈现医生玩具箱，并用夸张的姿势、声音及表情吸引儿童的注意力，“今天我们来玩医生看病的游戏吧”。

2. 进行视频示范：教师告知儿童“我们先来看一下视频里的老师/小朋友是怎么做的”，同时播放示范视频。

3. 分配角色：由儿童选择自己想要假扮的角色，如“医生”，教师的角色则为“患者”。分配好角色后，再次观看示范视频，并引导儿童观察自己所扮演的角色的行为和语言。

4. 进入游戏教学：教师和儿童按照视频中的脚本进行游戏，若儿童在某环节无法独立做出反应，则再次播放该环节的视频片段，给儿童提供模仿的范例。

5. 游戏泛化：儿童能够独立且流畅地进行该角色扮演游戏后，可互换角色，或与其他教师、同伴进行泛化的游戏练习。

【注意事项】

1. 准备示范视频时，教师可以邀请多名示范者进行视频的录制，为孤独症儿童提供同一游戏行为的多重范例，避免儿童习得技能的刻板。

2. 在整个游戏过程中，教师要在儿童需要支持的环节及时给予辅助或者示范教学，使儿童在语言对话、游戏发展、社交互动等方面不断得到提升。

3. 在儿童逐步熟悉整个游戏流程后，可以转换角色，增加或变换游戏内容，使得游戏可以不断延伸与创新。

第六节
运动技能教学策略与方法

了解孤独症儿童在动作发展方面存在的障碍，能够帮助我们更好地选择合适的教育支持策略。运动技能的教育支持主要从充分利用生活环境、合理选择教育资源、注意强化物的使用、增进同伴支持四个方面着手。除此之外，运动技能的教育支持活动，需要结合具体的游戏形式，体现活动的娱乐性和趣味性。

一、孤独症儿童运动技能教育支持策略

孤独症儿童运动技能发展的教育支持，主要是最大限度地改善和提高孤独症儿童的运动发展水平，最大限度地降低障碍和损伤程度，帮助孤独症儿童更好地学习和生活。

（一）充分利用生活环境

动作发展方面的教育支持有别于其他方面的教育活动，无特殊情况，就不需要特殊的辅具和设备。因此，针对动作发展的教育支持可以充分利用生活环境，包括居家的楼梯、房间内自创的障碍通道、街道、小区内的健身环境等。这些资源都源于生活，有利于充分锻炼孤独症儿童的运动能力，只是需要教师或者家长能够及时发现和利用这些教育资源。

在家庭教育的指导中，教师可以利用民居内的楼梯作为训练场所，增强学习的生活化。最为重要的是，生活中的教育资源摆脱了传统教育设施

的束缚，具有寓教于乐的作用，便于使用和参与，教育效果也较为明显。因此，生活中的教育环境不可小视，应该作为孤独症儿童动作发展的教育支持资源。

（二）合理选择教育资源

虽然教师能够充分利用教育资源，但是在选择教育资源的时候，要注意教育资源的有效性，合理控制教育资源的提供，保证教育资源的科学性。

动作方面的学习，不同于其他内容的学习，动作学习对于儿童自身的素质和能力有一定要求，如果使用不当，也会给儿童带来一些负面影响，因此，选择教育资源的前提是需要结合医生的诊断结果与教师的评估结果。诊断结果回答“是不是”的问题，评估结果回答“什么程度”的问题。教师在选择教育资源时要考虑孤独症儿童的实际需求和实际能力，切勿实行覆盖式的教育支持。不良的教育资源或教育资源过度提供，容易导致孤独症儿童出现二次伤害，甚至出现继发性的障碍，甚至加重障碍的严重程度。

（三）注意强化物的使用

强化物包括社会性强化物和自然性强化物两种。自然性强化物主要是实物的强化，包括食物、玩具等；社会性强化物主要包括教师或家长的互动、鼓励、夸奖等。在日常教育支持过程中，要注意多使用社会性强化物，避免自然性强化物所导致的负面效果。在实际的教育过程中，每次的强化要把握时机，激发学生学习的主动性和积极性，切忌覆盖式强化。例如，在教育支持的过程中，如果孤独症儿童做得很好，教师可以适当强化；在教育活动结束以后，教师可以使用社会性强化和自然性强化相结合的方式。强化物的使用是一个较为科学和漫长的过程，需要教师经过缜密的思考，并做好实际的跟踪记录。

（四）增进同伴支持

同伴的有效支持，可以达到事半功倍的效果。对于教师而言，教育支持的过程中，教师要充分调动同伴参与，同伴的有效参与可以带动孤独症儿童做大量的运动，也可以引发孤独症儿童其他心理的活动，包括思维、想象、语言、注意等心理活动。教育支持的过程中，需要教师的引导，也需要同伴的陪伴和支持，同伴对于孤独症儿童的辅助和激励要远远超过强化物的刺激，同时，也有助于孤独症儿童更好地参与社会活动。同伴支持有助于提高孤独症儿童的社会性行为，改善孤独症儿童的问题行为。同伴不仅仅有常态儿童，高功能的孤独症儿童或者能力较好的特殊需要儿童都可以作为孤独症儿童参与学习活动的同伴。

孤独症儿童运动能力发展的教育支持策略需要结合具体的诊断报告与评估结果，在教师的细心指导下，有效地调节教育资源，合理地提供教育支持，以保证教育资源的有效性和科学性。

二、孤独症儿童运动技能教育方法与实践

每个教育支持活动都有局限性，教师可以结合具体的案例情况，采取有针对性的教育支持活动，或者结合案例情况对教育支持活动做适当调整。根据孤独症儿童动作发展的表现与特点，结合孤独症儿童运动技能发展的教育支持策略，可以提供以下教育支持活动：

活动一　双脚向前跳

【活动目标】

1. 锻炼腿部肌肉力量，增强向前弹跳的能力；

2. 发展四肢协调能力，增强平衡能力。

【活动准备】

粉笔

【活动过程】

1. 热身活动：游戏前进行无障碍双脚跳热身，对儿童进行双脚跳能力的评估。

2. 开始教学：教师在运动场地上画一条线，让儿童站在线的后面，教师站在儿童前面，发出指令：“向前跳。”同时，双手抓住儿童双手，辅助儿童双脚向前跳。当儿童完成向前跳时，教师及时给予社会性强化：“跳得真好！”“你向前跳啦！”

3. 重复教学：重复多次练习，教师根据儿童的完成情况，适时逐步停止辅助，直至儿童能够独立完成向前跳。

4. 提高难度：当儿童能够独立完成向前跳这一动作时，教师可以根据儿童的实际情况，逐渐增加双脚跳的距离。

【注意事项】

1. 开始时教师可以站在孤独症儿童前方，等待孤独症儿童双脚落地时稍微扶他一下，帮助儿童保持身体平衡，以保证其在学习过程中的安全性。

2. 可以通过小组接力、比赛的方式，增加运动游戏的趣味性。

活动二　掷沙包

【活动目标】

1. 发展向前方投掷沙包的能力，能够灵活而有力地投掷；

2. 锻炼上肢力量；

3. 发展手眼协调能力，提高关注度。

【活动准备】

沙包或纸球、竹筐。

【活动过程】

1. 热身活动：游戏前进行任意投掷动作热身，对学生进行投掷能力的评估。

2. 开始教学：教师蹲在儿童身后，蹲下后高度保持与儿童水平，辅助儿童用手拿沙包，将拿沙包的单手举过肩膀，把沙包扔向前方。当儿童完成掷沙包动作时，教师及时给予社会性强化："扔得真远！""沙包扔出去啦！"

3. 重复教学：重复多次练习，教师根据儿童的完成情况，适时逐步停止辅助，直至儿童能够独立完成掷沙包动作。

4. 提高难度：当儿童能够独立地用单手过肩膀投掷沙包后，教师可以根据儿童的实际情况，在前方设置目标线，或者放置竹筐/箱子，让儿童有目标地进行投掷，并逐渐增加儿童与目标物的距离。

【注意事项】

1. 可以通过小组接力、比赛的方式，增加运动游戏的趣味性，同时也可培养儿童轮流、等待的意识。

2. 在投掷沙包游戏时，可以加入颜色、数量等认知方面的练习。

活动三　走平衡木

【活动目标】

1. 提高身体的协调性和灵活性；

2. 锻炼腿部肌肉，培养平横能力；

3. 提高视觉与腿部的协调与配合能力。

【活动准备】

平衡触觉板或低平衡木。

【活动过程】

1. 热身活动：活动前进行平地走直线热身，对学生进行平衡能力的评估。

2. 开始教学：教师辅助儿童站到平衡木上，与儿童手拉手，使其能够在平衡木上交替行走。当儿童在教师辅助下平稳走过平衡木时，教师及时给予社会性强化："走得真稳！""你真勇敢！"

3. 重复教学：重复多次练习，教师根据儿童的完成情况，适时逐步停止辅助，直至儿童能够独立平稳地走平衡木。

4. 提高难度：当儿童能够独立上下平衡木，并且在平衡木上平稳行走之后，教师可以根据儿童的实际情况，增设障碍物，练习在平衡木上跨越障碍行走；或将平衡板组合成曲线，进一步练习身体的平衡性。

【注意事项】

1. 游戏进行期间，教师需要时刻注意儿童的安全问题，避免其因为平衡性差的问题摔倒受伤。

2. 可以在集体练习的过程中加入轮流、等待方面的练习。

活动四　小小储藏家

【活动目标】

1. 提高拇指与食指的灵活性；

2. 提高手眼协调与配合能力。

【活动准备】

玻璃珠、广口瓶。

【活动过程】

1. 热身活动：游戏前进行二指捏活动，对学生进行手指灵活性的评估。

2. 开始教学：教师辅助儿童用拇指、食指捏起一颗玻璃珠，放入广口瓶中。当儿童在教师辅助下将玻璃球准确投入瓶中时，教师及时给予社会性强化："投进了！""你的小手真灵活！"

3. 重复教学：重复多次练习，教师根据儿童完成情况，适时逐步停止辅助，直至儿童能够独立完成。

4. 提高难度：当儿童能够独立二指捏玻璃珠投入广口瓶后，可以增加操作的数量，且将广口瓶换成窄口瓶。

【注意事项】

1. 游戏进行期间，教师需要时刻注意儿童的安全问题，避免儿童将较小的物品放入口中。

2. 可以结合颜色、大小、数量等认知方面进行练习。

第七节

社会故事法的应用与实践

社会故事法主要针对孤独症儿童的核心障碍之一——社交沟通障碍，以故事形式展开干预。在写故事和说故事的过程中，以孤独症儿童为视角，为他们描述不同的社交场合中适当的或者可能出现的行为及态度，以及他人对这些社交行为的反应，从而引导儿童做出正确的社交行为和反应。社会故事法在国外及中国台湾地区的研究对象，年龄介于3—15岁之间，针对小学阶段的干预最多，实验研究对象以轻度或高功能孤独症为主，干预目标主要集中于减少研究对象的不适当行为、增进研究对象的生活自理技能。研究结果表明，国内外的大部分研究都有成效，且效果明显。

一、社会故事法概述

社会故事法是美国孤独症专家卡罗尔·格雷（Carol Gray）于1991年提出的，它借着说故事的方式，向孤独症儿童仔细地描述一个特定的社交处境，令他们明白在处境中应有的行为，从而引导他们模仿正确的社交行为和态度。

从教学方式来看，社会故事法通过日常说故事的形式，帮助孤独症儿童构建“社交数据库”，通过朗读、伴读、讲解、模仿、角色扮演、实地练习等方式，把社交常识潜移默化地传授给儿童，增进他们对社交情境的理解，使他们在面对相似情境时能主动地、自发地做出恰当的行为。

（一）理论基础

作为一种认知取向的干预方法，20世纪80年代后期以来提出的两种理论成为社会故事法的主要理论基础。Baron-Cohne等提出的心智理论观点认为，孤独症人士社会能力发展滞后的主要原因在于心智解读能力的缺失，即患者缺少准确体察和推断他人心理状态的能力，因而无法做出符合社会规范的行为反应。Hobson等提出的感情认知障碍说认为，孤独症人士的本质性障碍不是知觉障碍，而是人际感情认知障碍，即他们无法理解他人的感情及多样的表现形式。这些理论的共同点在于，孤独症人士社会功能损害的主要原因在于情绪情感认知方面，即对他人的行为、情感和动机等方面的信息无法进行正确的加工和理解，由此导致他们的不符合社会期望的行为方式。

（二）编写原则

社会故事是社会故事疗法的载体，其拥有完整的故事结构，富有不同治疗特性的句型。其编写原则也同样必须讲求科学性，可遵循以下原则和标准。

1. 标题的编写原则

（1）根据目标行为设定明确的标题

社会故事的标题，应能够反映社交的所属领域及可能对应的目标行为，例如社会故事“我要怎样刷牙”，就可从标题出发确定其所属的生活自理领域，其目标行为是“儿童懂得自行刷牙的步骤和程序”。如果将此社会故事标题换成“牙刷弟弟和水杯哥哥”，看似增加了童趣，吸引儿童注意，但标题领域不清楚，内容不明确，不符合社会故事治疗的科学性原则，降低了对儿童目标行为的治疗效果。

（2）以疑问句或陈述句设定标题

社会故事的标题，通常以疑问句或陈述句的方式展开。疑问句标题从询问者的角度出发，简单又童趣地就某种社交情景或某种行为模式发问，引导儿童在社会故事内容中寻求解答。陈述句标题从解答者的角度出发，直接明确地就某种社交情景或某种行为模式给予行为建议，引导儿童在社会故事中寻求正确的做法。

（3）可采用第一人称“我”撰写标题

社会故事的标题可采用第一人称“我”进行编写，视儿童为询问者，将儿童直接置于社会故事的内容之中，通过第一视角的描述，增进儿童对社会故事内容的体验。此类标题对于存在特殊刻板行为的儿童尤其适用，他们往往认为“孩子应该怎样刷牙“这类标题并不是自己的故事。

（4）可在标题中加入对行为的评价

社会故事的标题还可加入对行为的评价，例如“讲卫生的孩子应该怎样刷牙”，给予儿童社会性赞许，让其明确感受到恰当行为所带来的肯定性评价。若要同时符合第一人称的撰写要求，可将标题撰写成“我是讲卫生的孩子，应该怎样刷牙”。

2. 句子的编写原则

（1）句子数量应配合学生的程度

社会故事治疗的对象可以是孤独症儿童、孤独症青少年，也可以是孤独症成人。所以在编写社会故事之前，需要根据治疗对象的实际情况，从其语言理解能力、抽象思维能力、符号解读能力、记忆能力出发，设计句子的数量。通常来说，对于年满4岁刚刚开始社会故事治疗的儿童，一个完整故事的句子数量在5—7句较为合适。

（2）合理安排句型比例

社会故事总共有八种不同功能的专业句型，但在一篇社会故事中，并不要求八种句型必须同时出现。Gary将社会故事分为基本社会故事句型和完整社会故事句型两类。基本社会故事句型包括2—5句描述性句子、透视性句子和肯定性句子，检测性句子和前导性句子属于辅助补充性质的句子，可根据实际情况需要添加。

Gary建议，撰写社会故事时，要多用描述性句子、透视性句子、肯定性句子与协助性句子，少用指示性句子或控制性句子，以免故事说教味道太浓，引起儿童的反感。主要让孤独症儿童明白人们的感受，理解别人对社交情境所做出的反应，从而引导孩子自发地在特定社交情景中做出恰当的行为。

3. 内容的编写原则

（1）故事尽量用第一人称撰写

采用第一人称视角，能够将儿童直接置于社会故事的内容之中。通过第一视角的描述，增进儿童对社会故事内容的体验，促使儿童设身处地去思考或行动。

（2）多描述正向行为，少描述负面行为

社会故事描述任何主题，都应以描述正向行为为出发点。文中所用的语言文字应以正面为主，肯定和赞赏学生做得好的地方应占故事内容的一半以上。此原则从积极心理学的角度出发，告诉儿童什么是正确的，引导他们按照正确的做法行事。描述正向行为，让儿童按照正向行为行事，其行为改善的效率远远高于描述负面行为。

不同的描述角度，通常是教师、家长容易忽略的地方。因为在日常生活中大量充斥着描述负面行为的例子，例如要求行人遵守交通规则"行人禁止乱穿马路"就是一例。若采用正向描述，则可变成"行人请走斑马线，过马路安全又舒心"。两相对比可见描述正向行为显然比描述负面行为来得贴心，更容易让人接受。

另外的一些负面行为描述，涉及儿童在特定情境中体验到的负面情绪，例如害怕、恐惧、担心、焦虑等。建议通过正向行为描述，客观地还原情境，打消儿童的顾虑。

（3）避免采用带有"绝对"意义的词汇

有许多词汇对孤独症儿童来说，意味着"绝对"的意义，包括"一定""必须""无论如何都要""怎样都"等。若误用了以上词汇，则容易令本身存在刻板行为的儿童，在处理问题上更加刻板僵化，甚至形成其他不恰当的刻板行为。故教师、家长在社会故事编写过程中，应该避免采用这些词汇，要教导儿童学会有弹性地处理社交情景，灵活做出恰当的反应。

二、社会故事法的实践应用

晨星学校将社会故事法与学生实际情况结合起来，设置课题研究，以第二期《特殊教育提升计划2017—2010》《幼儿园教育指导纲要》为指导，从孤独症儿童社交能力训练入手，以孤独症儿童身心发展需求为依据，遵循孤独症儿童语言、认知能力发展规律，通过教学实践研究社交故事干预的有效性，开发适合孤独症儿童身心特点的社交故事绘本，并研究如何使用社交故事进行有效教学。以下简要介绍晨星学校自主编写的社会故事绘本在各领域使用的案例。

案例一

社会故事帮助学生表达情绪

WZH，男，出生于2014年1月，2016年4月由青岛市妇女儿童医院鉴定为中度孤独症。个案存在严重的情绪问题，会在需求得不到满足时尖叫、大声哭闹、摔东西、甚至咬人、咬自己。

教师运用《行为ABC观察记录表》对其进行了两周自然状态下的情绪观察记录。综合观察结果发现，该儿童两周内共产生异常情绪15次，发生次数平均每天近1次，平均每次持续时间为20分钟，总体呈现出情绪不易控制、程度激烈和表达方式简单等特点。

根据WZH的表现及其认知特点，教师自编情绪管理社会故事《当我生气时》，通过绘画插图、电子图片、视频等多种形式呈现。应用过程为：阅读社会故事—理解测验—角色扮演。在使用社会故事干预2个月后，同样运用《行为ABC观察记录表》对个案进行了两周自然状态下的情绪观察记录。结果显示，两周内情绪产生的总次数为5次，减少67%，平均持续时间减少为5分钟。

情绪管理社交绘本《当我生气时》故事脚本

我叫______，我是______班的男生。有时候我会很生气，生气的时候我会大哭，会去咬同学、老师，这都不对。这会让老师很伤心，让同学很害怕。当我想大哭、咬人的时候，我必须马上停止。我可以告诉老师："我很生气！"我可以做深呼吸，我可以去打豆袋，我可以数数：“1，2，3，4，5。”我很快就会开心起来。这样做老师会表扬我，同学会喜欢我。

案例二

社会故事干预学生习惯养成

DRZ，男，出生于2014年7月，2018年6月由青岛市妇女儿童医院鉴定为谱系孤独症。个案认知较好，但存在较严重的生活适应问题，午休期间会时常离开自己的床位，在休息室到处乱跑、唱歌等，除了自己无法休息外，还会影响其他儿童午睡。

教师对其进行了两周自然状态下的午休情况观察记录，综合观察结果发现，学生午休时能够安静躺好的时间很短，平均每5分钟就会离开床位或发出较大声音，而且持续时间较长。

根据DRZ的表现及其认知特点，教师自编生活适应社会故事《安静午睡》，并通过电子图片、照片等多种形式呈现。应用过程为：阅读社会故事—理解测验—安静躺好—得到强化。在使用社会故事干预2个月后，同样对个案进行了两周自然状态下的眼神对视情况观察记录。结果显示，DRZ两周内离开床位或发出声音的频率降低至30分钟一次，每次离位或唱歌的时间约15秒，且有三天能够在阅读社会故事后安静午睡。生活适应能力有较大提高。

生活适应社交绘本《安静午睡》故事脚本

吃完午饭，我们要午睡了。睡觉的时候，小朋友们都很安静。他们闭着眼睛，盖上被子，安静地躺着。我也要闭着眼睛，盖好被子，安静地躺着。起床后，老师会表扬我，我还能得到小星星（贴纸）奖励。

案例三

社会故事改善学生社交能力

RTS，男，出生于2013年5月，2017年由青岛市妇女儿童医院鉴定为中度孤独症。个案认知能力较好，有识字能力，但注意力短暂，在进行语言互动时较难关注到人或物，容易产生兴奋的情绪。

教师对其进行了两周自然状态下的眼神对视情况观察记录。综合观察结果发现，学生对叫名的反应较低，能够进行眼神回应的概率为12.5%，平均每次持续时间为1—2秒，而且需要在10厘米距离内，面对面与其进行语言互动，才会有短暂的眼神对视。

根据RTS的表现及其认知特点，教师自编情绪管理社会故事《眼神对视》，并通过电子图片、文字解读等多种形式呈现。应用过程为：阅读社会故事—理解测验—角色扮演。在使用社会故事干预2个月后，同样对个案进行了两周自然状态下的眼神对视情况观察记录。结果显示，两周内当叫其名字时，RTS能够进行眼神回应的概率为62.5%，平均每次持续时间为5—8秒，可在面对面1米的范围内进行互动回应。

社会交往故事绘本《眼神对视》故事脚本

每天，我都和很多不同的人聊天，他们也都喜欢和我聊天。有时，我觉得看别人的眼睛很困难。我可以试着看他们两眼中间或鼻子上面，这样他们就会知道我在听他们说话，大家都会很开心。每天早上到学校时，我都要看着老师说："老师，早上好！"在我需要帮忙时，我会看着别人的眼睛说："请你帮帮我。"如果我想要……，我可以看着老师或者妈妈的眼睛说："我想要……"如果我想上厕所，我要看着老师的眼睛说话，这样老师才能听到，才可以带我去厕所。在活动时，我想和小朋友一起玩喜欢的玩具，我可以试着看着小朋友的脸说："我们一起玩吧。"当我放学离开学校时，我应该看着小朋友说："小朋友，再见！"每天晚上，当我躺在床上准备睡觉时，我要看着爸爸、妈妈说："晚安。"以后，当我和别人聊天的时候，我会试着看别人的眼睛，这样我会被夸奖是有礼貌的好孩子。

第八节 家校共育模式的探索与实践

一、生态教育理念下的家校共育

（一）为什么要实施家校共育

我国教育部发布的《幼儿园教育指导纲要》中指出："社会学习是一个漫长的积累过程，需要幼儿园、家庭和社会密切合作、协调一致，共同促进幼儿良好社会性品质的形成。"同时《纲要》还指出："家庭是幼儿园的重要合作伙伴，应本着尊重平等合作的原则，争取家长的理解支持和主动参与，并积极支持帮助家长提高教育能力。"这说明我国"家校共育"开始成为幼儿教育发展中的一种趋势，对于孤独症儿童教育来说，"家校共育"也越来越受到教育工作者的重视。

传统的幼儿教育在一定程度上将学校教育和家庭教育相对分开，二者虽然在教育目的上具有一致性，但在教育方法、教育内容等方面仍有一定的差异。特别是在孤独症儿童的教育康复过程中，各类康复机构和学校凭借其专业性，拥有"至高无上"的地位；而孤独症儿童家庭由于受到传统观念的影响，在家校共育过程中一直处于从属的地位，因此，学校对于孤独症儿童家校共育模式的探索势在必行。

1. 家校共育有利于孤独症儿童的全面、健康发展

家庭和学校是孤独症儿童生活的主要场所，也是孤独症儿童健康成长

必不可少的两大系统。孤独症儿童个体差异大，为了满足每个孤独症儿童发展的需要，必须进行有针对性的教育，而家校共育正是解决这一问题的关键所在。家长可以将孤独症儿童在学校里习得的经验，在家庭生活中加以巩固和发展，也可以及时和学校教师交流幼儿发展的诉求，共同努力促进孤独症儿童的全面发展。

2. 家校共育有利于教育资源的充分利用

学校是孤独症儿童接受专业教育康复的教育机构，开展以科学教育理念为指导、遵循孤独症儿童的身心发展规律的教育康复。学校的教师均接受过正规、专业的学前教育、特殊教育学术训练。家庭教育则具有强烈的感染性、长期性和针对性。在二者的结合上，一方面，学校教育可以吸纳家庭的相关教育资源；另一方面，家庭教育资源匮乏的状况也可以借助学校丰富全面的教育资源而得到改善。

3. 家校共育有助于促使学校教师教育观的转变和专业化发展

孤独症儿童教育不仅需要专业化康复训练，也需要系统的各领域教学，这些任务学校和家庭都无法单独完成。家校共育促进学校教师教育观念的提升，帮助教师形成正确的家校共育理念：把家长放在与学校教师平等的地位之上，充分利用家长资源，从而更加有效地对孤独症儿童进行教育康复。为了能够更好地开展家校共育工作，学校教师也要不断提升自身的专业知识水平与教育教学水平，不断更新观念，丰富实践经验，走向专业化成长之路。

（二）生态教育理念下的家校共育

生态教育理念提倡要“采取多元教育策略，实施全员、全环境、全过程育人”，也就是要利用一切可以利用的社会资源，打破空间、时间、课程等局限，构建全面的、丰富的、动态的教学环境，促进孤独症学生的可持续发展。家庭是学生的重要学习场所，学校生活+家庭生活，构成了孤独症学生的大部分生活环境。二者在时间分配上互为补充，因此缺一不可，缺少家庭教育的康复计划是无法促进孤独症学生可持续发展的。

家校共育中，“共育”一般被理解为“家长教师合作”“家校共育”“家校联系”等。家长与学校共同完成孩子的教育，在孩子的教育过程中并不是家庭抑或是学校单方面的进行教育工作。家校共育体现的应是家庭与学校之间双向的、平等的活动，是双方共同教育幼儿的一种实践活动。因此，学校将生态教育下的“家校共育”界定为家庭与学校互相尊重、互相配合，为改善孤独症儿童核心障碍，促进其身心健康发展而进行的一种教育实践活动。

在家校共育中，教师在孤独症儿童教育康复工作中主要的任务有：引导家长正确认识和面对孤独症儿童，指导家长树立正确的教育目标，引导家长形成良好的教养态度，帮助家长疏导心理，指导家长掌握科学的孤独症教育康复方法，增强家长与学校教育配合的意识，等等。因此，家长在家校共育中的主要职责是：向教师如实介绍孤独症儿童的基本情况、生活习惯、思想状况等，积极参与教师组织的家校共育活动，认真配合针对孤独症儿童核心障碍进行的康复与训练，向学校提出看法和建议，等等。

（三）家校共育开展现状

为调查孤独症学生家校共育现状，我们编制了问卷和访谈提纲，开展前期调查，并进行问卷分析。通过调查问卷和访谈，晨星学校在家校共育过程中充分注重家长意见，本着改善孤独症儿童核心障碍、促进孤独症儿童全面发展的原则，全面、扎实推进家校共育各项工作。

1. 问卷维度

家校共育现状家长调查问卷包含以下七个维度：家长对家校共育的理解、家长对家校共育的态度、家长参与家校共育的形式、家长参与家校共育的内容、家长参与家校共育的频率、家长参与家校共育的程度、家长对家校共育的评价。问卷结构见表5.2。

表5.2　家校共育现状家长调查问卷结构表

维度	子维度	项目数
家长对家校共育的理解	教师对家校共育中角色的理解	1
	教师对家校共育中职责的理解	1
家长对家校共育的态度	教师对家校共育的态度	2
家长参与家校共育的形式	教师经常参与的家校共育的形式	1
	教师认为有效的家校共育的形式	1
家长参与家校共育的内容	幼儿的学习情况	1
	幼儿的思想道德	1
	幼儿的身体健康状况	1
	幼儿的个性和人际交往	1
	幼儿的兴趣爱好	1
	幼儿的行为问题	1
	幼儿的成长历程和家庭背景	1
	教师认为必须与家长交流的内容	1
家长参与家校共育的频率	教师与家长交谈的频率和次数	2
	教师与家长互动的频率	2
家长参与家校共育的程度	教师参与家校共育的程度	1
家长对家校共育的评价	教师对家校共育现状的满意度	1
	教师对家校共育的评价	6
	教师认为家校共育存在的问题	1

家校共育现状教师调查问卷包含以下七个维度：教师基本情况、教师对家校共育的理解、教师对家校共育的态度、教师参与家校共育的形式、教师参与家校共育的内容、教师参与家校共育的程度、教师对家校共育的评价。问卷结构见表5.3。

表5.3 家校共育现状教师调查问卷结构表

维度	子维度	项目数
教师对家校共育的理解	家长对家校共育中角色的理解	1
	家长对家校共育中职责的理解	1
教师对家校共育的态度	家长对家校共育的态度	2
教师参与家校共育的形式	家长经常参与的家校共育的形式	1
	家长认为有效的家校共育的形式	1
教师参与家校共育的内容	幼儿的学习情况	1
	幼儿的思想道德	1
	幼儿的身体健康状况	1
	幼儿的个性和人际交往	1
	幼儿的兴趣爱好	1
	幼儿的行为问题	1
	幼儿的成长历程和家庭背景	1
	家长认为必须与教师交流的内容	1
教师参与家校共育的频率	家长与教师交谈的频率和次数	2
	家长与教师互动的频率	2
教师参与家校共育的程度	家长参与家校共育的程度	1
教师对家校共育的评价	家长对家校共育现状的满意度	1
	家长对家校共育的评价	6
	家长认为家校共育存在的问题	1

调查问卷题型为：单选题、多选题、填空题。除此之外，问卷还设计了两个开放题，为调查问卷对象提供一个发表主观看法的空间。

本次问卷发放时间为2018年3月，回收时间为2018年4月。此次共发放32份问卷（家长问卷17份，教师问卷15份），回收32份，回收率100%。其中，有效问卷32份，有效率100%。

2. 问卷调查结果分析

对回收的问卷进行统计分析，得出以下结论：

（1）在家校共育中，部分家长对自己的角色定位不准确

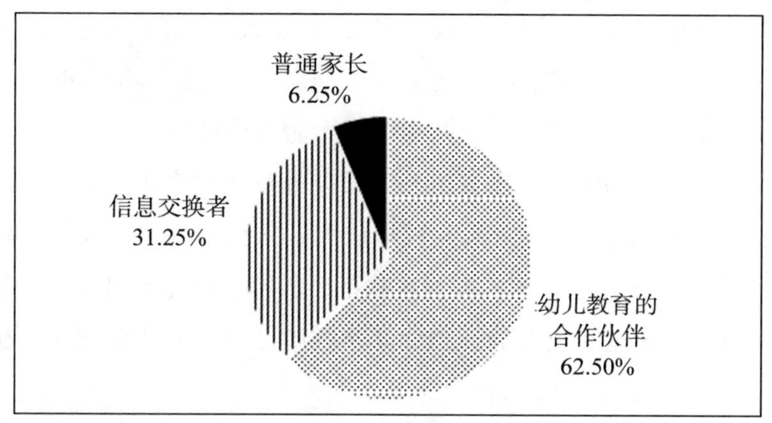

图5.18　孤独症幼儿家长角色定位百分比示意图

通过调查，62.5%的家长认为自己在家校共育中和教师是“幼儿教育的合作伙伴”；31.25%的家长认为自己和教师是“信息交换者”的角色；此外，还有6.25%的家长认为自己在家校共育中就是“普通家长”。通过以上数据可以看出，大多数家长已经能够正确认识在家校共育中自己的角色定位，但仍有部分家长对自己的角色定位不准确，在家校共育中置身事外。

（2）在家校共育中，对家长所处地位的认知差异

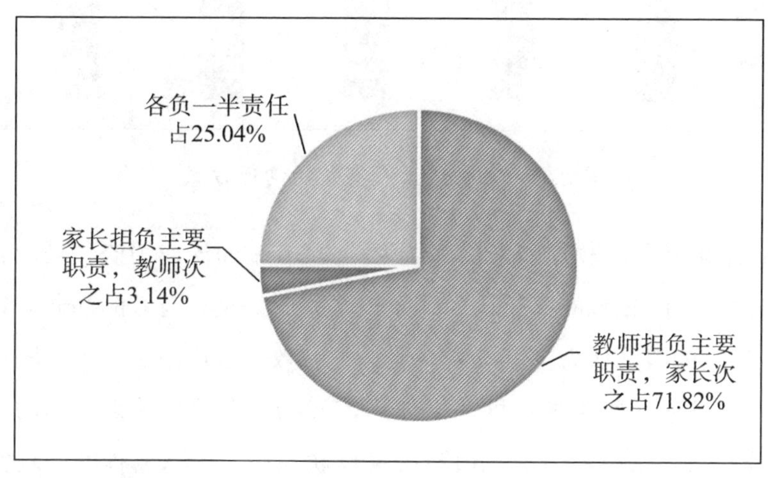

图5.19　家长所处地位的认知差异百分比示意图

通过调查，71.82%的家长认为在家校共育中“教师担负主要职责，家长次之”；25.04%的家长认为在家校共育中“各负一半责任”；仅有3.14%的

家长认为“家长担负主要职责，教师次之”。概言之，家长认为教师应该在家校共育中占主动的比例较大，这从一方面反映出家长对教师的信任，对教师所做工作的肯定，还可以反映出家长希望教师能够引领自己教育幼儿的心愿；但从另一方面也可以看出，家长把教育孤独症儿童的责任也推给了学校。在教师问卷中，40.6%的教师认为“家长担负主要职责，教师次之”。虽然在目前孤独症儿童的教育现状下，教师应该起到引领、示范的作用，但这也反映了越来越多的孤独症儿童教师已经充分意识到家长在孤独症儿童教育康复中的作用。

（3）在家校共育中，对有效的沟通方式的看法不一

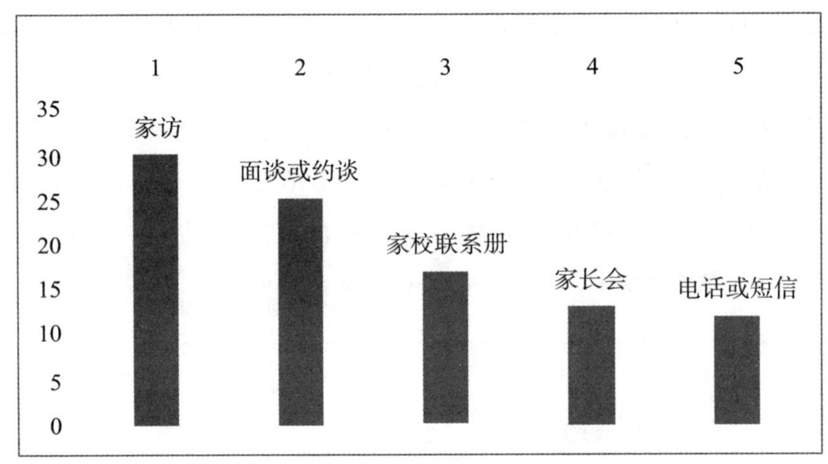

图5.20　家长认为最有效的沟通方式

调查结果显示，教师和家长都认为“家访”“面谈或约谈”是最有效的沟通方式。约有54.2%的家长认为《家校联系册》是很有效的沟通方式，但是只有32.8%的教师认为《家校联系册》很有效。这反映出一个问题：教师在《家校联系册》给家长提供的指导比较详细，有很好的指导作用，得到了大部分家长的认可；但家长填写《家校联系册》的认真程度、真实性并不能很好地反映幼儿的真实情况，对教师教育教学的反馈作用较弱。

晨星学校利用每日家长接送学生的时间与家长进行沟通交流，了解家长对我校目前家校共育的态度和看法。我校家校共育工作得到了家长的认

可，同时家长也提出了一些看法和建议，主要集中在以下方面：希望教师能够提供更多关于孤独症教育康复方面专业知识的指导；能够让家长进课堂，多听、多看、多学；让有经验的家长多交流育儿经验。

二、晨星家校共育模式应用

（一）家校共育机制的建立

1. 加强领导统筹规划

晨星学校重视家校共育工作，成立了家校共育领导小组，并将家校共育纳入学校《五年发展规划（2018—2023）》（以下简称《规划》），《规划》中明确提出："与社区开展项目共建工作，优化学校、社会、家庭'三位一体'的立体式育人网络。通过社区教育、家长学校、家委会等组织，使学校教育、家庭教育、社会教育相互补充，形成德育合力，加强育人实效。"《规划》中还提出定期组织家长会、家长培训，解决家庭教育中的共性问题，指导孤独症儿童家长形成正确的教育观念、掌握科学的家庭教育康复方式方法，帮助家长消除焦虑心理，最大化发挥家长在孤独症儿童教育康复中的作用。

2. 实施全员育人导师制

"全员育人导师制"（以下简称"导师制"）是晨星学校学生教育管理的重点工作。"导师制"是学生以小组为单位，每个导师负责一个或几个小组，要求全体教师关注学生从入学至毕业的整个教育过程，从学习、生活到德育的各个环节，对学生的教育要有整体性和一贯性的观念，自始至终和任何环节都不放松对学生的教育和指导。因孤独症儿童个体差异较大，晨星学校目前实施的"导师制"是每位教师担任一名幼儿的导师，贯彻"五导"原则，即：思想教导、康教辅导、生活指导、成长向导、家庭引导。

（1）思想教导：导师要及时发现和了解受导幼儿的个性特征、行为习惯、道德品质、思想状况等，通过平等接触、正面引导、启发鼓励和创设情景等手段，帮助幼儿正确认识自己，培养良好的道德品质。

（2）康教辅导：导师要对受导幼儿定期进行评估与分析，制订受导幼儿的IEP。导师在教育康复过程中遵循孤独症儿童身心发展规律，使用科学有效的教育康复方法，注重依据最近发展区原则，制订科学合理的教育康复目标，激发幼儿学习动机，提高教育康复效果。

（3）生活指导：导师要指导受导幼儿形成良好的生活习惯和生活方式。

（4）成长向导：导师要帮助受导幼儿了解自己的能力倾向和兴趣，培养自己的爱好和特长，为幼儿的全面发展和终身发展奠基。

（5）家庭引导：导师不仅负责幼儿的教育教学与生活，还负责对幼儿家长进行指导，并与家长沟通。导师要随时掌握幼儿的学习情况和思想动态，与家长进行交流沟通；导师要对幼儿教育康复中遇到的困难及时给与指导与帮助，同时更有针对性地指导家长在家庭中的教育康复训练；导师还要在家长思想波动方面及时发现问题，进行引导与调适。

在“导师制”中，班主任在家校共育工作中只起到管理与监督的作用。相较以往班主任一人“包揽”家校共育工作的情景，“导师制”促进了家校共育工作有效进行。“导师制”着眼于孤独症儿童的整体发展，关注的是幼儿的生活质量与个性化教育康复需求，满足不同学生多样化发展的需要，让每一位学生的个性得到张扬，使其享受成功的快乐。

3. 建立家委会制度

家长委员参与的互动活动既能够拓展教育资源，活跃学校教育教学形式，丰富儿童的知识经验和社会经验，又能让家长体验学校教育的工作特点，提高家长的教育能力，有利于家校配合、增进理解。在建立家长委员会时必须考虑家长的职业、学历、性别、年龄等方面的特点。选出的家长必须进行委任，并建立相关的组织——会长、副会长、秘书长等职务。为了不使这个委员会流于形式，晨星学校邀请家长委员会成员参与学校的管理，如参加学校的一些日常会议，听取家长的意见和建议，参与学校的日常工作，组织幼儿外出参加实践活动，组织家长交流经验等。

（二）形式多样、具有特色的家校联系形式

1. 移动互联网社交软件

在移动互联网飞速发展的今天，智能手机、平板电脑已经日益普及。

如何利用家长手中的移动互联网设备，是新时期有效促进家校沟通的关键。在移动互联网应用中，最为普及和高利用率的便是社交软件：微信、微博、QQ等。这些社交软件的功用已不再是单纯的交友聊天，更是一种最为及时和广泛、最能促进有效互动的新兴媒介。在晨星学校的家校沟通中，以教师为信息发布主体，以社交软件为媒介，向家长及时、迅速、定期推送学生在校信息，使教师成为以班级家长和学生为受众的自媒体。

我爱美丽的家乡

青岛市晨星实验学校 11月3日

——青岛市晨星实验学校

八大关主题教育实践活动暨秋季沙滩趣味运动会

天高云淡、碧海蓝天、层林尽染……在这个美丽的金秋时节，11月2日，我校组织全体师生及学生家长到八大关开展了以“我爱美丽的家乡”为主题的教育实践活动暨秋季沙滩趣味运动会。

上午9点，伴随着明媚的阳光，学生们在老师和家长的带领下乘车出发，来到了美丽的第

浓情晨星，快乐中秋

青岛市晨星实验学校 9月22日

浓情晨星，快乐中秋

青岛市晨星实验学校组织

中秋主题教育实践活动

中秋佳节到来之际，青岛市晨星实验学校组织了以“浓情晨星，快乐中秋”为主题的教育实践活动，孩子们和老师一起为中秋节制作月饼。通过亲手制作月饼，孩子们了解我国传统文化，感受浓浓的节日气氛，懂得爱的分享，又提高了认知、语言、社交、专注力和动手能力。

图5.21　青岛市晨星实验学校公众号推送活动信息

2. 汇报展示

传统孤独症儿童教育模式是指令性的“矫正”和对象化的“治疗”，孤独症儿童被当作“病人”，普通儿童的兴趣爱好仿佛都和他们没有关系。其实，孤独症儿童所经历的发展阶段，普通儿童也会经历。晨星学校遵循“把孩子的节日还给孩子”的理念，在儿童节期间举行联欢活动，展示我校教育康复成果，让学生们用自信、健康来展示他们的才华和幸福，快乐地度过每一天。

3. 亲子教育活动

亲子教育活动是20世纪末期在美国、我国台湾地区等地兴起的一种新的教育模式。亲子教育活动强调家长、幼儿在平等的情感沟通的基础上实现双方互动，调适亲子关系，从而更好地促进幼儿身心健康、和谐发展。学校亲子教育活动作为家校共育的重要方式，不仅能够给家长提供一个与学生、教师、其他家长交流、学习的机会，提升家长的教育康复水平，而且能够有效地促进孤独症儿童认知、情感、创造性、社会性等全面发展。晨星学校结合节假日和季节主题，开展了丰富多彩的亲子活动，如儿童节举行“融爱同行、走近海洋”外出实践活动，中秋节举行“浓情晨星、快乐中秋”教育实践活动，金秋十月举行秋游活动等。

图5.22 “融爱同行 走进海洋”庆六一外出实践活动

（1）提高家长的主动性

很多亲子教育活动，大多数家长只是配合学生参与活动，活动流于形式，也没有真正达到家校共育的目的。晨星学校为了提高家长参与亲子教育活动的积极性，通过《家校联系册》了解家长喜爱的亲子教育活动类型，并请家长针对活动细节提出建议。让家长对亲子教育活动出谋划策，不仅能够提高其积极性，还能为活动的举办献智献力，推动亲子教育活动良性发展。

（2）给家长提供更多表现的机会

通过接触和不断地深入沟通我们了解到，大部分孤独症儿童家长都比较焦虑：一方面为幼儿的未来感到担忧；另一方面，很多家长由于对幼儿的期望值过高，而逐渐失去信心。为了让孤独症儿童家长体验做家长的快乐、与幼儿共同成长、重拾信心，晨星学校在亲子教育活动中非常注重给家长创造更多展示的机会。家长真正参与到活动中时，幼儿能观察和感受到家长的榜样作用，通过模仿学习家长的行为，也有利于促进家庭教育康复训练的顺利进行。

晨星学校通过多种形式，为孤独症儿童及其家长创造多种共同活动的空间，在学校与家庭之间搭建起了一条相互信任的沟通桥梁。

4. 家访

家访是晨星学校进行家庭教育康复个别化指导的一种有效方式，主要是了解学生真实的学习、生活情况和思想动态，帮助家长树立正确的教育理念，解决家庭教育方面的一些困惑，增强家长的责任意识和信任度，使家长也主动参与到学生的教育中来。晨星学校在学期初、学期末、寒暑假期间都选取一部分学生家庭进行有针对性的家访。

5. 家长学校

培训家长，再由家长在家对孤独症儿童进行干预，不仅对孤独症儿童社交沟通能力的提升具有积极作用，也对缓解家长亲子压力、提升自我效能感和改善家庭生活质量具有积极影响。晨星学校“引领式”家校联手干预法的一项重要工作就是成立家长学校，对孤独症儿童的家长进行专业培训，定时让家长来学校“上课”。要改变家长的教育观念，使其和学校的教育理念相结合，不是一朝一夕的事情，让家长到学校“上课”是帮助家长形成正确的教育观的一种有效的途径。

让家长来学校“上课”很容易，但上什么课能真正对家长有益却很难决定。为了让家长学校的课程内容更有针对性，晨星学校实行“菜单式培训”方式：了解孤独症学生家长的关注点，家长需要哪方面的知识我校就开办哪方面的讲座，例如我校通过问卷调查了解家长需求，已进行了《孤独症儿童评估工具及IEP的制订》《回合式教学（DTT）》《自然情景教学法》《社交故事的使用》等内容的培训。培训内容不仅有专业理论知识，还有实际康复训练方法的操作要领，引导家长了解孤独症、掌握康复训练的基本方法，进一步巩固家校共育的效果。

6. 家长开放日

家长开放日是学校邀请家长来校观摩和参与教育活动的共育形式。通过家长开放日，家长可以通过直观的方式了解学生的教育内容、学生在校的表现及教师的工作状况。为了改变开放日家长走马观花的现象，让家长学以致用，晨星学校在家长开放日的最后，安排各班召开小型家长会。小型家长会参与人员包括：班主任、学生导师和家长；家长会内容主要针对开放日家长的所见所闻、所思所想；班主任和学生导师也会针对一些专业问题进行简单培训与指导。让家长真正了解学生的学习状况，学习到孤独症专业教育的理念与方法，增进对教师的信任，相互合作、相互配合，从而达成教育共识，使开放日成为学校和家庭联系的又一桥梁。

7. 家校联系册

通过家长学校对孤独症儿童家长进行专业知识的培训和家长亲自参与学校教育活动，很多孤独症家长已经能够正确认识孩子身上出现的各种问题，也已经掌握了一些康复训练的专业知识。但是，家长在家里的教育康复工作效果如何？如何指导家长在家对孤独症儿童进行的教育康复工作？这又是摆在晨星学校面前的难题。

普通学校较少使用《家校联系册》进行家校沟通，通常利用家长接送孩子上学、放学的时间进行口头交流。有些学校选择使用《家校联系册》来指导、监督学前学生的家庭教育，但通常使用频率为每周1—2次，而且，目前使用的《家校联系册》仅适用于普通学校教育体系，并不适用于孤独症学生教育。我校通过不断实践探索，编制出适合我校孤独症学生的《家校联系册》。

我校于2018年5月份开始编制并使用《家校联系册》。经过2个月的试用，根据家长和教师的意见，又于2018年8月重新编制该手册，并于当年9月印刷，投入使用。

《家校联系册》分为两大板块：本周学习内容和每日联系表（见表5.4、表5.5）。“本周学习内容”版块按照学校学习领域分为：语言领域、社会领域、艺术领域、健康领域、科学领域。每周一导师会根据本周学习内容填写受导学生的《家校联系册》，让家长对本周教育康复内容有一个清晰、整体的了解，其中“备注”一栏主要填写本周重要活动与安排，便于提醒家长做好相关准备工作。特别是某些孤独症学生刻板行为较严重，难以接受日程的变化，需要提前告知，并做好相关认知和情绪疏导工作。

表5.4 《家校联系册》“本周学习内容”板块

学习领域	学习内容
语言领域	
社会领域	
艺术领域	
健康领域	
科学领域	
备　注	

《家校联系册》中的“每日联系表”包括孤独症学生“在校情况”和“在家情况”两大栏，其中“在校情况”由导师负责填写，“在家情况”由孤独症学生家长负责填写。“在校情况”一栏的内容主要包括孤独症学生课堂表现和午餐、午睡情况。每位学生的导师负责根据学生当日表现布置每日家庭康复任务。学生家长每天必须完成家庭康复任务，并根据实际完成情况填写表格。学生家长还必须如实填写学生当日作息和身体情况，督促家长引导学生形成良好的生活习惯。家长还可以把在教育康复中遇到的困

难和诉求填写在表格中，教师会根据家长诉求及时与家长就有关问题进行沟通，并适时调整教育康复措施。

表5.5 《家校联系册》“每日联系表”板块

<table>
<tr><td rowspan="8">在校情况</td><td rowspan="4">课堂表现</td><td rowspan="2">集体课</td><td>注意力</td><td>A. 很好　B. 较好　C. 一般　D. 较差</td></tr>
<tr><td>参与度</td><td>A. 很好　B. 较好　C. 一般　D. 较差</td></tr>
<tr><td rowspan="2">个训/
小组课</td><td>注意力</td><td>A. 很好　B. 较好　C. 一般　D. 较差</td></tr>
<tr><td>配合度</td><td>A. 很好　B. 较好　C. 一般　D. 较差</td></tr>
<tr><td>家庭康复任务</td><td colspan="3"></td></tr>
<tr><td>午餐</td><td colspan="3">A. 独立吃饭　B. 需要帮助　C. 无法吃饭</td></tr>
<tr><td>午睡</td><td colspan="3">A. 安静午睡　B. 安静休息（躺下）　C. 无法入睡</td></tr>
<tr><td>备注</td><td colspan="3"></td></tr>
<tr><td rowspan="6">在家情况</td><td>作息时间</td><td colspan="3">______点入睡　______点起床</td></tr>
<tr><td rowspan="2">身体状况</td><td colspan="3">皮外伤　A. 有　B. 无
若有请写明情况：</td></tr>
<tr><td colspan="3">身体不适　A. 有　B. 无
若有请写明情况：</td></tr>
<tr><td rowspan="2">任务完成情况</td><td>完成度</td><td colspan="2">A. 全部完成　B. 完成较多　C. 完成较少　D. 未做</td></tr>
<tr><td>完成情况</td><td colspan="2">A. 很好　B. 一般　C. 较差</td></tr>
<tr><td>家长诉求</td><td colspan="3"></td></tr>
</table>

在使用《家校联系册》的同时我们仍然注重教师和家长利用接送学生的时间进行面对面交流。面对面交流可以通过表情和肢体语言把双方的想法和情绪更好地传达给对方，促进双方沟通，也有利于双方表达更好的想法，增进教师和家长之间的感情。

三、家庭教育康复个别化计划的实践

孤独症儿童在学校能够得到系统的教育康复训练，但在放假期间如何继续巩固教育康复效果呢？孤独症儿童会不会因为长时间没有得到学校的教育康复训练，能力水平有所下降呢？为了进一步延伸、巩固教育康复效果，晨星学校在寒暑假期间实施了“假期家庭教育康复个别化计划”。

晨星学校在每个寒暑假到来之前制订实施方案，各育人导师全面负责相关学生的假期家庭教育康复。导师根据学生评估情况，制订受导学生的“假期家庭教育康复个别化计划”表格（见表5.6）。在期末家长会时，会给家长做培训指导，让家长掌握基本的操作要领。

“假期家庭教育康复个别化计划”表格共分两大板块：教育康复内容和完成情况。晨星学校根据孤独症儿童核心障碍与身心发展需要，在“教育康复内容”板块选取了五项康复训练任务：社会实践、生活自理、体育运动、认知和语言。其中，体育运动一项要求每天进行训练，其余几项根据每位学生的实际情况进行安排。各项教育康复任务一栏不仅设有内容，还设有训练要求，以便指导家长正确、科学地进行训练。“完成情况”板块需家长如实填写。

表5.6　假期家庭教育康复个别化计划样表

<table>
<tr><td rowspan="6">教育康复内容（日期）</td><td>社会实践</td><td>内容及要求</td><td></td></tr>
<tr><td>生活自理</td><td>内容及要求</td><td></td></tr>
<tr><td>体育运动</td><td>内容及要求</td><td></td></tr>
<tr><td>认知</td><td>内容及要求</td><td></td></tr>
<tr><td>语言</td><td>内容及要求</td><td></td></tr>
<tr><td>备　注</td><td></td><td></td></tr>
<tr><td rowspan="3">完成情况</td><td rowspan="2">第××天</td><td colspan="2">情况记录</td></tr>
<tr><td colspan="2">保存资料方式（勾选）：1. 照片　2. 视频　3. 书面记录</td></tr>
<tr><td>存在的问题</td><td colspan="2"></td></tr>
</table>

在实施“假期家庭教育康复个别化计划”期间，每周给家长提供辅导视频或操作要领等，指导家长在家给学生按计划进行康复训练，康复训练每天至少安排1小时。家长对训练情况进行录像，每天发给导师，导师对训练视频认真查看，对训练存在的问题及时进行矫正。每班班主任对本班的引领教师进行指导，掌控本班全体学生情况。

四、家校共育教育案例

案例一：如何教孩子搭建积木

问题情况：

学生RTS的妈妈根据暑期家庭康复任务的要求，每天都陪同RTS一起玩积木、搭建积木。教师在与RTS的妈妈沟通的过程中发现，连续一周RTS玩积木只是简单、刻板地把所有的积木累积在一起，妈妈一参与RTS就不愿意再继续玩了。

转化过程：

针对这一问题，教师先是肯定了RTS的妈妈每天都陪伴孩子游戏的做法，然后建议妈妈不要生硬地参与孩子的自由游戏，要用多种方法改善、提高RTS搭建积木的游戏技能。我建议妈妈可以先带RTS去公园、立交桥等有标志性建筑的地点，引导RTS认真观察建筑的形状、构造等，妈妈也可以拍下RTS和建筑的合照。回家后使用强化物引导RTS搭建看过的建筑，妈妈在一旁只给RTS提建议，或者只给RTS递积木，给孩子自由发挥的空间，同时适时地给出建议和引导。在进行这些活动的过程中，妈妈要随时与指导老师保持联系，拍下视频或者照片进行交流、沟通。在后期的影像资料中，我看到通过这些活动和不同的方式，RTS已经能用很多种方式搭建积木，还可以边搭边说出这是马路、那是大桥，还会在搭建过程中和妈妈进行沟通。

思考分析：

家长在帮助孩子完成任务时往往有急于求成的心态，对于孩子的一些刻板行为有时候不知道如何处理，其实，这都是很正常的。这时候指导老师一定要勤于和家长沟通，及时了解家长遇到的困难，有针对性地给出建议，帮助家长解决困难，帮助孩子取得更多的进步。

案例二：关注应该怎么给

问题情况：

XQY是一个问题行为比较多的孩子，能够理解课堂常规，但是不能有效地约束自己，在学校融合时会乱跑。家长反映孩子在家里会明知故问地缠着爸爸，并且故意捣乱，经常没有征兆地咬爸爸。在学校与同伴交往的时候行为比较霸道，自己喜欢的东西会直接抢过来。有时会恶狠狠地看其他小朋友，稍有不如意就要动手打人。

转化过程：

教师通过与家长的联系和沟通，与家长一同分析了“咬人”问题行为的前因后果，引导家长从问题行为的功能上着手制订干预措施。据家长反映，XQY存在的咬人行为没有预兆，只要和爸爸一起躺在床上就会咬人，咬人后爸爸会很生气，会发火，这个时候XQY会开心地看着爸爸发火。XQY咬人的行为并没有带到所融合的学校，均发生于与爸爸之间，综合分析，猜测XQY是想获取爸爸的关注。于是教师在与家长探讨时，引导爸爸在问题行为发生时要冷静处理，不给以关注，不强化孩子咬人的行为，同时要区别强化其他行为，在问题行为发生前给予关注，好的行为给予强化，可以视情况加入代币板，获得一定的代币后可以得到强化物。一段时间后，爸爸反映孩子咬人的行为有所收敛，情况明显好转。

思考分析：

XQY属于问题行为比较严重的孩子，在认知和其他能力上都很好，但是缺乏自我约束能力以及有效的强化。分析XQY一系列的问题行为，其目的主要是求得关注，即寻求爸爸的关注、老师的关注。该学生由爸爸独立教养，爸爸过度注重孩子能力的锻炼，而忽视了对孩子的关注和关爱，导致孩子会通过自己的行为来获取他人的关注和爱。作为老师，要从孩子的角度全面分析孩子问题行为的目的，不能只着眼问题行为的矫正，更要从根本做起，在家庭教育上加以引导。家长的焦虑会传给孩子，影响孩子的状态，因此教育不可一蹴而就，教育是一个家长与孩子一起进步成长的过程。

经过一个假期的家庭教育康复，至下一学期初，经XQY导师了解，父母双方均反映XQY咬人的行为已完全消除。孤独症学生的某些问题行为在家庭环境中更容易进行处理，但很多孤独症学生的家长没有掌握科学有效的方法，导致孤独症学生的问题行为无法得到有效处理。通过“寒暑期计划”的实施，让家长学会问题行为的处理方式，不仅增强了家长教育孤独症学生的信心，而且还加深了学生和家长之间的亲密关系。

第六章

生态课程教学课例及课程资源

针对孤独症儿童的全面发展需要与障碍改善需求，特殊教育工作者围绕着教什么、怎么教等实际问题开展了积极的实践探索。青岛市晨星实验学校秉持“尊重、支持”的生态教育理念，着眼于孤独症儿童生命发展的全程，采取多元教育策略，为其提供全员、全环境、全方位、全过程的支持与教育服务，使其在充满意义的真实学习、生活环境中，进行有意志、有情感的自我建构。针对学生的核心障碍和普遍问题，学校积极开发动口、动手、动脑、动心的综合活动课程。学前阶段从社交沟通、健康、生活、艺术、科学五个领域，学龄阶段从学生德、智、体、美、劳五个方面设置课程，各领域、各学科的内容相互渗透，从不同的角度促进学生情感、态度、能力、知识、技能等方面的发展，并逐渐形成具有推广价值和借鉴意义的系列课程资源。

第一节
晨星教育康复教学课例

一、学前段教育康复教学课例

学校学龄前集体课主要分为社交沟通、生活自理、运动游戏、美术手工、音乐律动五大领域，各领域相互渗透。教师要在主题教学的引导下，根据班情与每位学生的学情精心设计康复内容，着重训练儿童的基本技能，包括基本的主题教学内容、课堂上的集体听指令技能、安坐能力等。除基本目标设定之外，每节课还单独设有康复目标，致力于改善学生的核心障碍，是学前课程体系中的重要组织形式。本节选取了各个领域的若干篇比较有代表性的集体课教学课例，其中，丰富灵活的生生互动、兼顾每位学生个性发展的分组教学和结构化教学策略的运用及教学环境的创设，是这些课例较为突出的特点。

（一）社交沟通

课例一：

学科	语言课	班级	朵朵班
课题	祝你新年快乐	教师	李泽洋

续表

教学内容分析	本周主题为"新年到了"，以绘本《祝你新年快乐》为教学的主要内容，主要学习绘本中的主要内容以及表达社交语言"祝你新年快乐"。通过阅读绘本和分组练习的形式将绘本主要内容中的动物与收到的礼物进行配对。孤独症学生的一大核心障碍就是社会交往障碍，通过绘本中送新年礼物的内容引导学生送同学礼物，并在送礼物的时候表达"祝你新年快乐"，使学生感受分享的快乐。
学情分析	语言能力方面：三名学生的语言表达能力均较差，无主动表达的愿望，课上的学习多以仿说为主。互动式语言相较于语言表达能力稍好，能够根据老师的上半句回答下半句，但提要求的能力都处于第一阶的水平，比较差，主动性表达和功能性语言比较少。 WLY的命名能力处于VB-MAPP一阶水平，命名时比较刻板，容易混淆，泛化能力差，所存储的词汇量较少，但其上课的配合度比较好，仿说好。上课时多是仿说老师的表达和同学的回答，主动语言比较少，与老师的眼神接触较少。YQH的认知能力和命名在VB-MAPP二阶水平，复杂指认比较好，但对动作的命名比较差。认识部分汉字，有一定的书写能力，但对任务的配合程度和执行力不足。主动语言比较少，上课时有自言自语的行为。WLY和YQH均有发音不清楚的问题。SXT的命名和听者反应能力都处于二阶水平，但自言自语的问题比较严重，在集体中对集体指令和个人指令无反应，注意力差。YQH和SXT对课堂中的指令反应不足，需要提升其课堂主动性。
集体教学目标	知识与技能目标： 1. 能够根据绘本，完成绘本中动物和礼物的配对； 2. 能够在赠送礼物的时候表达"祝你新年快乐"。 过程与方法目标： 1. 通过分组练习的形式使学生练习故事内容的配对； 2. 通过"送新年礼物"的小游戏提高学生的课堂积极性。 情感态度与价值观目标： 使学生感受分享的快乐。
教育康复分层目标	YQH：能够完成绘本故事内容中动物与礼物的配对，能够在赠送礼物的时候表达"祝你新年快乐"。 WLY：能够在老师的辅助下完成3对绘本故事中的动物与礼物的配对，能够在赠送礼物的时候表达"祝你新年快乐"。 SXT：能够在图片提示下完成绘本故事中3对动物与礼物的配对，能够在赠送礼物的时候表达"新年快乐"。
教学重点	完成绘本故事中动物和礼物的配对。
教学难点	送给同学新年礼物，并同时表达"新年快乐"。

续表

<table>
<tr><td rowspan="2">教学准备</td><td>教师</td><td colspan="3">提前布置教室、绘本《祝你新年快乐》、礼物、动物头饰。</td></tr>
<tr><td>学生</td><td colspan="3">对上节课绘本《祝你新年快乐》的主要内容的学习。</td></tr>
<tr><td colspan="4">教学过程</td><td rowspan="2">设计意图</td></tr>
<tr><td colspan="3">教师活动</td><td>学生活动</td></tr>
<tr><td colspan="3">一、学习准备
1. 认识语言课
展示语言课的结构化图片标志。
2. 讲解课堂规则
结构化图片包括眼睛看向老师、坐好、手放好、保持安静。
做得好的同学给予代币奖励。
3. 师生问好
师：请小朋友们和老师一起来找一找第一位小朋友："1234567，×××啊在哪里？"
依次点名每一位同学。
请小朋友们数一数班里有几位小朋友，看看洋洋老师在哪里。之后点名答"到"，之后向老师、同学问好。
4. 讲解课堂流程
5. 导入
师：小朋友们，班里今天新来了一个小朋友，它的名字叫波波，他给他的好朋友们带了新年礼物了，我们看看都有什么吧！
二、学习新课
环节一：读绘本
（一）通读绘本
师：小朋友们先来听老师读一遍绘本，小耳朵竖起来仔细听，老师一会有问题问大家。
教师通读绘本一遍，学生初步感知绘本。
师：老师想问一问小朋友，我们的好朋友小老鼠叫什么名字？
师：小老鼠波波都有哪些朋友呢？
老师根据学生回答依次把他们贴在黑板上。</td><td>学生命名指认语言课。
全体学生在教师的辅助下拍手跟唱。
同学之间问好的时候要起立，保持视线水平。
学生按照教师的要求和图片提示坐好（辅助老师辅助）。
学生回答：波波。
学生回答：小猫、小熊、小鸟、小兔子。
YQH和WLY回答：鱼、小猫。
SXT仿说。</td><td>朵朵班的学生程度稍差，SXT作为本学期新生，课堂常规还未完全建立，所以在本环节会及时对学生在常规方面表现好的或者跟随老师认真的方面及时进行代币强化。
通过音乐的形式向学生问好，能快速地吸引学生的注意力。
讲解本节课的流程，使学生能够对本节课的环节有初步的理解。
选择与本节课学习的绘本相关的情境导入，一方面能提高学生的注意力和课堂积极性，一方面为接下来的绘本学习做铺垫。</td></tr>
</table>

续表

（二）绘本分讲 新年到了，小老鼠波波想寄卡片给他的好朋友： 1. 波波画了一条鱼，送给了小猫咪。 （幻灯片展示图片和文字提示） 师：波波画了什么？送给了谁？老师帮波波把鱼送给小猫。 教师示范，把鱼贴到小猫旁边。 2. 波波画了一罐蜂蜜，送给了小熊。 （幻灯片展示图片和文字提示） 师：波波画了什么？送给了谁？请YQH找一找蜂蜜，把他送给小熊。（三选一） 3. 波波画了苹果，送给了小鸟。 （幻灯片展示图片和文字提示） 师：波波画了什么？送给了谁？请WLY找一找苹果，把他送给小鸟。（二选一） 4. 波波画了胡萝卜，送给了小兔子。 （幻灯片展示图片和文字提示） 师：波波画了什么？送给了谁？请SXT把胡萝卜送给小鸟。	YQH和WLY回答：蜂蜜、小熊。 SXT仿说。 YQH和WLY回答：苹果、小鸟。 SXT仿说。 YQH和WLY回答：胡萝卜、小白兔。 SXT仿说。	关于“谁”和“什么”的疑问句回答，一直以来都是孤独症学生的弱势项目。本节课由绘本出发设计了一系列关于“谁”和“什么”的问题，让学生尝试回答问题，但鉴于本班学生的能力水平，选择一句一个问题、立即回答的形式并辅以语言和文字提示，让问题变得简单，学生在回答问题的同时也能避免因为问题太难而出现问题行为。让学生去黑板贴画，动起来，也减少了学生坐在板凳上的时间。
波波把贺卡寄出去之后，心里想：“他们会喜欢我送的贺卡吗？” 小猫、小熊、小鸟、小白兔一起说：“我喜欢！”然后画了一个大大的蛋，送给了波波，对波波说：“祝你新年快乐！” 师：他们对波波说了什么？ 5. 总结 师：波波都画了哪些东西，都送给了谁呢？我们再来跟着老师一起看一下！ 展示动物与礼物的配对（快速回顾）。 环节二：分组练习 师：波波都送给了他的好朋友们什么礼物呢？我们接下来分组练习，把波波的好朋友和礼物配在一起。	三名学生回答：祝你新年快乐！ 三名学生进行分组练习。 WLY和YQH：祝你新年快乐！ SXT：新年快乐！	为了巩固本节课的重点，设计了练习环节，但是因为本班学生能力分层比较明显，所以选择分层练习，练习的难度和辅助程度都有所区别。

续表

WLY和YQH和主课老师一组，SXT和辅助老师一组。 YQH：4对动物和礼物配对。 WLY：3对动物和礼物配对。 SXT：3对动物和礼物配对（有图片提示）。 做分组练习的时候，老师可以提问波波送礼物的时候说了什么？（文字+表情提示）	三名学生有70%的注意力关注在视频上。	送礼物的开始设计了视频示范和文字提示。视频示范在很大程度上能吸引学生的注意力，再辅以文字提示，更便于学生的学习。两种形式相结合，能够着重突破教学难点：学生在学习送礼物时应该如何表达。
环节三：送礼物 1. 视频示范 师：新年就要到了，我们也要像波波一样送给好朋友新年礼物，送礼物的时候要怎么做呢？我们看看视频里老师是怎么做的。 旁白：新年到了我们可以给好朋友送礼物。 （教师视频示范） 师A：祝你新年快乐！（给对方礼物） 师B：谢谢！ 师A：你喜欢吗？ 师B：喜欢。 （视频旁边配有文字提示） 2. 送给小动物新年礼物 师：波波给他的好朋友们送了贺卡，我们也可以送礼物给小动物们，你们看他们来了。 （老师戴着小猫的头饰，扮演小猫） 师：喵，你们好，我是小猫，听李老师说你们要送我新年礼物，我喜欢吃鱼，请YQH把鱼送给我吧。你送礼物的时候要和我说什么呢？ 师：我是小鸟，我喜欢吃苹果，请SXT把苹果送给我，送礼物的时候要说“新年快乐”。 师：我是小兔子，我喜欢胡萝卜，请WLY把胡萝卜送给我，送礼物的时候要说“祝你新年快乐”！ 3. 送给好朋友新年礼物 师：小朋友们刚刚给小动物送了礼物，下面小朋友也要来给同学们送礼物！ （每个礼物上都贴着学生的姓名和照片）	YQH找到鱼送给老师：“祝你新年快乐！” SXT找到苹果送给老师：“新年快乐！” WLY找到胡萝卜送给老师：“祝你新年快乐！” YQH在筐里三选一， WLY在筐里二选一。	用扮演绘本中出现的小动物的形式和学生交流，能够让学生再一次回到教师创设的情境中，增加学生表达本节课教学难点的能力；表达好“祝你新年快乐”，为下一个环节学生之间互送礼物做了铺垫。 分享对于本班学生来说也是需要巩固练习的一个方面，通过分享刚刚得到的新年礼物，加深了同学之间的互动，也增加了练习“给你”“谢谢”等社交语言的机会。

续表

<table>
<tr>
<td colspan="2">师：请YQH找到WLY的礼物，把它给WLY吧！送礼物时候要说“祝你新年快乐”，收到礼物的小朋友要说“谢谢”。
剩余两名学生流程一样，YQH加入问句：“你喜欢吗？”
4. 分享新年礼物
师：每个小朋友都收到了新年礼物，现在我们要来分享我们的新年礼物，我们把好吃的分享给身边的同学和老师吧！
（师生之间简单分享零食）
三、结束教学
1. 总结
师：同学们之间互相送了礼物，送礼物的时候我们和同学说了什么？
师：新年就要到了，我们也可以和爸爸、妈妈、老师、同学说：“祝你新年快乐！”
2. 评价
对于能够主动表达以及在老师的辅助下表达的小朋友给予进格奖励，课程结束后结算，给予强化物。</td>
<td>SXT直接拿。
WLY和YQH：“祝你新年快乐！”
SXT：“新年快乐！”
师生之间分享零食。
WLY和YQH：“祝你新年快乐！”
SXT：“新年快乐！”</td>
<td>总结回顾本节课的教学，再次点明本节课的教学难点，增加一次学生练习表达的机会，给学生立即强化，奖励学生好的行为，增强了学生的学习动机。</td>
</tr>
<tr>
<td>家庭康复指导</td>
<td colspan="3">总：亲子共读绘本《祝你新年快乐》。
分：YQH和WLY：送新年礼物给家人，并表达“祝你新年快乐！”
SXT：送新年礼物给家人，并表达“新年快乐！”</td>
</tr>
<tr>
<td>教学反思</td>
<td colspan="3">优点：
1. 教师准备比较充分，教具准备充足，动物头饰能够很好地吸引学生的注意力，激发其学习兴趣。
2. 教师整堂课话语交流活泼，带动课堂氛围比较好。
不足：
1. 时间把控不足。本节课只有27分钟，距离标准时间还有3分钟，可以在其他环节中多加入一些游戏或者小互动来延长整节课的时间。
2. 指令重复。有的指令留给学生的思考时间太短。学生与辅助教师依然没有配合好，有的问题学生没有回答就下意识地再问了一遍，这样就容易使学生产生老师还会再问一次的错误想法。有的问题展开得太着急了，没给学生留下足够的思考时间。
3. 要求没有严格执行。YQH的发音只有教师和家人才能听懂，在课堂上为了课程进度，在纠正他的发音上没有花费太多时间，所以对于他的一些表达只以教师听懂了为主，但这种吐字不清还需要在之后的教学中纠正。</td>
</tr>
</table>

课例二：

<table>
<tr><td>学科</td><td>社交沟通</td><td>班级</td><td>豆豆班</td></tr>
<tr><td>课题</td><td>祝你新年快乐</td><td>教师</td><td>王月苗</td></tr>
<tr><td>教学内容分析</td><td colspan="3">《祝你新年快乐》是一部关于新年的自制绘本，在元旦来临前夕，提前渗透关于新年的内容。绘本故事围绕新年小动物之间送贺卡的故事展开，画风夸张简单，语言内容具有重复性，画面清晰，情节有趣，符合孤独症儿童的认知规律。在认真倾听和仔细观察的基础上，引导幼儿看图说话，完成关于“谁”“什么”“为什么”的互动语言，完成小动物和所喜欢的贺卡之间的配对，寓教于情境游戏中，在此基础上锻炼角色扮演和社交互动能力。在整体的教学环节的设计中加入命名环节，将互动语言、听者反应、动作模仿、社交等各个领域的目标进行融合，动静结合，生动有趣，帮助幼儿锻炼集体技能、增强语言沟通能力。
本节课的教学重点在于：能够按照绘本脚本进行角色扮演游戏；能够命名自己和别人的角色名称；能够根据小动物的喜好，选择相应的卡片赠送给同伴；能够使用目标语言扮演游戏角色：“我把贺卡送给你，祝你新年快乐！”“谢谢你！我很喜欢（贺卡上的礼物）。”</td></tr>
<tr><td>学情分析</td><td colspan="3">本班部分学生在与同伴对话时缺乏眼神对视，与人对话中的等待能力、轮流意识较差，很难自主维持两个以上回合的对话。此外，角色扮演意识和遵守游戏规则的能力有待进一步拓展加强。
经过前面的学习，除WXY因前期病假外，本班绝大部分学生已经能够掌握：命名指认故事中的动物和贺卡的名称；理解故事内容，完成关于“谁”“什么”“为什么”的互动语言；完成动物和喜欢的卡片之间的配对，有一定的角色扮演意识和等待能力。</td></tr>
<tr><td>集体教学目标</td><td colspan="3">知识与技能目标：
1. 能够说出自己扮演角色的名称和自己喜欢的物品名称；
2. 能够说出游戏脚本的目标语言内容。
以小老鼠和小猫咪对话为例：
小老鼠：“小猫咪，你好！”
小猫咪：“你好！小老鼠。”
小老鼠：“这是我送给你的贺卡，祝你新年快乐！”
小猫咪：“谢谢你！我很喜欢小鱼。”
过程与方法目标：
通过角色扮演的方式，能够表达：“这是我送你的贺卡，祝你新年快乐！”双手递送贺卡给他人送祝福；能够双手接过贺卡，眼神关注同伴，表达：“谢谢！我很喜欢……”礼貌回应同伴。</td></tr>
</table>

续表

<table>
<tr><td colspan="2">集体教学目标</td><td>情感态度与价值观目标：
体验赠予的乐趣，体验新年的快乐。
康复目标：
能关注同伴、倾听同伴，与同伴在游戏中进行更多回合的互动。</td></tr>
<tr><td colspan="2">分层教学目标</td><td>GBW、FSZ、SZY、XJS：能够倾听同伴说话，双手递送卡片："这是我送给你的贺卡，祝你新年快乐！"发起互动；能够（提示下）眼神对视，使用"谢谢，我很喜欢……"回应同伴；能够维持至少三个回合的对话。
JZZ：能够说出自己的角色名称，能够在辅助下使用"××，祝你新年快乐"发起互动；能够使用礼貌用语"谢谢，我很喜欢"回应同伴。
WXY：能安坐15分钟，在辅助下保持良好的课堂跟随，能够跟同伴扮演的小动物关注眼神，用"你好"打招呼，使用"谢谢"回应同伴。</td></tr>
<tr><td colspan="2">教学重难点</td><td>同伴之间使用目标语言维持至少两个回合的对话；倾听同伴语言内容，眼神关注同伴，有礼貌地祝福和感谢。</td></tr>
<tr><td rowspan="2">教学准备</td><td>教师</td><td>绘本《祝你新年快乐》视频、幻灯片、动物挂牌、动物头饰、贺卡、情境场地、示范视频、背景音乐、辅助剧本等。</td></tr>
<tr><td>学生</td><td>基本掌握绘本内容，并且在动物和喜好的物品之间建立联系。</td></tr>
</table>

<table>
<tr><th colspan="2">教学过程</th><th rowspan="2">设计意图</th></tr>
<tr><th>教学环节设计与教师活动</th><th>学生活动</th></tr>
<tr><td>一、常规练习
1. 问好
教师待学生归位后向学生问好："小朋友们好！"
2. 说环节
师：小朋友们，我们这节课要上语言课，这节课有四个环节：讲规则、看视频、自己做、做游戏。
这节课小朋友们要好好表现，表现好的小朋友可以进一格，进到绿色我们就可以得到一颗小红旗，兑换一个棒棒卡！
3. 讲规则
上课要遵守什么规则呢？眼睛看：上课请坐好，眼睛看老师，举手回答问题，保持安静。</td><td>辅助学生齐回答："老师好！"
及时强化JZZ、WXY的好行为；及时用表扬好行为的方式也就是"优先权"正向引导FSZ、SZY和GBW。
听老师和一个小朋友（SZY）讲规则，辅助老师辅助其他小朋友做好课堂常规。</td><td>常规问好，帮助学生进入上集体课的情境。
总说本节课的教学环节，让学生做好准备。
重申课堂规则和奖励规则。</td></tr>
</table>

续表

二、新授内容 1. 谈话导入 师：我们前面已经学习过绘本《祝你新年快乐》，我们一起回顾一下故事的主人公是谁？（示范提示举手的动作） 小老鼠有很多好朋友，谁来扮演小老鼠，介绍一下好朋友都有谁呀？ 上台介绍的时候要站好，用小手指一指，眼睛要看小朋友。 故事中的小老鼠的贺卡都画了什么？（学生列举1—2个）小朋友们记得不清楚没关系，我们一起再听一听这个绘本吧！ 2. 看视频《祝你新年快乐》 播放视频《祝你新年快乐》。 绘本文本： 师：新年快到了，小老鼠波波想寄卡片给他的好朋友们。 这是波波的好朋友小猫咪。因为小猫咪喜欢鱼，所以波波画了一条鱼送给小猫咪。 这是波波的好朋友小黑熊。因为小黑熊喜欢蜂蜜，所以波波画了很多罐蜂蜜送给小黑熊。 这是波波的好朋友小红鸟。因为小红鸟喜欢苹果，所以波波画了一棵苹果树送给小红鸟。 这是波波的好朋友小兔子。因为小兔子喜欢胡萝卜，所以波波画了一个胡萝卜送给小兔子。 波波把卡片投进邮筒，心想："我的好朋友们会喜欢我的卡片吗？" 第二天早上，波波听到了敲门的声音，打开门一看。"哇，好大的一只蛋啊！"小猫咪、小兔子、小黑熊和小红鸟从卡片后面伸出头来，开心地说："波波，祝你新年快乐！" 一起说小老鼠波波画了什么卡片？展示幻灯片： 上排：贺卡 下排：小动物	举手回应：是一只小老鼠。 举手上台介绍："这是（我的好朋友）小猫咪……" 辅助老师辅助关注屏幕，提示安静倾听。	引导学生调动已有经验。 初步进行角色扮演的尝试和渗透。 导入到看视频环节中，带着问题认真看。 对绘本进行改编，采用自己录制的视频，一方面使得学生能够感兴趣，拥有较好的注意力；另一方面可以解放主课老师，及时对学生的反应进行指导和强化。所有的内容围绕因为、所以展开：因为喜欢，所以送。在前面的学习中加深了两者之间的联系，引导学生明白要送给别人喜欢的东西。

续表

3. 前备技能回顾：连一连 师：糟了糟了，小老鼠波波不小心把贺卡弄乱了，请豆豆班的小朋友来帮忙！说一说这张贺卡要送给谁？为什么？我们玩一个开火车的游戏。从FSZ开始，到SZY结束。 师：请SZY说一说我们送贺卡的时候要说什么祝福语？ 4. 教师示范（播放视频） 新年的祝福语是“祝你新年快乐”。那小老鼠是怎么送贺卡的呢？下面来看老师示范。 播放教师示范视频。 文本： A：“小猫咪你好！” B：“小老鼠你好！” A：“这是我送你的卡片，祝你新年快乐！”（双手递，眼睛看着对方） B：“谢谢你，我很喜欢小鱼。”（双手接，眼睛看着对方） A：“不客气！” A：“小黑熊你好！” C：“小老鼠你好！” A：“这是我送你的卡片，祝你新年快乐！”（双手递，眼睛看着对方） C：“谢谢你，我很喜欢蜂蜜。”（双手接，眼睛看着对方） A：“不客气！” A独白：小朋友们大家好！我是故事中的小老鼠，新年快到了，我们可以给好朋友赠送礼物，我们可以说：“我把这个礼物送给你，祝你新年快乐！” 提问重申：我们赠送礼物的时候要注意什么呢？ 展示幻灯片：眼睛看、双手递。 我们再来看一遍吧！再次播放示范教师视频。	齐声回答贺卡上的名称。 祝你新年快乐！ 单独提示WXY、JZZ。 FSZ、XJS、GBW、SZY要求回应“因为谁喜欢什么”，其他由老师来带过。 SZY：“祝你新年快乐！” 学生关注绘本内容，认真倾听教师读绘本，整体理解故事内容。 辅助老师注意提示学生保持安静，认真倾听，特别关注WXY和JZZ的注意力。 FSZ和SZY负责扮演小老鼠，来带动组内互动。	承接绘本的回顾，继续对本节课的前备技能进行练习；练习两者之间的对应关系；复习因果关系。 点明本节课的另一前备技能，说“祝你新年快乐”。 通过直观的方式进行演示，让学生感知视频内容。 视频在视觉上着重强调的是：眼睛看，双手递。 在此重申需要注意的礼仪。 在强调的基础上引导学生再看一遍视频，加深印象。 学生进行尝试练习，教师有针对性地对学生出现的问题统一进行提醒。

续表

5. 学生尝试 接下来，王老师要请小朋友来尝试一下。小朋友们看照片，图片上有小老鼠和小红鸟。 老师来当小老鼠，谁想当小红鸟呢？ 提示台下的小朋友注意看台上的表演。 老师来当小老鼠，谁想当小兔子呢？ 提示台下的小朋友注意看台上的表演。 从眼神对视、双手递送卡片和使用礼貌用语上进行强化。	辅助老师提示要先打招呼。 注意眼神对视。重点辅助WXY和JZZ。	进行分组练习区域的划分，充分考虑到相互干扰的因素。
6. 分组练习（自己做）（5分钟） 刚才小朋友上台尝试了，但还不太熟练，接下来，我们来分小组练习一下。 蓝色组：GBW、XJS。 搬小椅子跟着高老师到有蓝色线的桌子前面对面坐好。 绿色组：SZY、WXY。 搬小椅子跟着王老师到有绿色线的月亮桌子前面对面坐好。 黄色组：FSZ、JZZ。 搬小椅子跟着我到有黄色线的星星桌子前面对面坐好。 各组老师分别组织学生进行练习。练习完毕后组织学生搬小椅子回到座位上。 全体学生归位之后，做一个简单的推动。 提问：谁表现得最好？进行阶段小结，每组一个进格机会。	蓝色组（四个回合）：两个学生轮流送，要求完整表达目标语句以及用眼睛看、用双手递。 注意提示：优先权给表现好的小朋友。 黄色组（有脚本辅助，三个回合）：FSZ送两次，JZZ送一次，FSZ使用目标句，JZZ使用简单句“祝你新年快乐”“谢谢”来进行表达，提示用眼睛看、用双手递。	根据本班学生的能力水平和目标设计：设计三个小组不同的辅助以及练习形式，充分达到辅助到位、突破本节课的重点和难点以及充分的生生互动的目的。 推动将学生的注意力及时拉回课堂。
7. 游戏展示 接下来，到了做游戏的环节了。新年快到了，小鼹鼠也要给他的好朋友送贺卡啦。小动物们的家就在前面的草地上（背景+音乐），小鼹鼠要到小动物的家里送贺卡。 我们先来选角色，展示幻灯片：六个小动物头饰。 用开火车的方式来快速选择，选择后，到王老师那里领取头饰，快快地到自己的家里坐好等待，游戏结束才能摘头饰，在家里的小朋友要坐好等待，收到贺卡就可以去草地上玩了。	注意提示：JZZ的注意力。	明确的位置指令，让学生能够清楚地知道自己要去哪里、去干什么。

续表

主课教师跟随小鼹鼠（FSZ），一家一家地送贺卡， 旁白： 今天是新年，小鼹鼠起得很早，因为他要给好朋友去送贺卡。小鼹鼠走呀走呀，来到了小猫咪的家，小鼹鼠从口袋里找出要送给小猫咪的贺卡，赶紧“当当当”敲门。 小鼹鼠：“小猫咪你好！”（眼神，挥手） 小猫咪：“小鼹鼠你好！”（眼神，挥手） 小鼹鼠：“这是我送你的贺卡，祝你新年快乐！”（双手递交，眼神） 小猫咪：“谢谢！我很喜欢小鱼。”（双手接住，眼神） 小鼹鼠：“不客气！” 小鼹鼠又接着走呀走，他又来到了小熊家、小红鸟家、小兔子家、小老鼠家，都送去了新年贺卡。 收到贺卡的小动物都来到了草地上玩耍。 （去电视机前的椅子上坐好等待，观看其他小朋友表演） （所有的小动物都来到草地落座后） 小鼹鼠送给了每个小动物礼物，我们也要送给小鼹鼠一个礼物。 辅助高老师调动所有的小朋友一起说：“小动物们一起说：‘这是我们送你的贺卡，祝你新年快乐！’” 进行本环节总结。 三、升华总结 小朋友们，这节课我们一起学习了送礼物，今天小朋友们回家也给爸爸妈妈送一份他们喜欢的礼物，录下视频，回来跟大家展示一下。 总结红绿灯，粘贴小红旗。	绿色组（有脚本辅助，两个回合）：SZY送WXY收，SZY使用目标句子，WXY仿说简单句回应。 注意提示：SZY要倾听等待。 辅助老师重点辅助C、B组学生。 辅助老师高老师负责将选定角色的小朋友的椅子放到屏幕前，辅助老师王老师负责将学生引导到戴帽子处，并且引导其到自己家坐好。 辅助高老师在电视屏幕前负责接收学生，带领学生在“草地”上互动等待，辅助王老师在最后一个小动物房子旁负责处理等待在家的学生的突发情况。	去“草地”上避免了学生脱离老师视线，并且在辅助老师的调动和互动下，既能够拓展本节课的教学内容，又能够使得等待的学生可以有事情干，避免出现走神的情况。 使用角色扮演游戏的方式，让学生在创设的自然情境中对所学习的句式进行泛化，引进了上一主题的“小鼹鼠”的角色，作为主角去带动其他小朋友进行扮演游戏，并且在角色扮演中对不同能力的学生进行了目标的分层。 总结升华本节课，使得学习内容泛化到家庭中。

续表

家庭康复作业	A层：自己制作一份新年礼物送给爸爸妈妈，使用目标语句进行表达，至少3个回合。 B、C层：自己制作新年礼物送给爸爸妈妈，使用“祝你新年快乐”进行表达。
课后反思	本节课围绕“我把……送给你，祝你新年快乐”这一生活化实用性的句式进行了学习和使用。通过分组练习进行了重难点的突破，通过情境创设用角色扮演的方式使得孩子们在游戏中泛化使用句式进行表达；对教学目标进行了较为合理和明确的分层；教学准备充分，教具多元化，合理布局教室空间，为教育教学提供了较为充分的支持。 不足：没有进行充分的预设，对孩子突然爆发的情绪问题的处理缺乏艺术性。没有抓住机会进行教学，忽视了一些能够调动起学生的关键点。部分环节的过渡语还不是很流畅，没有将设计的内容进行更完美的表达。

（二）生活自理

课例一：

学科	生活自理	班级	蕾蕾班
课题	冬天不怕冷	教师	宋　博
教学内容分析	本月的教学主题是“冬天来了”。冬天是寒冷的季节，会刮大风，有时会下雪。通过本课的学习，学生通过感官来感受冬天的风，感知冬天的天气特征。带领学生对比夏天和冬天的衣物，选出围巾、帽子、外套、手套等能保暖的冬季衣物；让学生知道除了穿上厚衣物保暖，还可以通过锻炼身体让自己冬天不怕冷，从而帮助学生为将来自己独立生活打下良好的基础，提高生活自理能力，养成良好的生活习惯。本课在教授冬天不怕冷的知识中，会复习穿外套、戴帽子和围围巾的动作。本班学生之前已经学习了穿外套、戴帽子和围围巾，对自己穿外套、戴帽子和围围巾有一定的感性认识，在语言课上学习了“穿外套”“围围巾”“戴帽子”这几个词，但是学生只是孤立地学习，还不能整体感知冬天要穿戴的衣物。本课的重点是让学生掌握冬天要穿戴的衣物，并进行体育锻炼，让自己不怕冷。		
学情分析	本班4名孤独症学生，分别是ZMC、PYY、WZW、ZYQ。他们的互动语言和社交技能都较差。根据学生的生活自理能力有差异这一学情，将学生分为三类，其中A类学生为ZMC、PYY，B类为WZW，C类为ZYQ。		
集体教学目标	知识与技能目标：学生能正确选择冬天的衣物；复习穿外套、戴帽子和围围巾的技能；了解不怕冷的方法。 过程与方法目标：学生通过亲身触摸、感知对比，增加对冬季特征的理解和对冬季衣物的感性认识。		

续表

<table>
<tr><td colspan="2">集体教学目标</td><td colspan="3">情感态度与价值观目标：培养学生认识冬天，学会自理，学会保暖，健康生活。
康复目标：全体学生能提高手部的精细动作能力、生活自理技能和社交技能。</td></tr>
<tr><td colspan="2">分层教学目标</td><td colspan="3">A类学生：能够独立找到冬天的衣物，并能独立穿戴好冬天的衣物。B类学生：能在老师的语言辅助下找到冬天的衣物，能在半肢体辅助下穿戴好冬天的衣物。C类学生：能在老师的语言辅助和半肢体辅助下找到冬天的衣物，能在全肢体辅助下穿戴好冬天的衣物。</td></tr>
<tr><td colspan="2">教学重难点</td><td colspan="3">重点：学生能找到冬天的衣物。
难点：学生能理解冬天的含义和冬天让自己不怕冷的方法。</td></tr>
<tr><td rowspan="2">教学准备</td><td>教师</td><td colspan="3">视频、图片、外套、围巾、帽子、手套、衣架、挂图和独立作业卡片等。</td></tr>
<tr><td>学生</td><td colspan="3">围巾、帽子、外套等。</td></tr>
<tr><td colspan="4">教学过程</td><td rowspan="2">设计意图</td></tr>
<tr><td colspan="3">教学环节设计与教师活动</td><td>学生活动</td></tr>
<tr><td colspan="3">一、学习准备
复习课堂常规、师生问好
小朋友好，宋老师要给小朋友上什么课？（出示生活课视觉提示卡片）
对，是生活课。
（出示本节课的视觉流程卡片）
我们先来复习课堂常规。
（随时表扬跟随好的学生，并马上进格）
现在我们请小朋友们来问好。先请PYY来问好。
一二三四五六七，ZMC呀在哪里，在这里，在这里，ZMC呀在这里。
…………
（表扬跟随好的学生，进格）</td><td>一、学习准备
师生问好，复习课堂常规。</td><td>复习课堂常规的视觉提示卡，让学生了解本节课的要求，让学生做到心中有数。
《问好歌》可以增加生生互动，让学生潜移默化地在日常生活、学习中学习与人互动。</td></tr>
</table>

续表

二、知识新授 环节一：激趣导入 1. 请小朋友们坐好，眼睛看老师。小朋友们，你们知道现在是什么季节吗？ 冬季。对了，那冬天是什么样子的呢？ 我们一起来看个视频，请小朋友认真看。 视频：冬季是寒冷的季节，常常会刮大风，有的时候还会下雪…… （播放视频，表扬认真观看的学生） 小朋友们，冬天会下雪，会刮风（展示刮风和下雪图片）。 冬天的风是凉凉的，我们一起来感受一下冷风，感受一下冬季的寒冷。小朋友看，这是风。风是什么感觉？小朋友伸出手感受一下。是凉凉的、冷冷的。 （用吹风机营造冷风状况，在学生的手上吹一吹，吹一吹皱纹纸。表扬表现好的学生） 环节二：感知冬天的衣物 小朋友们，冬天这么冷，我们的好朋友小晨和小星应该穿什么样的衣服来上学呢？小晨穿了一件短袖衫和短裤，小星穿了厚厚的衣服。谁穿的对呢？知道的小朋友请举手。请一名小朋友来指一指。 4. 宋老师这里也有一箱冬天的衣物。小朋友看看是什么？用手摸一摸，说一说。	二、知识新授 环节一：激趣导入 1. ZMC回答“冬天”，其他学生能仿说“冬天”。 2. 学生认知冬天的风，风是凉凉的。认知冷风，进一步感受冬天。 环节二：感知冬天的衣物 1. 学生仔细观察冬天和夏天衣物的区别。	观看视频和图片，初步感知冬天。 认知冷风，通过让学生亲身体验风，进一步感受冬天。 让学生通过图片初步感知冬天的衣物。

续表

外套、帽子、围巾、手套都是厚厚的、软软的、毛茸茸的。 （及时点评表现好的学生） 三、课堂练习 环节一：实物练习 1. 小朋友们，你们都知道冬天衣物有哪些了吗？现在我们一起去班级的衣架上，选出自己冬天的衣物吧。 （学生每人一个盒子，将选出的衣物放进盒子里，表扬都找对的学生并进格） 2. 小朋友们请坐好，在我们开始穿衣服之前，让我们先活动活动我们的小手指，请PYY小朋友带大家做个“雪花雪花”的手指操吧。 雪花雪花，白白的雪花。 雪花雪花，从天空飘下。 我爱雪花，我用小手接住它，雪花哪去了？哈哈，雪花变成水滴啦！ （表扬跟随好的学生并进格） 3. 现在请小朋友们穿戴好自己冬天的衣物，感受一下冬天衣物穿戴在身上的感觉。请小朋友们先穿上外套，再请小朋友们戴上帽子，最后请小朋友们围上围巾。请PYY和ZMC互相帮助戴帽子。小朋友们现在都穿戴好冬天的衣物了，WZW暖和吗？好暖和呀，穿上冬天保暖的衣物，冬天就不怕冷啦。请小朋友摘下帽子，摘下围巾、脱下外套放进盒子里。 （表扬小朋友相互帮助，点评并进格）	2. 学生亲手触摸，仿说“厚厚的、软软的、毛茸茸的”。 三、课堂练习 环节一：实物练习 1. 学生们去衣架找找自己冬天的衣物。 2. 学生跟随PYY做手指操，ZYQ需要辅助。 3. 学生穿戴冬天的衣物，PYY、ZMC独立完成，并帮助WZW和ZYQ。	让学生通过亲手触摸，进一步感知冬天衣物的特点。 让学生初步找自己的冬天的衣物进行练习。为接下来图片的练习做铺垫。 手指操练习让学生能活动一下手指，为接下来的穿戴衣物做准备，同时课程进行到一半，手指操能起到调节学生注意力的作用。 通过让学生自己穿戴好，深入感知冬天的衣物穿戴在身上的感觉是暖暖的。

续表

环节二：分组练习 1. 小朋友们，我们学会了选自己冬天的衣物，再一起帮助好朋友小晨选一选冬天的衣物，好不好？这里有好多衣物呢，有夏天的太阳帽、T恤衫、短裤，还有冬天的衣物。现在宋老师先来做个示范，请小朋友坐好认真看。 （出示一个男孩的冬天、夏天的衣物，请小朋友轮流上台指一指冬天的衣物。表扬认真观看的小朋友并进格） 2. 现在请小朋友们分组练习。宋老师这里有我们班小朋友的照片，也请小朋友互相帮忙选一选冬天的衣物贴在纸上吧。 ZMC、PYY一组在宋老师的带领下贴图片。 WZW和ZYQ在刘老师的带领下去给男孩小晨选冬天的衣物。请小朋友搬着小椅子。 好啦，练习时间结束，请小朋友们搬小椅子回到座位上坐好。宋老师看到PYY和ZMC练习得很认真，帮助小朋友找对了冬天的衣物。WZW刚才练习得好吗？ （分层教学，表扬认真练习的小朋友并进格）	环节二：分组练习 1. 学生看老师示范。 2. ZMC、WZW一组在宋老师的带领下贴衣物图片。 PYY和ZYQ在刘老师的带领下贴衣物照片。	让学生看示范，为接下来的分组独立练习做准备。
环节三：学生展示 3. 小朋友们刚才练习的时候都能选出冬天的衣物，现在就请小朋友来展示一下你的本领吧。 学生轮流为男孩小晨选出一件冬天的衣物并且贴好。 （表扬展示认真的小朋友并进格）	环节三：学生展示 1. 学生轮流贴1—2件衣物照片。	

续表

四、课堂延伸 小朋友们，我们除了穿戴上保暖的衣物，还可以做什么让自己不怕冷? 我们还可以多多参加体育锻炼。我们可以跑步、骑自行车、跳韵律操等。 我们现在就一起来活动一下吧。感受一下运动给我们带来的温暖！小朋友们请起立，站到自己的位置上。 教师播放《快乐起床歌》，带领学生跳韵律操。 五、教师总结 请小朋友回到小椅子上坐好。怎么样？运动后是不是很暖和？我们今天知道了冬天来了会很冷，但是我们可以穿厚厚的外套、戴帽子、围围巾、戴手套，还可以锻炼身体让自己不怕冷。好啦，这就是今天我们生活课学到的知识，希望小朋友能讲给爸爸妈妈听，并学习如何把知识运用到生活中，让自己冬天不怕冷。 （点评本节课表现）	四、课堂延伸 学生跟老师一起做韵律操。 五、教师总结	分层布置任务体现了学生的分层目标。独立作业的形式也符合孤独症儿童认知的特点。 让学生到台上自己贴一贴，进一步巩固学习效果。 通过让学生亲身体验，感知锻炼身体也可以让自己不怕冷。
家庭康复作业	A类学生能独立找到冬天保暖的衣物；B类、C类学生在语言辅助下找到保暖的衣物。	
课后反思	在这堂课中，难点对于孤独症儿童来说是很抽象的，为了让学生理解冷和保暖的概念，我进行了思考。最终我运用了让学生亲身体验的方法来突破难点，让学生通过吹风机的冷风感知冬天的风是凉凉的；让学生摸一摸冬天的外套、帽子、围巾，来体会冬天衣物是厚厚的、毛茸茸的；让学生穿戴厚厚的冬天的衣物产生“暖和”的感觉；让学生亲自跑一跑、跳一跳，体验运动过后身体是暖暖的，不会冷。有了亲身体验做支撑，学生更易于理解接下来的教学任务，从而从实物过渡到图片，进行进一步的练习。难度不断增加，实现了知识认知上由易到难的螺旋上升。 通过一节课的实践，学生慢慢理解了这些概念，我发现亲身体验是突破难点的好办法，今后的课堂仍可以运用。	

课例二：

<table>
<tr><td colspan="2">学科</td><td>生活自理</td><td>班级</td><td>蕾蕾班</td></tr>
<tr><td colspan="2">课题</td><td>擦玩具</td><td>教师</td><td>李晗</td></tr>
<tr><td colspan="2">教学内容分析</td><td colspan="3">本节课教授的技能点为学习擦玩具。幼儿入园一个月后，已经大致熟悉班级环境和常规，还需要做的就是细化一日生活，适应结构化流程，学习遵守班级公约，其中一项就是要爱护玩具。因此，通过清洁玩具，给幼儿渗透爱干净的意识，对幼儿来说是较为适宜的学习内容。通过擦套杯的学习，继而让幼儿继续练习擦杯子并进行泛化，同样是比较实用的技能。该活动由语言课的皮皮的劳动引入情景，回应了语言课的教学内容，同时让幼儿初步地产生爱劳动的意识，在后续家庭康复训练中同样会设计通过劳动向家人表示感谢的练习，也回应了本月大主题“感谢有你”。</td></tr>
<tr><td colspan="2">学情分析</td><td colspan="3">本班幼儿的生活自理水平发展不一，基于上一技能点擦桌子的教学，擦玩具对他们来说是相对熟悉的。就教学内容来说，幼儿对新班级已有一定的熟悉度，指令的执行度逐渐提高。让幼儿能够独立完成对玩具的擦拭，这是本节课要重点训练的内容。WLY的课堂规则意识较好，需要训练的是对指令的执行力和对任务的理解能力；JJR在情绪状态良好的情况下能融入课堂，需要尽快熟悉擦玩具的步骤；YQH缺乏对课堂规则意识及指令的理解和执行力，这是要训练的重点内容，需要老师较多的语言提示与辅助。</td></tr>
<tr><td colspan="2">集体教学目标</td><td colspan="3">知识与技能目标：能知道要使用湿巾擦玩具，把套杯从里到外有顺序地擦。
过程与方法目标：在学习清洁玩具的过程中体验班级集体生活的乐趣，通过活动知道要经常擦玩具。
情感态度与价值观目标：能通过活动树立起良好的集体课规则意识，培养热爱自己班级的意识。</td></tr>
<tr><td colspan="2">教育康复分层目标</td><td colspan="3">JJR：能命名套杯、水杯和擦桌子的动作，独立把套杯擦干净，在语言辅助下从里到外擦，清洁面积100%。
WLY：能命名套杯、水杯和擦桌子的动作，在老师肢体辅助下从里到外擦套杯，清洁面积80%。
YQH：能命名套杯、水杯和擦桌子的动作，独立从里到外擦套杯，清洁面积100%。</td></tr>
<tr><td colspan="2">教学重点</td><td colspan="3">幼儿能知道从里到外擦套杯。</td></tr>
<tr><td colspan="2">教学难点</td><td colspan="3">幼儿能够独立使用湿巾擦玩具。</td></tr>
<tr><td rowspan="2">教学准备</td><td>教师</td><td colspan="3">套杯、水杯、步骤图、小家电玩具、湿巾、纸巾。</td></tr>
<tr><td>学生</td><td colspan="3">有叫名反应。</td></tr>
</table>

续表

教学过程		设计意图
教师活动	学生活动	
一、课前预热5分钟 1. 强化常规 小朋友们，现在开始上生活课，我们一起先来看一看，上集体课小朋友们要怎么做：坐好了，手放好、手放在桌子上，眼睛看李老师、耳朵仔细听，嘴巴保持安静，回答问题的时候要举手…… （T边说边评价幼儿的表现，采用与幼儿互动问答的方式让幼儿熟悉集体课的常规）	在老师指令与动作提示下做好课前准备。	结构化教学策略，针对孤独症儿童的视觉化学习特点，锻炼学生的共同关注能力。
2. 打招呼问好 现在我们来打招呼，老师来看看，今天一共来了几个小朋友？老师喊到小朋友的名字，小朋友来答“到”，并向大家问好。	师生互动，听到自己的名字时答“到”，跟老师打招呼，跟朋友打招呼，说“上午好”“你好”……	针对孤独症儿童的特点，帮助其树立同伴间互动的意识。
3. 热身练习 跟随音乐《墨西哥草帽舞》一起做动作，作为进入课堂学习状态的信号。	给幼儿5秒延迟时间，等待幼儿主动答到，幼儿没反应则予以辅助。	激发学习兴趣，提高课堂参与度。
二、导入新知5分钟 1. 情景导入 语言课绘本《小捣蛋皮皮》 小朋友们看，这是皮皮，皮皮在帮妈妈分担家务……擦桌子……他是爱劳动、懂事的好宝宝。那我们再看图片上又是谁呢，我们班的小朋友也是爱劳动的好宝宝……	学生看图片，按照老师提示回答问题，在老师的提示下保持注意力（命名动作——擦桌子）。	

续表

2. 技能复习 复习擦玩具的技能 这是上节课小朋友们学习擦玩具的照片，我们一起在擦小家电玩具。现在，上课之前李老师带小朋友先来复习一下怎么擦玩具。擦玩具我们要用湿巾，这样才能把玩具擦干净。你们来找一找，哪个是湿巾？ 三、学习新知20分钟 1. 教师示范 T带领幼儿学习擦套杯的步骤： 老师这里有一个小朋友非常喜欢的玩具，就是套杯，可是现在被小朋友玩得脏兮兮的了，今天我们的任务是擦套杯。 擦套杯可有点难，小朋友要仔细看，它既有里面，又有外面，我们要一步一步擦。首先，我们还是要用到湿巾，拿到湿巾和套杯，就可以擦了。其次，要注意擦套杯的顺序，先擦套杯的里面，再擦外面，然后把套杯底部擦干净，让湿巾擦遍套杯的每一个地方…… （T讲解所需技能，幼儿根据视觉提示图片学习规范的擦套杯的步骤，穿插命名、配对、提要求、互动语言等。T在轮流示范的过程中重复讲解技能，及时表扬等待好的幼儿，在环节结束后总结幼儿表现，表现好的进格）	学生指认湿巾，进行实物的二选一（湿巾和纸巾），学习自己擦玩具（F指导幼儿方法）。 幼儿命名套杯，指认套杯的里面、外面和底部。 幼儿分别以轮流的方式和比赛的方式来做练习，重复技能要领。	回应语言课教学内容，对幼儿爱劳动意识的养成有强化作用，体现跨领域跨学科教学。 复习擦玩具，引出更有难度的“擦套杯”，作为技能的提升。 套杯是幼儿喜欢的玩具，擦起来比较易于掌握规律，同时有利于泛化到家庭中的擦杯子练习，较为实用。 作为“总”的环节，集中教授技能点，轮流和比赛的环节分别练习了幼儿的等待和竞争意识；其中又设一个小的“分”，来让教师有指导性地帮幼儿掌握技能。

续表

<table>
<tr><td colspan="2">1. 情景泛化
小朋友们刚才都做得非常棒（具体哪里棒，借此重复技能点）。大家学会了擦套杯玩具，那可不可以挑战一下擦水杯呢？我们按照刚才的方法，来擦擦看吧……
（T带领幼儿分组练习擦水杯。辅助老师一对一辅助学生完成擦水杯的任务，并做技能讲解。预设：可以借机整顿秩序，先请表现好的幼儿离座练习）
2. 评价收尾
T依据幼儿的完成进度依次对其表现进行点评，给先擦完水杯的幼儿倒水休息，并提出具体的期待和要求，进行表扬、强化。
刚刚擦水杯，每个小朋友都很认真、很卖力，非常值得表扬。我们今天的生活课也要上完了，希望小朋友们回家继续练习，像皮皮一样，帮爸爸妈妈分担家务……</td><td>独立按学到的方法分组练习擦水杯，WLY着重训练行动速度，YQH练习独立做的效率，JJR练习提要求和听者反应，先擦完水杯并通过老师检验的小朋友可以用水杯来喝水。</td><td>作为技能的泛化，选择让幼儿擦自己的水杯，继续练习从里到外擦这一技能点。同时擦水杯的任务量要适中，便于幼儿接受，擦完可以给予幼儿“喝水”这一自然强化。
作为“分”的环节，便于幼儿得到最佳的辅助来实现技能点的突破。</td></tr>
<tr><td>家庭康复指导</td><td colspan="3">YQH在家同样养成清洁的习惯，知道要帮家人分担家务，练习擦浅口杯子和擦桌子。
WLY在家同样养成清洁的习惯，知道要帮家人分担家务，练习擦浅口杯子和扫地。
JJR在家同样养成清洁的习惯，知道要帮家人分担家务，练习擦浅口杯子和盘子。</td></tr>
<tr><td>教学反思</td><td colspan="3">优点：
1. 任务分析法的使用较好地突破了教学重点。
2. 设计了视频示范、图片示范、教师示范来突破教学难点。
3. 学生基本达到本节课的教学目标。
缺点：
1. 视觉流程卡片的移动不够及时，幼儿“独立做”的环节忘记移动卡片，是教学过程中失误的地方。
2. 幼儿比赛环节以及分组作业时间，对先完成任务的幼儿没有提前预设安置方法，造成幼儿此时无所事事。</td></tr>
</table>

（三）音乐律动

课例一：

学科	音乐律动	班级	豆豆班
课题	新年真热闹	教师	高爱雪
教学内容分析	春节是中国的传统节日，对幼儿来说是一个非常难忘的喜庆节日——漂亮的新衣服，崭新的压岁钱，好看的舞狮舞龙，欢天喜地的烟花。为了让幼儿体验到过年的氛围，通过鼓声、锣声来感受过年热闹的场景，结合本周的主题“新年快乐”，选择了歌曲《新年真热闹》。《新年真热闹》是一首有着浓重年味的儿歌，歌词中有很多中国的传统习俗，比如压岁钱、换新衣、放鞭炮等。歌曲间奏中的锣鼓声节奏较为明显，适合本班幼儿游戏、律动。		
学情分析	豆豆班共有6名幼儿，其中有1名女生、5名男生，在音乐方面分层较大。GBW、FSZ、SZY动作模仿能力和理解力较好，能够听音乐跟随老师做动作，但节奏感较差；XJS、JZZ的节奏感较好，能够听音乐较为准确地打拍子，模仿能力较好，能够模仿动作，但听指令、主动性的语言和课堂规则意识较差；WXY的整体跟随较差，动作模仿常常需要辅助老师的肢体辅助，因此，整节课的指令跟随和反应品质较低。 根据学生情况分析，一共分为三个阶层：A组（GBW、FSZ、SZY）、B组（XJS、JZZ）、C组（WXY）。		
集体教学目标	1. 知识与技能目标：能够根据听到的鼓声拍出相同的鼓点节奏及次数；能够用咚咚咚咚咚咚/咚咚 咚咚咚—的节奏型表现出乐曲的8拍间奏；在歌词部分用咚咚咚咚的节奏型打拍子。 2. 过程与方法目标：通过图谱的视觉提示，能够用相应的节奏型表现乐曲的间奏和主歌部分；在小组练习的过程中，学习咚咚咚咚咚咚/咚咚 咚咚咚—的节奏型。 3. 情感态度与价值观目标：通过鼓声和祝福语，感受新年欢快的氛围。 4. 康复目标：通过播放不同片段的鼓声，辨别音乐节奏及鼓点次数，提高集中注意力；能够拿着乐器安静坐好等待。		
教育康复分层目标	A组（GBW、FSZ、SZY）：能够根据自己听到的音乐节奏及鼓点次数拍出相同的鼓声，在口语提示下拍出咚咚咚咚咚咚和咚咚咚咚咚咚/咚咚 咚咚咚—；能够在口语提示下用咚咚咚咚咚咚/咚咚 咚咚咚—的节奏型表现乐曲的8拍间奏；能够在主歌部分动作模仿用咚咚咚咚的节奏型打拍子。 B组（XJS、JZZ）：能够在口语提示下根据听到的音乐节奏及鼓点次数拍出相同的鼓声；能够听音乐用咚咚咚咚咚咚/咚咚 咚咚咚—的节奏型表现乐曲的8拍间奏；能够在主歌部分动作模仿用咚咚咚咚的节奏型打拍子。 C组（WXY）：能够在肢体辅助下用相应的节奏型表现歌曲的间奏部分；能够在主歌部分较为主动地做动作模仿。		

续表

<table>
<tr><td colspan="2">教学重点</td><td colspan="3">跟随音乐用不同的节奏型表现间奏和主歌部分。</td></tr>
<tr><td colspan="2">教学难点</td><td colspan="3">用咚咚咚咚咚咚/咚咚 咚咚咚—的节奏型表现乐曲的8拍间奏。</td></tr>
<tr><td rowspan="2">教学准备</td><td>教师</td><td colspan="3">视频《新年真热闹》、音乐《新年真热闹》；
不同鼓声节奏的音频、图谱、鼓。</td></tr>
<tr><td>学生</td><td colspan="3">无</td></tr>
<tr><td colspan="4">教学过程</td><td rowspan="2">设计意图</td></tr>
<tr><td colspan="3">教师活动</td><td>学生活动</td></tr>
<tr><td colspan="3">一、准备阶段（约2分钟）
1. 师生问好
教师面带笑容巡视小朋友并打招呼，幼儿回应，再单独问没有集体问好的幼儿。
师：小朋友们好！
生：高老师好！
2. 课堂常规要求
上课要坐在椅子上，眼睛看老师，回答问题要举手，没有叫到名字的小朋友要保持安静。
二、新授阶段（约26分钟）
1. 播放音频，活动导入（约2分钟）
教师播放鼓的声音，学生通过听、看认识鼓。分别播放不同鼓点节奏及次数的鼓声，先播放咚咚咚，导入活动。
师：小朋友们，听，这是什么声音？
师：是鼓声。（出示鼓，命名或仿说）
师：它是什么样的节奏，谁来试试看？GBW/FSZ 你来试试看。</td><td>GBW、SZY、FSZ、XJS能够集体向老师问好，JZZ和WXY能够在语言提示下问好。

根据视觉提示卡片遵守规则，坐好，眼睛看老师。

GBW、FSZ、SZY能够根据自己听到的鼓点次数及节奏拍出相同的咚咚咚，在口语提示下拍咚咚咚咚咚咚和咚咚咚咚咚咚/咚咚 咚咚咚—。</td><td>通过视觉提示卡片和结构化卡片，更直观地让幼儿理解规则，了解这节课的环节。

由易到难地播放录制的鼓声片段，自然地过渡到音乐的间奏片段，作为一个前备技能的练习，也为突破重难点做了铺垫。</td></tr>
</table>

续表

过渡语：拍得很棒，还有谁想来试试？ 2. 由易到难，分组练习（约5分钟） 在前面基础上再播放咚咚咚咚咚咚，然后播放咚咚 咚咚咚—，最后播放咚咚咚咚咚咚/咚咚 咚咚咚—，由易到难，逐步过渡到歌曲《新年真热闹》中的间奏。学生每人一面鼓，把听到的用鼓声表现出来。第一段不用示范，中间两段学生跟随老师拍一样的，最后一段需要示范。 教师针对咚咚咚咚咚咚/咚咚 咚咚咚—的节奏型进行分组练习，练习时各组教师先带领两名学生练习，最后选取两名学生上前个人展示。（循环播放3遍间奏） 师：那我们每人发一面鼓，发到鼓的小朋友放到白色的圆点点上。 师：接下来我们再来听一听：咚咚咚。 师：把鼓放到腿上，我们一起来试试看。 师：这个是什么节奏呢？ 师：我们一起来拍一拍。 师：最后这个要竖起耳朵仔细听哦，这个好长呀，不过我这里有一张图谱，看看是什么样的节奏（教师出示图谱并讲解）。 师：这次我们一起来试试看。我听到有的小朋友还是没有拍对，我们来分组练习一下。 师：你们练习得都好认真，谁想上来展示一下呢？	XJS、JZZ能够在口语提示下根据听到的音乐节奏及鼓点次数拍出相同的鼓声。 WXY能够在肢体辅助下用相应的节奏型拍歌曲的间奏。 练习： GBW、FSZ、SZY能够在口语提示下用咚咚咚咚咚咚/咚咚 咚咚咚—的节奏型表现乐曲的8拍间奏。 XJS、JZZ能够听音乐用咚咚咚咚咚咚/咚咚 咚咚咚—的节奏型表现乐曲的8拍间奏。 WXY能够在肢体辅助下拍歌曲的间奏部分。	从开始部分就让幼儿手中拿着鼓，可以让幼儿更充分地通过鼓去感受节奏。

续表

<table>
<tr>
<td>过渡语：下面我们来听一首歌，仔细听，你听到了什么？
3. 播放音乐，熟练节奏（约5分钟）
教师播放第一段音乐，从音乐当中寻找刚刚练习的鼓声，再次播放，和教师一同在间奏处用咚咚咚咚咚咚/咚咚 咚咚咚—的节奏型表现出来。注意：在歌词部分手要放到鼓的两边，只在间奏处用相应的节奏型表现出来。
师：下面我要放一首歌，先把鼓放到白色的圆点点上。仔细听，你听到了什么？
师：有的小朋友听到了鼓声，是什么样子的鼓声呢？我们跟着音乐一起来拍拍鼓，现在请把鼓放到你们的腿上。
过渡语：原来就是我们刚刚学的图谱呀。刚刚我们在没有歌词的间奏部分拍了鼓，那歌词的地方要怎么拍呢？请小朋友眼睛看老师。
4. 教师示范，分段练习（约8分钟）
教师讲解有歌词的主歌部分，用咚咚咚咚的节奏型来拍，教师示范，学生动作模仿。
师：刚才没有歌词的地方我们拍的是鼓皮，有歌词的地方我们要把手放到鼓的两边。
师：放对了，现在先请小朋友们把鼓放到白色点点上，认真看我是怎么做的。（播放第一段音乐）
师：我们现在把鼓戴好，一起来试试看。（播放第一段音乐）</td>
<td>GBW、FSZ、SZY、XJS、JZZ能够在主歌部分在口语提示下动作模仿用咚咚咚咚的节奏型打拍子；
WXY能够在主歌部分较为主动地模仿动作。
表演时辅助老师依等级撤退，尽量让孩子主动参与进来。</td>
<td>在较难的间奏部分出示图谱，把较为抽象的间奏具象化，便于幼儿对节奏型的理解。
将一整段音乐截开，分为三段练习，便于教师在每小段后总结学生的表现，给予强化；在此过程中不断地练习重点难点，以利重难点的突破。</td>
</tr>
</table>

续表

<table>
<tr><td>教师小结
师：祝福的时候我们要双手抱拳，我们再来试试看。（播放第二段音乐）
教师小结
师：看看谁跟着老师一起做了。（播放第三段音乐）
教师小结
过渡语：哇，你们都太厉害了，接下来，我们合起来练一下吧。
5. 音乐游戏，表演歌曲（约6分钟）
学生站到指定位置，教师播放完整的音乐，先站着表演一遍，再沿线表演一遍，听音乐用不同的节奏型表演歌曲。
师：小朋友们起来，站到白色线上，我们一起来听音乐。
师：我们接下来沿着白色的线听音乐走一走。
教师：有时间的话可以再表演一遍，或两三个小朋友一组展示一下。
收鼓
师：今天我们听的歌曲叫什么？马上要到新年了，我们可以把这首歌表演给爷爷奶奶看。
三、整体评价（约2分钟）
教师根据“楼梯”做最后的总结评价。</td><td>GBW、FSZ、SZY、XJS、JZZ能够在主歌部分动作模仿用咚咚咚咚的节奏型打拍子。

XJS、JZZ能够在间奏部分用咚咚咚/咚咚咚/咚咚 咚咚咚—的节奏型表示；GBW、FSZ、SZY在口语提示下完成。

WXY能够在表演过程中较为主动地模仿动作。</td><td>动静结合，旨在提高学生的参与度与主动性。

展示部分：让部分幼儿最后展示出这节课所学的成果。</td></tr>
<tr><td>家庭康复指导</td><td colspan="2">GBW、FSZ、SZY：能够听音乐，重点练习在8拍间奏处用咚咚咚咚咚咚/咚咚 咚咚咚—的节奏型表现乐曲；学习哼唱歌曲。
XJS、JZZ：能够自己听音乐用不同的节奏型表现出来。
WXY：听音乐《新年真热闹》，动作模仿主歌部分。</td></tr>
</table>

续表

教学反思	本次活动重难点突出，通过不同的形式进行练习，学生得到了充分感受与练习；根据学生能力情况设置了不同的分层目标，学生整体参与度高，有效地达成了教学目标；根据教学内容，教师进行了环境的创设，充分调动了学生在本次音乐活动中的积极性；在本次活动中，教师给出的指令较为明确、简洁，学生遵从指令较好。 存在的问题： 1. 在规则的建立上还需要进一步地做具体要求，比如：游戏后的找座位规则、保持安静的规则；不应该忽视学生乱说话的情况。 2. 在共同关注方面需要做进一步探究，弄清如何才能更大限度地引起学生的共同关注。 3. 在规则方面做得好的可以多鼓励，正向引导。

课例二：

学科	音乐律动	班级	苗苗班
课题	飘	教师	安　然
教学内容分析	《3—6岁儿童学习与发展指南》中指出：3—4岁幼儿能跟随熟悉的音乐做身体律动；能用声音、动作、姿态模拟自然界的事物和生活情景。本周教学主题为“秋天来了”。围绕该主题，结合小朋友们的秋游经历，教师设计了本课活动《飘》。创设情境，让小朋友们在音乐中感受、模仿树叶飘落的样子。学生在模仿中获得快乐的体验，对音乐产生兴趣，在动动、玩玩中感受秋天的大自然的多彩美丽。		
学情分析	苗苗班共有四名学生。 DRZ：喜欢音乐，动作模仿处于VB二阶水平，具有较好的动作模仿能力，能根据歌曲节奏模仿教师打节拍并完成两步动作。 HXT、LZH：喜欢听音乐，但动作模仿能力较差，处于VB一阶水平，能够在教师辅助下上下摆臂，但很难独立模仿教师动作，需教师较多辅助。 QWQ：喜欢音乐活动，动作模仿能力处于VB二阶水平，能够进行一步动作模仿，但课上以多种方式求关注的行为较多，自我刺激较多，需辅助老师多加注意。 基于以上学情，本活动教学重点为学习上下挥臂动作，本周教学重难点为跟随音乐进行生生互动游戏，在游戏中感受音乐活动的乐趣。		
集体教学目标	知识与技能目标：跟随音乐节奏，上下挥动手臂，模仿树叶飘落的样子。 过程与方法目标：聆听音乐《飘》，感受音乐节奏，通过教师示范、个人练习、小组合作等多种形式，用肢体动作上下挥臂模仿树叶飘落。		

续表

<table>
<tr><td colspan="2">集体教学目标</td><td colspan="3">情感态度与价值观目标：在音乐活动中，感受音乐活动的快乐，激发学生热爱大自然的思想感情。
康复目标：
1. 形成良好的集体课规则，能够在课堂中跟随老师指令，在音乐伴奏下律动，建立共同关注。
2. 能够与同伴在音乐游戏中进行互动，建立同伴意识。</td></tr>
<tr><td colspan="2">教育康复分层目标</td><td colspan="3">DRZ：独立模仿老师上下挥动手臂动作，模拟树叶飘落的样子；愿意跟随音乐大方地和同伴一起进行表演。
QWQ：能安静地欣赏歌曲，在手势及语言提示下跟随音乐模仿老师上下挥手臂动作，表演树叶飘下来的样子；在语言辅助下进行音乐游戏。
HXT、LZH：能安静地欣赏歌曲，在老师肢体半辅助下，进行动作模仿，上下挥臂，表演小树叶落下来的样子；在半肢体辅助下进行音乐游戏。</td></tr>
<tr><td colspan="2">教学重点</td><td colspan="3">跟随音乐原地挥臂、转圈挥臂、互动挥臂，模仿树叶飘落的样子。</td></tr>
<tr><td colspan="2">教学难点</td><td colspan="3">生生互动挥臂，进行音乐游戏。</td></tr>
<tr><td rowspan="2">教学准备</td><td>教师</td><td colspan="3">歌曲《飘》、彩色纱巾、学生秋游照片、教师示范视频。</td></tr>
<tr><td>学生</td><td colspan="3">提前捡好落叶。</td></tr>
<tr><td colspan="4">教学过程</td><td rowspan="2">设计意图</td></tr>
<tr><td colspan="3">教师活动</td><td>学生活动</td></tr>
<tr><td colspan="3">一、活动准备
1. 课堂常规2分钟
结合视觉图片，让学生了解一节课的流程：小朋友们好，我是安老师，现在我们来上音乐课（展示音乐课的小标志）。
讲述强化规则：贴满5个大拇指就可以得到奖励。</td><td>学生能够在教师辅助下，安静地注视老师展示的视觉提示卡。</td><td>利用学生视觉优势，明确课堂规则。</td></tr>
</table>

续表

配合视觉图片对学生进行课堂规范训练，做好课前准备。上课的时候，我们要坐好、眼睛看老师、保持安静、回答问题要举手。 （规则讲完后表现好的学生得到代币）		
2. 点名问好（3分钟） 讲完规则，我们来打招呼。 教师唱《点名歌》。学生能听到自己的名字做出回应“到/哎”。大家一起指一指/拍一拍被点名的小朋友。 一二三四五六七，×××在哪里？在这里在这里，×××在这里。	辅助老师及时辅助学生回应，与被点名的小朋友互动： DRZ、LZH独立回应，并与教师互相问好； QWQ、HXT辅助下回应及问好。	通过点名歌的形式，练习学生呼名反应，初步建立学生的自我意识。
二、导入 展示学生秋游照片，联系学生的实际经历： 师：小朋友们在秋游的时候捡了好多美丽的小树叶啊。那小树叶是怎么从树上飘下来的呢？ （展示落叶）看，小树叶是从上往下飘下来的，今天我们一起听着音乐模仿小树叶飘落吧。 （播放树叶飘落的视频）		联系学生的实际经验，并通过呈现实物的方式，让学生感受树叶飘落的过程。
三、新授 1. 播放示范视频，感受动作变化 师播放自制示范视频《飘》。 师：刚刚小朋友们看到了小树叶可以竖直地飘下来，可以转圈飘下来，也可以两片小树叶一起飘下来。 师：现在，我们就一起来学学小树叶飘下来的样子吧。	学生安静地看视频。	

续表

<table>
<tr>
<td>2. 练习动作：上下挥臂
（1）视频示范动作一（原地挥臂）
（2）教师现场示范原地上下挥臂
师：小朋友们，现在我们把小手举高，慢慢放下来，小手变成树叶飘下来啦。我们一起试试吧！
（学生集体练习）
① 师喊指令练习（上、下）；② 师喊节拍练习。
（3）结合音乐，进行简单律动。
原地站立挥动双臂模仿树叶飘落的姿态。
① 教师清唱，学生进行动作模仿。对动作需要纠正的学生进行重点指导。② 跟随音乐，模仿老师，练习挥臂。
师：小朋友们都可以变成树叶飘一飘，呼，一阵风吹过来，把树叶吹散了。我们一起看看小树叶在风中是怎么飘的吧。
3. 身体律动
（1）视频示范动作二（走动挥臂）。
（2）学生在教师引导下进行音乐律动。
小结：刚刚小朋友们都能跟着音乐转圈飘，都很厉害。两个小朋友也可以拉手飘一飘，我们来看看老师是怎么做的吧。
4. 生生互动
（1）视频示范动作三（生生互动挥臂）。</td>
<td>DRZ、QWQ独立模仿老师动作；
LZH、HXT在肢体辅助下模仿老师动作。
学生集体练习后，请1—2名幼儿进行展示。
学生站在自己的位置前，模仿教师动作。
DRZ、QWQ独立模仿树叶飘的基本动作；</td>
<td>通过视频示范、教师现场示范两种不同方式，让学生从多个角度感受挥臂动作，更利于学生观察学习。
通过不同方式的练习，泛化挥臂动作运用的情景，对所学动作进行巩固。</td>
</tr>
</table>

续表

（2）师生现场示范 现在，老师请一位小朋友和老师一起做游戏，谁想来，请举手。 （3）师生练习 现在，请每位小朋友和一位老师一起听着音乐练习挥动手臂。 组一：RZ、QWQ—师； 组二：HXT—辅1； LZH—辅2。 （4）生生练习 教师清唱儿歌，学生2人一组，进行互动练习。 组一：DRZ、QWQ—师； 组二：HXT、LZH—辅。 （4）音乐互动游戏 跟随音乐，进行生生互动，模仿两片树叶一起飘。 5. 整体律动 （1）回顾整体示范视频。 （2）跟随音乐模仿视频动作进行音乐律动。 三、结束教学，整体评价（2分钟） 今天我们一起学习了小树叶是怎么飘下来的。我们出去玩时，看到小树叶飘落的时候，也可以挥挥小手，和小树叶一起感受美丽的秋天。 总结学生表现，表扬并给予奖励。师生互说“再见”。	HXT、LZH教师肢体辅助下模仿挥动手臂。 组一：教师给予语言及手势辅助； 组二：教师给予半肢体辅助，若仍难以完成，则给予肢体辅助。 学生认真倾听教师评价，安静地等待下课休息。	在教学中创设生生互动的机会，引导学生关注同伴，与同伴进行互动。
家庭康复指导	DRZ、QWQ：1. 亲子共听音乐《飘》，并独立跟随视频做动作，表现秋天树叶飘落的特点；2. 与家长拉手进行互动音乐游戏。	

续表

家庭康复指导	LZH、HXT：1. 亲子共听音乐《飘》，在家长辅助下跟随视频做动作，表现秋天树叶飘落的特点；2. 在家长引导下与家长进行音乐游戏，感受与人的互动。
教学反思	优点： 1. 教师通过视觉体验与真实感受相结合的方式，让学生在课堂中感受树叶飘落的过程。 2. 在教学中充分利用视频示范、教师示范等多种示范方法，引导小朋友学习律动动作。 3. 在练习中注意设计同伴之间的肢体互动。 不足： 1. 应多发挥学生对同伴的带动作用，让表现好的学生做“小老师”，进行同伴示范。 2. 生生互动环节，教师可以多让学生自由组合几次，并及时指导学生如何互动。

（四）美术手工

课例一：

学科	美术手工	班级	朵朵班
课题	送给妈妈的花——蔬菜拓印	教师	郭姝延
教学内容分析	围绕当月主题“感谢有你”，以蔬菜拓印画为背景。认识三原色，指出两种颜色混合起来会变成另一种颜色的现象，让幼儿在配色的操作中，自主尝试配色实验，发现颜色的变化并命名新颜色。		
学情分析	本班共有三名幼儿：NJX、CZH、ZJW。 NJX：精细动作和认知能力发展较好，能够命名多种颜色，可以自己独立进行创作，但规则意识较差，容易出现利用工具进行涂抹或用手去蘸取颜料的情况。 CZH：精细动作和认知能力稍薄弱，上课可以听从老师的指令，可以跟随老师和同伴进行仿说和仿画，但对颜色的认知较差，在多数情况下可以分辨红色和黄色。手部控制力量较差，往往按不出图案。在做任务过程中经常会注意力分散，较难关注于自己的美工作品。 ZJW：精细动作和认知能力发展较好，能够命名多种颜色，可以自己独立进行创作，但规则意识较差，在课堂中较难等待、保持安静和规范自己的坐姿。		

续表

<table>
<tr><td>集体教学目标</td><td colspan="3">知识与技能目标：认识三原色，用三原色两两混合配色并命名；用蔬菜横切面蘸取颜料作画。
过程与方法目标：通过图片步骤图、动手实践，引导幼儿创作颜色并命名；通过合作创作，引导提升幼儿合作能力和展现美的能力。
情感态度与价值观目标：在创作的过程中培养展现美的能力。
康复目标：能对老师和同伴产生关注，可以向同伴提交换颜色和蔬菜的要求。</td></tr>
<tr><td>教育康复分层目标</td><td colspan="3">ZJW：正确命名六种颜色；能够自己选两种颜色混合起来变成另一种颜色；能够用蔬菜的横切面蘸颜料拓印花朵；能够在语言提示下与同伴交换颜料/蔬菜；命名油菜、青椒；能够在老师的语言提示下对缺失物品提要求。
NJX：正确命名六种颜色；能够自己选两种颜色混合起来变成另一种颜色；能够用蔬菜的横切面蘸颜料拓印花朵；能够在语言提示和肢体辅助下与同伴交换颜料/蔬菜；命名油菜、青椒。
CZH：正确命名红色，在语言提示下命名黄色、蓝色；在三种颜色中可以正确指认红色和黄色；能在肢体辅助下蘸颜料拓印花朵；认识油菜和青椒。</td></tr>
<tr><td>教学重点</td><td colspan="3">用蔬菜的横切面蘸颜料拓印花朵。</td></tr>
<tr><td>教学难点</td><td colspan="3">在配色操作中，发现颜色的变化并命名。</td></tr>
<tr><td rowspan="2">教学准备</td><td>教师</td><td colspan="2">画有草地的图画纸两张、油菜、青椒（完整版一个、切面三个）、红黄蓝水粉、湿巾、纸巾、笔、蛋糕盘。</td></tr>
<tr><td>学生</td><td colspan="2">绘画穿的衣服。</td></tr>
</table>

<table>
<tr><th colspan="2">教学过程</th><th rowspan="2">设计意图</th></tr>
<tr><th>教师活动</th><th>学生活动</th></tr>
<tr><td>一、课堂常规
1. 讲规则
师：小朋友们好！我是郭老师。现在要上的是……上课的时候要坐好，手要放在腿上，眼睛要看老师，保持安静，回答问题的时候要举手。（对按照规则做出相应反应的学生及时表扬、强化）</td><td>一、课堂常规
1. 学生能够共同注意视觉提示卡。</td><td>对课堂规则图片进行展示，是针对孤独症儿童的视觉化学习特点安排的。</td></tr>
</table>

续表

2. 问好 师：现在我们来问好，点到名字的小朋友要大声回答“到”，然后唱问好歌。 （问好歌结束后让学生和其他小朋友轮流问好，要求眼睛看着对方）	2. 学生能够独立回答“到” 能够独立与老师进行语言互动：“郭老师，上午好（下午好）！”	
3. 手指操 师：现在我们一起伸出小手，和郭老师一起来做手指操吧！ 教师喊指令，学生跟随老师做动作——双手合、开、比数字、双手按压、手指捏拿等。 预设：对主动问好的学生、手指操能够跟随的学生，及时表扬、强化并进格。	3. 预设，CZH可以跟随模仿，有模仿的意识，对于能做到的动作模仿到位；NJX在老师的辅助下能够完成动作。	生生问好，增强学生对同伴的关注、眼神的对视以及培养学生主动问好的意识。
二、学习新课 1. 图片导入 师：老师这里有几张图片，我们一起来看一看，妈妈在干什么？ （扫地、拖地、做饭……） 师：妈妈每天做家务很辛苦，今天我们要给妈妈做礼物，送给妈妈美丽的花朵。 （幻灯片图片展示） 分层提问：CZH这是什么？（花）NJX数一数有几朵花？ZJW这些花是什么颜色的？ 师：红色、黄色和蓝色是基本颜色，它们叫作三原色。 NJX指一指三原色（从五种颜色中指认）。 CZH指一指红色（从两种颜色中指认）。	预设学生可以正确回答。 预设学生可以独立回答，根据情况进行辅助，辅助等级由轻到重。	课前先做手指操，带领学生活动手指，练习本节课所需要的动作要领。

续表

师：三原色中的两种颜色混合起来可以变成好多不同的颜色，看老师来变一个小魔术。 2. 颜色变变变 教师随机选择两种颜色示范，并记录下来，幼儿操作并命名新的颜色。 师：我要从三原色中选择两种颜色。（提问ZJW或NJX）老师选了什么颜色？（红色和蓝色） 师：我现在要打开盖子，用力把颜料挤在盘子上。注意看，我要变魔术了，用小刷子搅拌一下，哇，红色和蓝色变成了什么颜色？其他颜色混合在一起会变成什么颜色，小朋友也可以试一试。 师：要先选择两种你喜欢的颜色，再倒入颜料盘，用小刷子搅拌一下。 在学生操作过程中进行分层提问：ZJW、NJX你们的是什么颜色？CZH你变出了……颜色。 ZJW、NJX你用了哪两种颜色变出……色的啊？ 学生操作过程中，NJX和ZJW合作工作两次，变出两种不同的颜色，教师辅助CZH进行一次。（可以根据幻灯片图片选择颜色） 过渡语：颜色准备好了，那我们用这些颜色创作美丽的花朵吧！ 3. 认识蔬菜 师：看一看我们今天需要用到什么材料。	对颜色的认知，NJX和ZJW独立回答，CZH进行仿说。 NJX、ZJW能够自己选两种颜色混合起来变成一种颜色并命名；CZH能够在肢体辅助下选两种颜色混合起来变成一种颜色，并仿说命名新颜色。 （要避免NJX乱涂乱画） （避免学生倒入过多的颜料）	学生已经认识生活中常见的颜色，在此基础上带领学生认识三原色，探索三原色之间的奥秘，将美工课与科学知识的学习结合起来。

续表

教师先出示完整的油菜和青椒，让学生进行命名和指认。在学生面前展示切油菜，让学生对两种油菜进行命名和泛化。随后出示两种蔬菜的横切面，让学生进行命名和配对。 师：我们今天就要用蔬菜的横切面来创作。它是怎么做成美丽的花朵的，我们一起来看一看。 4. 教师示范 师：第一步，选择蔬菜。 师：第二步，蘸上颜料，用蔬菜的横切面蘸颜料。 师：第三步，按压。按压时要稍微用点力气，要用两只手一起按压。不能移动蔬菜，向上拿起，一朵美丽的小花就印好了，一个蔬菜只能蘸一种颜料。 5. 学生动手操作 师：现在我们一起来练习一下吧。我们先用油菜来进行练习，坐好的小朋友可以选择颜料了。 拓印时注意提醒学生不能移动蔬菜，要两手一起按压。 每种蔬菜的拓印都要先进行示范。第一遍由老师进行示范，第二遍观看幻灯片图片步骤，第三遍找学生进行示范。 师：现在我们可以换一种蔬菜了，要用什么来拓印了？（青椒）你想换一个颜色吗？你想用什么颜色？ 两种蔬菜轮流让学生进行练习和尝试，感受不同的蔬菜创作出来的花朵。	三位学生能够正确命名油菜和青椒，在辅助下命名秋葵。 辅助老师提醒学生认真看示范。	让学生亲自感知颜色的变化，更有助于提高学生的课堂参与度，有利于学生感受颜色的变化过程，加深记忆。 分别用图片、完整的实物、切开的实物三种不同形态让学生进行指认和命名，可以帮助学生进行泛化，避免对物品的认识过于狭窄和刻板。

续表

6. 学生创作 师：刚才我们用两种蔬菜进行了拓印，现在小朋友们可以选择自己喜欢的蔬菜来进行创作啦。 教师出示画有小草的画，幼儿蘸颜料进行创作，一段时间后同伴之间互相交换颜料和蔬菜继续进行创作。CZH和主课老师一组，NJX、ZJW和辅课老师一组。 NJX和ZJW两个学生轮流选择颜料和蔬菜，两人轮流进行拓印，共同创作。增加社交互动环节“给你”“到你了”，由辅助老师作为主导。 CZH和主课老师一组加入语言目标和数学点数目标——“一朵小花”“青椒花”“红色的花”。 7. 展示 师：今天小朋友们用三原色变出了新颜色，通过合作、交换蔬菜和颜料，拓印出这么多美丽的花朵。现在我们来展示一下自己的作品吧，我们组先来。 师：这是我和CZH用……和……创作的花朵。（引导CZH表达互动语言“好看吗？”） （教师对ZJW进行语言辅助，让其进行展示：“这是我和NJX创作的花朵，好看吗？”） 三、点评总结 1. 整理桌面 收回美工用具，引导学生用湿巾擦桌子，扔垃圾。	ZJW能够独立用蔬菜的横切面蘸颜料拓印花朵，拓印时在口语提示下不移动蔬菜，在肢体提示下用双手进行拓印。 NJX能够独立用蔬菜的横切面蘸颜料拓印花朵，拓印时在肢体辅助下不移动蔬菜，在肢体提示下用双手进行拓印。 CZH能够在肢体辅助下蘸颜料用双手拓印花朵。 幼儿能够在口语提示和肢体辅助下与同伴交换颜料/蔬菜，创作作品。	教师用幻灯片图片进行视觉提示，让学生清楚地了解每一步的动作要领。 给学生创设自由练习的机会，鼓励其自由创作，培养学生的想象力和对美工的感受。

续表

<table>
<tr><td colspan="2">（二）总结
师：今天我们一起创作了美丽的花朵，放学后小朋友们可以把花带回家，送给爸爸妈妈，说：“爸爸妈妈辛苦了！”
（教师对本节课的红绿灯进格情况进行总结）</td><td>辅助老师辅助其他小朋友进行语言回应。</td><td>加强学生的评论性语言的训练，加强生生间的互动和交往。</td></tr>
<tr><td>家庭康复指导</td><td colspan="3">ZJW、NJX：知道三原色是哪三种颜色，能够回答红色和蓝色可以变出紫色，黄色和蓝色可以变出绿色，红色和黄色可以变出橙色。
CZH：知道三原色是红色、黄色和蓝色。</td></tr>
<tr><td>教学反思</td><td colspan="3">本节课学生参与度较好，用颜色变变变的小游戏带领学生通过动手操作感受颜色的组成与变化，充分激发了学生的兴趣，在实践中增强了孩子们对颜色的认知。在美工创作过程中，使用生活中常见的蔬菜作为材料，拓印出美丽的花朵，能够将生活与美感结合，培养学生喜爱美工的情感。通过对本节课的教学及学生情况的总结，反思如下：
1. 学习拓印前，可增加视觉示范视频，帮助学生更清晰地了解步骤和要求。
2. 对美工规则进行强调，对物品的使用、颜料的蘸取方式等规则进行规范，帮助学生养成良好的学习习惯。
3. 可增加同伴间的肢体互动或语言互动，交换颜料、蔬菜或共同制作美工作品等。</td></tr>
</table>

课例二：

<table>
<tr><td>学科</td><td>美术手工</td><td>班级</td><td>苗苗班</td></tr>
<tr><td>课题</td><td>吸管吹画</td><td>教师</td><td>刘　娜</td></tr>
<tr><td>教学内容分析</td><td colspan="3">本周教学主题为“夏日安全”，本课时美工课以“浪花”为创作背景，引导幼儿练习吸管吹画。吹画是一项比较有意思的美术活动，大部分的幼儿没有见过这种艺术形式，感觉比较新鲜。通过吹画，可以锻炼幼儿的肺活量，锻炼幼儿的构音器官，同时也可以培养幼儿的想象力。本课时教学活动的重点是引导幼儿学习用吸管进行吹画，鼓励幼儿自由大胆地去尝试去创作。吹画是很需要体力的活动，“多次取颜料进行吹画练习”是本节课的教学重点。“用吸管向不同方向吹颜料水”是很重要的要求，对于初次接触吹画的幼儿来说会有些难度，这也是本课时的难点。在组织教学的过程中教师要创设宽松的活动氛围、给予适当的指导，采取视频示范法、任务分析法等鼓励幼儿进行吹画的练习，让孩子们在吹画的过程中感受自由创作美术作品的乐趣，同时渗透相关安全知识教育。</td></tr>
</table>

续表

学情分析	苗苗班的小朋友手部精细动作发展水平不一，手眼协调能力总体较好。 PYY的动作模仿能力处于VB-MAPP第二阶段，手部精细动作发展较好，其对美工活动有较强的兴趣，但有时会不遵守课堂规则，按照自己的意愿随意拿取材料。对于吸管吹画，会嘴巴撅起吹气，但是气息较弱，吹气时气息不均匀。 根据WZW的C-PEP-2评估报告，其精细动作发展较为滞后，处于42个月的发展水平：手眼协调能力较好，但工具使用能力较差，对美工课兴趣不高，课堂规则意识还需要继续建立强化；会撅起嘴巴吹气，气息较强，但是吹气时会喷出口水，需要辅助老师提示。
集体教学目标	知识与技能目标：在背景板上按照步骤进行吸管吹画。 过程与方法目标：在创作吸管吹画的过程中学习命名吸管和颜料，主动提要求拿取美工材料。 情感态度与价值观目标：在按照步骤作画的过程中建立规则意识，培养幼儿自由创作的能力，增强感受美、表现美的能力，萌发对美术活动的兴趣。
教育康复分层目标	A组（PYY）： 1. 可以独立的使用吸管蘸取颜料水，在语言辅助下用吸管取颜料8次进行吹画练习； 2. 在语言提示下遵守“用吸管向不同方向吹颜料水”的规则； 3. 在半肢体辅助下对主课老师提“我要吸管”“我要颜料”的要求； 4. 独立使用胶水粘贴小贝壳，对作品进行装饰； 5. 独立写出自己的名字和日期。 B组（WZW）： 1. 可以在教师辅助下使用吸管蘸取颜料水，在肢体辅助下取颜料5次进行吹画练习； 2. 在肢体辅助下遵守“用吸管向不同方向吹颜料水”的规则； 3. 在眼神提示下主动提“我要吸管”“我要颜料”的要求； 4. 在肢体辅助下，用胶水粘贴贝壳，对作品进行装饰； 5. 在半肢体辅助下粘贴自己的名字贴纸。
教学重点	通过多次吹画练习掌握吹画技能，创作出一幅简单的画作。
教学难点	用吸管向不同方向吹气作画。

续表

教学准备	教师	白纸、儿歌音乐、轻音乐、示范作品、小画板、学生名帖、各色颜料水、湿巾、示范视频、步骤展示卡片、吸管、贝壳、泡沫胶。
	学生	会鼓起嘴巴吹气。

教学过程		设计意图
教师活动	学生活动	
一、学习准备（5分钟） 1. 课堂常规要求 师：小朋友们请坐好！现在上美工课，请小脚并拢，小手放在腿上，眼睛看向刘老师，我们一起来上美工课。上课时请保持安静，发言请举手。	回答教师的问题，以填空的方式和老师一起学习规则。	结构化教学策略：针对孤独症儿童视觉学习优先的特点，将课堂规则和一节课流程贴出来，给学生充足的活动预设时间。
2. 师生问好 师：小朋友们下午好！下面请点到名字的小朋友大声答到。 师：PYY下午好！／WZW下午好！ 请小朋友们回头跟宋老师问好。	宋老师辅助WZW，不回应时半肢体辅助提示；语言辅助PYY问好。	
二、学习新课（20分钟） 1. 游戏导入（2分钟） 师：小朋友们，六一儿童节的时候我们一起做过“乒乓球过山洞”的游戏，小朋友们吹乒乓球都特别厉害。今天我们就再一起来玩这个游戏。 （三十秒，比赛谁吹进山洞的乒乓球多）	安静等待轮流跟老师问好。	图片导入，直接刺激，吸引学生注意力。
老师小结：小朋友们都会用嘴巴吹气，都很厉害！小朋友们都会用嘴巴吹乒乓球了，老师今天带了一个新的工具（出示吸管），请小朋友命名吸管。下面我们一起来试试用吸管来吹乒乓球，试试看能不能用吸管吹动乒乓球。	认真看老师范画作品。	
（教师示范，小朋友分别尝试）	模仿动作鼓起嘴巴吹气。	

续表

<table>
<tr>
<td>教师小结：小朋友们都太棒了，都可以用吸管吹气让乒乓球动起来。吸管不仅可以吹乒乓球，还可以做吸管吹画。
2. 看视频示范（2分钟）
师：如何做吸管吹画呢？下面请小朋友看一个视频。
3. 教师介绍所需要的美工材料和工具（2分钟）
师：老师是用吸管吹颜料水吹出来的图案。我们做吸管吹画需要用到的材料有吸管、颜料水和画纸。
4. 教师示范吹画方法，教授工具的使用方法以及注意事项（2分钟）
师：做吸管吹画第一步是拿吸管，第二步是取颜料，将颜料水倒在纸上，第三步是吹颜料水。嘴巴轻轻放在吸管上，对准颜料水用力吹气。注意要鼓起嘴巴用力吹。
5. 幼儿自主尝试（2分钟）
师：下面请小朋友模仿老师的做法，在画纸上尝试用吸管做吹画练习。老师给坐好的小朋友分发画纸。
（提示小朋友取颜料要小心，吹气时对准颜料水用力吹）
教师收取画纸，对幼儿的尝试进行评价小结。
6. 图片导入主题创作（1分钟）
师：今天老师吹画做出了什么美术作品？小朋友们请看大屏幕——蔚蓝的大海上有卷起的浪花，浪花上还有叔叔在冲浪！</td>
<td>宋老师语言辅助小朋友吹乒乓球，老师将乒乓球放在轨道上
认真观看视频示范。
听老师讲话，在提示下与老师有眼神对视。
WZW独立命名吸管；PYY如果做不到命名吸管，辅助老师要及时给予辅助；WZW注意力不集中，需辅助老师及时提醒。
辅助老师提示步骤，强调鼓起嘴巴用力吹；
语言辅助逐渐撤退；
辅助老师引导WZW和PYY提“我要画纸”的要求。</td>
<td>设计前备技能的练习，为后面学习吹画的主要技能动作“吹”奠定基础。
设计小比赛形式，提高学生的竞赛意识及社交能力。
视频示范法已被证实是有效教授技能的方式，对学生吸引力大，教授效果较好。
现场示范，强化吹画步骤的教学，让学生更直观地学习。</td>
</tr>
</table>

续表

7. 教师出示范例作品，师生共同欣赏（1分钟） 师：刘老师觉得浪花很好看，就把浪花用吸管吹到了纸上。小朋友们请看，这是刘老师做好的作品《海上冲浪》，飞扬的浪花，还有冲浪的叔叔。今天我们要做的美术作品就是《海上冲浪》。		自主尝试的过程中，可以让教师了解学生掌握的吹画水平，以便提供更恰当的辅助等级。
8. 幼儿在背景图纸上吹画、创作（9分钟） 师：（出示吹画步骤图）小朋友们我们再来熟悉一下吹画的步骤：第一步是拿吸管，第二步是取颜料，把颜料水倒在纸上，第三步是吹颜料水。嘴巴轻轻放在吸管上，对准颜料水均匀用力吹气。注意要鼓起嘴巴用力吹。 （再次播放示范视频的第三部分以及注意事项） （老师为小朋友分发背景画纸） 师：现在请小朋友用刚刚学会的方法在画纸上吹出好看的浪花吧！ （播放轻音乐，营造良好的创作氛围） （幼儿创作过程中，强调鼓起嘴巴，对准颜料水吹气。鼓励幼儿尝试变化方向进行吹画） 师：请完成的小朋友举手告诉老师。	认真观赏图片。 WZW用填空的方式和老师一起说步骤，PYY用仿说的方式和老师一起说步骤。 提示幼儿吹画要吹在背景图纸上，尽量吹在纸的不同位置；辅助老师可用步骤卡片辅助WZW。 在辅助老师的提示下举手。	自由创作美术作品，让学生感受玩颜料带来的乐趣；练习鼓足嘴巴吹气，提升肺活量，锻炼构音器官。 学生互动活动，提高学生的社交技能，培养好朋友之间互相帮助、团结友爱的意识。
9. 学生互助，练习吹画（1分钟） 师：老师看到WZW小朋友吹出的浪花很少，PYY小朋友已经吹出很多浪花了，下面请PYY小朋友帮WZW吹一朵浪花吧！ （WZW拿着画纸，PYY帮助吹画）	宋老师辅助WZW拿着画纸，语言提示PYY帮助吹画。 引导WZW说“谢谢你”，PYY说“不客气”。	装饰作品，提高学生对艺术美的欣赏能力。

续表

<table>
<tr><td>10. 装饰作品（2分钟）
师：下面请小朋友粘贴作品，贴上冲浪剪影和海鸥，装饰我们的画作。
三、总结课程，整理下课（5分钟）
1. 展示作品，教师评价作品
老师拿着小朋友的作品进行展示介绍，小朋友们共同欣赏。
师：PYY/WZW，这是谁做的？
小朋友们做得很好看，用吸管吹出来好看的浪花。
2. 安全教育，课堂总结
师：小朋友们今天用吸管吹出来好看的浪花，做出了好看的美术作品。假期的时候小朋友可以跟爸爸妈妈一起去海边玩，看真正的大海和浪花，要注意抓紧家长的手注意安全！
今天的美工课上到这里，请小朋友们一起跟刘老师说再见吧！</td><td colspan="2">宋老师辅助WZW粘贴，PYY独立粘贴。
宋老师语言辅助：“这是我做的。”
仿说“要抓紧妈妈的手”。
一起说：“刘老师再见！”</td><td>安全知识教育，让学生有保护自己的意识，知道去海边要抓紧家长的手。</td></tr>
<tr><td>家庭康复作业</td><td colspan="3">A：按照视频练习吹画，和爷爷奶奶一起做一幅吹画“大树”，周三带到学校分享；
B：和爸爸妈妈一起去海边看浪花，在父母帮助下继续练习吹画，做出一幅“浪花”，周三带到学校分享。</td></tr>
<tr><td>教学反思</td><td colspan="3">总体来说，课程环节进展顺利，课堂流程进展在控制之中，较为妥善地处理了学生课程中的情绪问题，但也有需要改进之处：
1. 导入环节吹乒乓球练习吹气，PYY有故意将球吹掉的现象，游戏之前应该注意强调游戏规则，以利于游戏有序进行。
2. 教师示范之前可以先吸引学生注意力，以提高示范效果。
3. 分组练习时，主课老师应该关注全部小朋友，及时调整练习时间。
4. 临近下课，WZW有些情绪，坐不住，应及时用代币强化系统处理，应该提前做更多意外情况的预设，提前加以预防。</td></tr>
</table>

（五）运动游戏

课例一：

学科	运动游戏	班级	果果班
课题	学小螃蟹走（横向走）	教师	孙轲俊
教学内容分析	通过学习，学生基本掌握了小螃蟹走路的动作要领。根据《3—6岁儿童发展指南》的要求，应发展小朋友身体动作协调能力，增强下肢部位力量，增强对双腿灵活的掌握度，以及练习学生的横向移动能力。同时培养学生不怕辛苦、吃苦耐劳精神，培养学生热爱运动的良好品质。		
学情分析	班级内的5名学生可以分为两个层次：NJX、RTS、CZH为A类生。NJX虽然能力不错，但注意力很难集中，无法快速进入上课学习的状态，需通过不断地语言提醒才能进入课程，需要辅助老师多加关注。RTS动作模仿比较不错，但情绪不稳定，需要不断进行强化，可以进行提前沟通。上课过程中过于散漫，需要改善其情绪的控制能力。CZH的肌张力过高，导致运动能力偏弱。积极性很高，可以多做示范、展示。A类三位同学已经了解了螃蟹走路的姿势，可以在练习时多做示范。WYT、WHY为B类生。WYT的注意力不够集中，对于热身、课堂常规等内容，学习起来较慢且很少会跟随做，需要辅助。WHY的运动能力较差，有单侧视力的弱视，体格过胖，感统失调。		
集体教学目标	知识与技能目标：全体学生基本可以理解小螃蟹走路的姿势。 过程与方法目标：发展学生身体协调能力和灵活性，增强粗大运动能力与身体下肢力量的发展。 情感态度与价值观目标：加强学生之间的互动，发展学生的合作运动能力，同时令学生喜欢运动，使学生更有动机去参与练习。		
教育康复分层目标	A类：NJX、RTS、CZH。 B类：WYT、WHY。 A类同学在这个动作上要求通过导入能够理解和学习小螃蟹走，学习小螃蟹走的同时能够双人配合动作进行横向走，要求动作规范，根据老师的指令能够控制自己的移动方向。注重加强身体的协调能力与核心肌力。 B类同学对指令方面需要先进行强化。WHY对指令可以做出正确的动作，可是无法保持指令的要求；WYT关注度不高，很难接收到集体指令，需要辅助老师多进行语言提醒。		
教学重点	理解并掌握小螃蟹走路姿势的技巧。		
教学难点	两人协调一致侧身走。		

续表

<table>
<tr><td rowspan="2">教学准备</td><td>教师</td><td colspan="3">强化小卡片、若干障碍帽、活动音乐、教师辅助准备。</td></tr>
<tr><td>学生</td><td colspan="3">着装合理，检查口袋里是否有尖锐物品。</td></tr>
<tr><td colspan="4">教学过程</td><td rowspan="2">设计意图</td></tr>
<tr><td colspan="3">教师活动</td><td>学生活动</td></tr>
<tr><td colspan="3">一、课堂常规
1. 集合整队
师：小朋友们，我们现在要开始上运动课啦。全体队员听我口令：“稍息，立正。”××小朋友做得很好，给你一朵小黄花的奖励。（对于指令反应正确的学生，快速地给予奖励）
2. 问好
师：现在老师要来看一看，今天都有哪些小朋友来上课啦。点到名字的小朋友要回答“到”。（对表现好的学生及时奖励强化）
3. 讲规则
师：在上课之前老师要先讲一下规则，在老师讲话时眼睛要看老师，上课的时候要双脚站在白线上，双手放在裤子两边，保持安静。
4. 准备活动做热身操
师：讲完规则，大家集合站好，老师示范动作。下面老师带领大家一起跟随音乐做做操。（播放《勇往直前进行曲》）
5. 小结
师：热身结束，集合站好。××小朋友做得很棒，给你一朵小黄花的奖励，把它贴到你的姓名下面。当你集齐四朵小黄花的时候就可以得到小奖励了。</td><td>一、
1. 学生按要求站好。
2. 学生眼睛看着老师答到。
3. 学生模仿稍息、立正。
4. 双脚站在白线上，双手放在裤子两边，保持安静。
（稍息立正的流程：
师：稍息
生：稍息
师：立正
生：一二）
二、组织
▽ ▽
××××
▲
学生：×
主课老师：▲
辅课老师：▽
辅助等级：CZH、WHY、RTS半辅，语言提示即可；NJX、WYT半辅，需要简单肢体辅助。</td><td>进一步强化学生的规则意识。
练习稍息、立正，形成运动课行为规范。

准备活动中，利用踏步走、加速跑的切换来进行热身，激活下肢肌肉。</td></tr>
</table>

续表

二、视频导入、示范练习（5分钟） 1. 导入（1分钟） （需要提前准备好关于螃蟹横着走路的小视频） 师：热身结束，我们先来看一下视频。（观看视频）我们一起来玩一个小游戏，游戏的名字叫作“小螃蟹走”。小螃蟹是怎么走路的呢？对了，是这样横着走路的。那么跟着老师，我们一起学着小螃蟹的走路方法，走一走。好，跟上老师出发。（做出小螃蟹蟹螯剪一剪的动作） 2. 模仿练习 （1）老师示范（2分钟） 师：首先，大家跟孙老师一起学一学小螃蟹走路的动作，向侧面迈出一步，马上下一步向侧面移动一步，大家做得都很棒。下面孙老师先给大家做一个示范。（主课老师边做动作示范边讲解动作） （2）学生示范（2分钟） 师：大家很安静地等待，我要给表现好的小朋友奖励一朵小黄花。现在我们请小朋友来示范。谁站好了？好，下面先××来和老师一起示范。（示范结束） 师：××做得非常好，大家一起掌声鼓励一下。我也要给××奖励一朵小黄花。	学生可以在主课老师的辅助下积极参与课堂学习，听指令，完成主课教师设置的内容。 二、组织 ▽ ▽ ×××× ▲ 学生：× 主课老师：▲ 辅课老师：▽ 三、学生观看老师示范，在自己做游戏的过程中要注意安全。	老师进行示范，要求学生眼睛看老师，在学生关注力较高时进行讲解。

续表

三、双人合作螃蟹步（12分钟） 1. 师：下面和老师一起学习小螃蟹走路的样子。听我口令：稍息，立正，小朋友们两人为一组，背靠背，两臂侧平举，两手相握，模仿螃蟹横着走，一个接着一个快速让过呼啦圈。停，好，练习结束。（结束前1分钟可以大声向学生说明） 2. 分组进行 （提前与班主任沟通好，分NJX与WYT为A组。A组由辅助老师带队，在半辅的情况下双人协调前进） 师：都学会了吗？我们现在分一分组，看一下哪位小朋友做得又快又好。下面辅课老师带领NJX和WYT一块练。加油，小朋友们太棒了。 （WHY、RTS和CZH为B组，由主课老师带队，WHY先自己做螃蟹步，RTS与CZH可以进行双人协调螃蟹步前进） 师：时间到，集合站好。（结束前1分钟可以大声向学生说明） 老师小结：刚才××和××两个人配合做得非常好，我要奖励你们每个人一朵小黄花。 （询问辅课老师两位小朋友的表现，并根据表现给予奖励） 展示环节（2分钟） （检验孩子们的练习情况，然后给予奖励）	四、组织 ▽　▽ ×××× ▲ 学生：× 主课老师：▲ 辅课老师：▽ 学生示范 ▽▽ ××× × ▲ 学生：× 主课老师：▲ 辅课老师：▽ 集体练习 ▽　▽ ×××× ▲ 学生：× 主课老师：▲ 辅课老师：▽ 学生的辅助等级：CZH、RTS、NJX、WHY半辅，语言提示即可；WYT半辅，有时需要简单肢体辅助。 分组练习 ▽▽ ×× ▼ ××	分步骤进行练习教学，更有利于让学生掌握。让学生先掌握前备技能，再主动参与到游戏中来。 根据学生的具体能力情况进行分组练习，减少等待时间，防止问题情绪爆发。分组练习更方便老师进行指导。

续表

<table>
<tr><td colspan="2">师：刚才几位同学练习得非常好，下面我们请同学上来展示一下。看看谁先快速举起小手，××和×××同学你们先来。（展示结束）好，两位同学表现得很不错，大家掌声鼓励一下。
四、音乐放松操（3分钟）
师：刚才大家表现得都很好，下面老师带领大家一起跟随音乐做做操，我们放松一下。（播放音乐《雪绒花》）
（对于表现比较好的学生，给予小黄花奖励，并强化。）
五、总结（2分钟）
集合站好队，稍息立正，对课上表现好的孩子进行表扬，并对集齐四朵小黄花的同学给予奖励。
老师宣布下课，引导学生说“老师再见”。</td><td>学生：×
主课老师：▼
辅课老师：▽
分组场地安排：
A组：篮球场地中线以西场地
B组：篮球场地中线以东场地
学生的辅助等级同集体练习。
五、学生可以在辅助教师的辅助下进行放松活动。排队离开活动室。</td><td></td></tr>
<tr><td>家庭康复指导</td><td colspan="3">A组：
1. 沿线直线走练习；
2. 沿线横向走练习；
3. 开合跳练习（每组10—15次，练习3—5组）。
B组：
1. 沿线直线走练习；
2. 沿线横向走练习；
3. 蹲起练习（每组8—10次，练习3—5组）。</td></tr>
<tr><td>教学反思</td><td colspan="3">课堂中出现的问题有：重难点体现不强，康复任务体现不强，分层目标不明确；奖励、强化间隔时间太长，需要加强强化力度；热身环节的语言不够标准，多次重复叫同一个人名，应当叫完人名后，让辅助老师进行配合；没有进行举过头顶的提前示范；教具准备不充分，平板电脑临场出现问题，无法开机。</td></tr>
</table>

课例二：

学科	运动游戏	班级	果果班
课题	游戏——小兔子跳跳	教师	孙轲俊
教学内容分析	根据《3—6岁儿童发展指南》设计本教学内容。在学生已学习原地双脚跳的基础上，进一步教授行进间双脚跳，发展学生身体动作协调能力，加强腿部力量，将行进间双脚跳应用到游戏中，提高学生听指令的能力，树立规则意识，培养反应能力，增强运动趣味性。同时锻炼学生不怕辛苦、吃苦耐劳精神，培养学生热爱运动的良好品质。		
学情分析	班级内的5名学生可以分为三个层次：RTS、CZH为A类生，WHY为B类生，WYT、NJX为C类生。 A类生：A类两位同学可以听从课堂基本指令，在练习时可以给其他同学做示范。RTS在动作模仿方面比较好，情绪不稳定，但可以提前进行沟通；上课过程中纪律散漫，需要经常提醒或强化。CZH的肌张力过高，导致其运动能力偏弱；上课积极性较高，可以多做示范、展示。 B类生：WHY，模仿能力较好，但其单侧眼睛弱视、体型偏胖，导致感统失调，需要语言提醒与强化，且其动作较为迟缓，运动能力较差，需要较多的语言提醒。 C类生：C类同学需要辅助老师多加关注。NJX运动能力不错，但注意力很难集中，上课时无法快速进入学习状态，需辅助老师不断地进行语言提醒。WYT的注意力不够集中，对于集体指令几乎没有反应，课堂上很少会主动跟随做动作，需要辅助。		
集体教学目标	知识与技能目标：全体学生基本可以遵守课堂常规，学习并基本掌握行进间双脚跳跃。 过程与方法目标：通过学习行进间双脚跳跃，并应用到游戏练习中，发展学生下肢力量，增强粗大运动能力，发展身体协调能力。 情感态度与价值观目标：在游戏过程中学生之间友好互动，发展其合作运动能力；培养学生热爱运动的品质，提高其参与运动的动机。 康复目标：通过学习游戏规则，使学生提高听从指令的能力，培养起规则意识；通过游戏练习提高学生身体协调能力，改善身体运动能力不足的状况。		
教育康复分层目标	A类同学RTS、CZH遵守课堂常规，可以独立并准确做到行进间双脚跳跃，连续跳跃三次以上；可以基本理解小兔子过河的游戏规则，简单地进行生生互动。 B类同学WHY可以进行行进间双脚不连续跳跃，可在语言提示及简单的肢体辅助下进行跳跃；指令方面，能够完成在提示下保持指令的要求；在语言提示下可以做出课堂常规指令的相应动作，稍息立正、向左右转等，要求动作规范。		

续表

<table>
<tr><td colspan="2">教育康复分层目标</td><td colspan="3">C类同学WYT、NJX要求基本遵守课堂常规，在语言辅助下做到行进间双脚跳跃，基本理解小兔子过河的游戏规则，可以简单地进行生生互动。WYT在辅助下能学习动作，能参与游戏。</td></tr>
<tr><td colspan="2">教学重点</td><td colspan="3">理解并能进行行进间双腿跳跃。</td></tr>
<tr><td colspan="2">教学难点</td><td colspan="3">保持动作标准、连续有力。</td></tr>
<tr><td rowspan="2">教学准备</td><td>教师</td><td colspan="3">强化小卡片、若干障碍帽、活动音乐、地面直线、教师辅助准备等。</td></tr>
<tr><td>学生</td><td colspan="3">着装合理，检查口袋里是否有尖锐物品。</td></tr>
<tr><td colspan="4">教学过程</td><td rowspan="2">设计意图</td></tr>
<tr><td colspan="3">教师活动</td><td>学生活动</td></tr>
<tr><td colspan="3">一、课堂常规
1. 集合整队
师：小朋友们，我们现在要开始上运动课啦。全体队员听我口令：“稍息，立正。”
2. 问好
师：小朋友们上午好。（学生回答：“孙老师上午好。”）
3. 讲规则
师：老师讲话时小朋友们眼睛要看老师，上课的时候要双脚站在白线上，双手放在裤子两边，保持安静。当同学们集齐四辆小汽车的时候就可以有小奖励啦。
师：××同学站得很标准，老师要给他奖励一辆小汽车。××回答得很清脆、主动，老师也要奖励。
4. 准备活动——热身操
集合站好，眼睛看老师，放音乐《勇往直前进行曲》。</td><td>一、要求
1. 集合时做到快速有序，在语言提示下能准确找到自己的位置。
2. 学生眼睛看着老师答到。
3. 学生问好和答道时声音洪亮且清晰。
二、组织
▼
× × × × ×
△
学生：×
主课老师：▼
辅课老师：△
重点辅助对象：WYT、NJX。</td><td>学生可以依靠识别数字与地面标志进行站位。
进一步强化学生的规则意识。
准备活动中，利用踏步走、加速跑的切换来进行热身，激活下肢肌肉。</td></tr>
</table>

续表

师：下面老师带领大家一起跟随音乐做做操，动起来，先原地踏步走，再齐步走。首先双手摆起来，踏步走。（两圈） 看老师跑起来吧，加快速度。（两圈） （最后喊口令快慢交替，回到自己的位置上站好） 5. 小结 ××小朋友做得很棒，给你一辆小汽车的奖励。（××能自己主动做好热身，并且跑得很快，把它贴到你的姓名下面） 二、巩固练习、新授内容 1. 巩固练习前备技能 （1）巩固练习 师：同学们，这节课大家跟着孙老师继续来学习跳跃运动，相信同学们已经基本掌握原地双脚跳的方法。同学们下面先跟老师练习一下原地双脚跳吧。同学们听老师口令，当老师喊1的时候同学们跟老师做半蹲（教师示范），喊2的时候跟老师用力地跳起来，看看谁跳得高。 （教师边喊口令边做示范，学生进行跟做） 师：××同学注意，我们要求双脚跳起，1蹲下，2高高地跳起来。要膝盖弯曲。（进行点评） 师：同学们都基本学会啦，下面跟着孙老师再来一起做十次，1、2、3、4…… 师：好啦，十次做完的同学举手，向老师示意一下。	一、要求 学生可以在主课老师的辅助下积极参与课堂，听指令，完成主课教师设置的内容。 二、组织 ▼ × × × × × △ 学生：× 主课老师：▼ 辅课老师：△	行进间双脚跳跃的前备技能是原地双脚跳（训练下肢力量）。老师首先带领学生练习原地双脚跳，巩固原地双脚跳技巧。喊1的时候半蹲，喊2的时候用力跳起来。做到有针对性的练习。

续表

（2）小结（2分钟） 师：大家很认真地跟着老师一起在做，我要给表现好的小朋友奖励一辆小汽车。因为×××同学太棒了，是第一个做完的，而且自己数到十次就停下，奖励给你一辆小汽车。××同学认真地跟着老师做，动作也很标准，我也要给××奖励一辆小汽车。 2. 引导掌握新知 （1）视频导入 集合站好，观看视频。 （2）动作示范 （老师进行示范，教给学生正确的行进间双脚跳动作技术：双腿弯曲半蹲，膝盖角度大于90度小于180度，身体保持平衡，向前跳起） 师：下面老师想带同学们看一段小视频。（观看视频）视频看完了，同学们知道小兔子是如何前进的吗? 生： 向前双脚跳。 师：小兔子蹦蹦跳跳向前跑，十分可爱。下面孙老师教给大家向前双脚跳，看清楚老师是怎么做的。首先我们要站在起点位置，一蹲下，二向前跳，一二、一二。注意双脚要同时跳起来，同时落地。 3. 分组练习 师：下面我们分成两组进行练习，首先WHY、CZH和孙老师一组，站到绿色的三角形标志点上。NJX、WYT、RTS和郭老师一组，站到黄色的三角形标志点上。预备——开始练习。（不用排队，练习一到两组）	一、要求 学生观看视频，站在标志点处，辅助立正站好。 二、组织 ▼ × × × × × △ 学生：× 主课老师：▼ 辅课老师：△ 一、要求 学生观看老师示范，在自己做游戏的过程中注意安全。 二、组织 示范： ▼ × × × × × △ 练习： ▼ × ×|===| × × ×|===| △ 学生：× 主课老师：▼ 辅课老师：△	活动中，完成举手示意环节，培养学生的规则意识，让学生更好地感受完成任务的喜悦，增强学生参与运动的动机。 教授游戏，通过小兔子跳跳跳视频进行导入，让学生充分理解并能够模仿小兔子进行游戏。

续表

师：双脚跳回来的小朋友请回到自己的标志点上站好。××同学动作很标准，跳跃时，全程都双脚跳跃前进，做得很好。 4. 游戏导入 师：同学们已经能像小兔子一样双脚向前跳了，那么小兔子喜欢吃什么呀？对了，胡萝卜。所以今天啊同学和老师做一个游戏，像一只小兔子蹦蹦跳跳一样拿胡萝卜。我们要学小兔子，双脚连续跳跃前进。 5. 游戏教授 师：怎么玩游戏呢？大家看老师示范一下。听我口令向后转，眼睛看老师。 师：首先我们站到起点上，听老师口令，预备，出发。注意，我们要双脚同时离地，像小兔子一样向前跳。到达预设地点后在地上捡起一个胡萝卜，再连续跳回来，将胡萝卜放到竹筐里，再排队站好。拿回胡萝卜的同学可以得到一辆小汽车的奖励。 6. 游戏练习 师：下面还是分为两组，WHY、CZH和孙老师一组站到绿色的三角形中，NJX、RTS、WYT和郭老师为一组站到黄色的三角形中。准备好了吗？（不排队跳跃）辅助老师带领学生完成后请举手示意。 师：停，练习结束。刚才郭老师和孙老师分别带着同学们帮助小兔子拿胡萝卜，×××同学快速地拿到了胡萝卜，并且动作也很标准，孙老师要奖励给他一辆小汽车。	A组由主课老师带队，要求可以做到在语言提示下双脚跳跃前进，不要求能够一直连续跳跃前进。B组要求可以做到双脚连续跳跃前进。（每人跳一个来回）	让学生掌握本节课授课内容的前备技能，再主动参与到游戏中。 先进行分组练习，以减少学生等待的时间，降低问题情绪发生的频率。

续表

7. 合作比赛 师：同学们都熟悉了游戏规则，能像小兔子一样连续跳着去拿胡萝卜了。下面我们分两组来进行合作游戏。看一看哪一组的同学最先完成拿胡萝卜的任务。老师要提醒同学们沿着地上的线，像小兔子一样双脚跳跃前进。 师：希望同学们注意安全，沿着地上的线跳跃前进，听老师的口令：预备，开始！ 一、二、一、二、一、二，加油。 （每个同学来回一趟就结束，回到自己的标志点上站好，等待另一支队伍结束，等待时可以喊加油） 师：××队伍获得了胜利，××队伍还需要加油。 （老师奖励××同学一辆小汽车。） 三、放松练习 1. 集合站好 （组织学生集合在标志点站好） 师：听我的口令，稍息，立正，小手放在裤子两边站好，眼睛看老师。好了，最后听音乐跟着老师一起做一做放松动作。 2. 放松操 注意每个学生的柔韧性，有针对性地进行不同程度的拉伸练习。（播放音乐《雪绒花》） 师：抖一抖双手，拍一拍胳膊，拍一拍双腿。 师：拉伸一下，摸摸小脚，最后坚持10秒钟。	学生可以在辅助教师的辅助下进行放松活动。	

续表

<table>
<tr><td colspan="2">四、总结，收拾器材
师：同学们听我口令，稍息，立正。今天××同学获得的小汽车最多，老师提出表扬，回班后可以和郭老师换取奖励；××同学也得到一辆小汽车，也可以换取奖励；××同学同样获得了一辆小汽车，还差一个就可以换取奖励了，下节课多多努力！
师：好了同学们，这节运动课到这里就要下课了，同学们再见！（学生：老师再见！）听我口令：举起你的左手向左转，排好队伍回班。</td><td></td><td>通过简单的比赛形式，使学生获得胜利的喜悦，提高对于运动的喜爱。更好地通过游戏方式掌握行进间的双脚跳跃。</td></tr>
<tr><td>家庭康复指导</td><td colspan="3">CZH、RTS作业：
1. 练习原地连续双脚跳15×4组；
2. 练习行进间双脚跳10×4组，要求动作做完整。
NJX、WYT作业：
1. 练习原地连续双脚跳12×4组；
2. 练习行进间双脚跳8×4组，要求动作做完整。
WHY作业：
1. 练习原地连续双脚跳10×4组；
2. 练习行进间双脚跳8×4组。
※WHY可以不提具体要求，但要求动作标准，重点加强下肢力量。</td></tr>
<tr><td>教学反思</td><td colspan="3">本节课NJX出现了问题情绪，抗拒继续练习，课堂控制方面要更多地学习与反思。问题发生后，需要快速处理好，及时与辅助老师进行沟通，可以先由辅助老师进行干预。</td></tr>
<tr><td>教学反思</td><td colspan="3">课堂节奏应有起有伏，以突出一节课的重难点；口令应更清晰、有力。</td></tr>
</table>

二、义务教育第一学段教学课例

学校义务教育第一学段集体课主要有生活语文、生活数学、生活适应、美术手工、音乐律动、运动健康和情绪管理，各学科相互渗透，互为补充，在缺陷补偿的同时，更加关注孤独症学生的优势与潜能。创设生态课堂和生态化学习环境，是义务教育学段课程体系中的主要组织形式。本节选取了各个领域几篇比较有代表性的集体课教学课例，其中，个性化的分层目标，与学生个人生活密切联系的教学内容设计，是义务教育学段集体课较为突出的特点。

（一）生活语文

学科	生活语文	班级	一年级2班
课题	拼音X—01	教师	邵秀筠
教学内容分析	本节课的教学内容是《拼音X》的第一课时，x是拼音jqx组的最后一个拼音。通过以往的拼音教学，学生已经基本了解了拼音学习的教学流程。结合学生的实际水平，本节课主要是带领同学一起认读、拼读x，通过“听读拼音”“认识音型”“音节拼读”“书写拼音”等环节，促进学生对拼音x的认识。学习拼音最主要的是拼音的应用，如何让儿童理解并运用拼音，这既是重点内容，也是难点内容。本节课主要围绕“我会听”“我会读”“我会写”“我会拼”四个环节进行，深化对x的认识。		
学情分析	本班一共有6名同学，学生间能力差异较大。WZH、SHF在拼音学习中接受度较高，且已具备认读拼音和拼音节的能力；JJY具备一定的认字和书写能力，课堂配合度较好，参与度较高，但拼音的掌握情况不太好，理解能力有限；XZZ具备一定的书写能力，理解能力较好，但课堂参与度较差，拼音发音音准较差；NSS、ZT握笔书写能力差，没有拼音学习的基础，课堂知识接受度较低。结合学生的能力发展水平和日常语文学习的情绪表现，现将学生大致分为3组，其中A组：WZH、SHF，拼音学习接受度较高，基本能够完成课堂学习内容；B组：XZZ、JJY，具备一定的拼音学习能力，在辅助下能够正确地认识、拼读拼音，XZZ的侧重点在于强化课堂的参与度，JJY需要反复练习以促进记忆；C组：ZT、NSS，需要降低课堂难度，在拼音学习中需要大量辅助，其中ZT的语言表达能力有限，需强调形音的变化。		
集体教学目标	知识与技能目标：会读声母x，能认字形，能书空，能了解x的拼读。 过程与方法目标：在朗读中掌握齐读、轮流读、书空等学习方法。 情感态度与价值观目标：学生能够参与课堂，建立学生的课堂和集体概念，感受集体氛围。		
教育康复分层目标	康复目标：通过读拼音矫正发音、口型，建立集体指令。 分层目标： A组：能够认读拼音 x，能够学会读音、书空，完成课堂90%以上活动。 B组：能够跟读拼音x、模仿书空音型x，完成课堂70%以上活动。 C组：能够遵守课堂纪律，保持安坐、安静，能仿说x，能根据读音指认拼音，参与课堂活动。		

续表

<table>
<tr><td colspan="2">教学重点</td><td colspan="3">认读拼音 x。</td></tr>
<tr><td colspan="2">教学难点</td><td colspan="3">拼音x的拼读。</td></tr>
<tr><td rowspan="2">教学准备</td><td>教师</td><td colspan="3">《拼音X》的课件、代币、强化物、x的学具。</td></tr>
<tr><td>学生</td><td colspan="3">前备技能：对拼音有初步的感知力，提前进行预习；课堂上能够安坐，有一定课堂注意力。</td></tr>
<tr><td colspan="4">教学过程</td><td rowspan="2">设计意图</td></tr>
<tr><td colspan="3">教师活动</td><td>学生活动</td></tr>
<tr><td colspan="3">一、学习准备
1. 认识课堂名称（0.5分钟）
师：我们要上——
（展示课程图片，引导学生回答）
2. 师生问好（0.5分钟）
师：上课!
值日班长：起立!
生（全体）：老师好!
师：同学们好！请坐。
3. 课堂常规要求（0.5分钟）
师：我们一起看课堂常规——
坐好手放好，眼睛看老师，保持安静，举手回答问题。
二、拼音复习：读卡片（3分钟）
教学内容：本环节采用闪卡的形式，向学生呈现卡片，每个同学呈现1—2张，换下一个同学，继续读卡片内容，轮到谁，谁来读。
师：同学们，看，我们今天的第一项内容是读卡片，要求轮流读，谁想先开始?
（老师展示图片，学生来读，老师综合评价并奖励）</td><td>学生回答：“语文课。”

学生看课堂常规。

学生轮流读卡。
A组：自己读。
B组和NSS：等待两秒提示。
ZT：仿说。</td><td>明确所学科目，明确与强化课堂常规。

复习环节：以随机出现的闪卡的形式，对之前所学的拼音进行快速再现和读音记忆提取，复习巩固所学拼音。</td></tr>
</table>

续表

<table>
<tr>
<td>三、学习新课
师：读完卡片，我们来学拼音。
环节一：我会听、我会读（5分钟）
教学内容：学生认读拼音x，通过齐读、开小火车读、分组读的方式练习x的读音。
师：同学们看，这里有一个——
师：我们今天学习的拼音就藏在这个西瓜里，大家看。
师：保持安静，听这个拼音怎么读?
（视频泛读）
师：刚才听了老师读，现在请同学们跟老师来齐读，预备起！x——
（学生根据老师发出的指令，齐读3遍）
师：刚才是齐读，现在老师来开小火车读。
（老师走到同学面前，进行发音的纠正）
师：刚才小火车开得不错，接下来我们分小组来读，每个组的三位同学一起读，另一组要安静地听。
（先请一组的同学读，二组的同学听，然后交替）
（分组读后由一、二组齐读）
环节二：我会找（6分钟）
游戏一：
（学生到大屏幕前找一找带有x的拼音和图片，读拼音并命名图片）</td>
<td>学生填空：“西瓜。”
学生练习齐读、开小火车读：
A组：独立读。
B组：给予2秒等待，在辅助下读。
C组：跟读x。
学生分组读。
x的区辨练习：
学生指认x并读出x。</td>
<td>新授环节一：
拼音的认读是学习拼音的重要环节，采用多种认读的方式帮助学生逐步加深拼音x的记忆，避免一种读的方式带来的枯燥性。
示范读：采用视频的方式发现，学生对真人的关注度弱于视频，视频学习能吸引学生的注意，也能突出口型。
小火车读：课堂激趣，师生1对1的读，更能把握每个学生的情况。
小组读：集体指令的区辨，齐读组VS等待组，感受小集体的归属感。</td>
</tr>
</table>

续表

能力A组：8/9选1； 能力B组：6/7选1； 能力C组：4选1。 师：现在屏幕上有好多小拼音，我请同学们把带有x的图片找出来，读拼音，说图片，听老师读。 师：j，小鸡。 （教师展示幻灯片图片，学生轮流找一找） 游戏二：我是电脑小能手 （说明：由主教老师和两位辅助老师同时用电脑进行。学生用手指点击键盘上的x，这时电脑屏幕上会显示x的音型，并有x的声音读出） 师：同学们看，这是什么？ 师：现在每个老师都有一台电脑，接下来请两位同学为一组，分别找一找电脑上的x。 （辅助老师和主教老师各自用电脑，和学生一起做x的泛化）	学生回答："电脑。" 学生找出电脑上的x。 A组独立找出。 B组在x的位置范围提示下找出。 C组在准确位置辅助下找出。 学生注意观察； 书写x，辅助老师注意提示。	将拼音x迁移到情境中，根据学生的能力水平，进行辨识练习，进一步巩固加深对拼音的认识。
环节三：我会写（3分钟） 课程内容：学生先通过老师操控幻灯片看x的书写，再通过手指描一描砧板上由图钉扎成的x的形状，感受x的书写。 （用幻灯片展示x的书写） 师：刚才和x做了游戏，你们还记得x是什么样子吗，来看看它怎么写。 师：写x的时候先右斜，再左斜。 （教师操纵幻灯片，学生观察模仿）	把砧板给WZH。 学生轮流读。	将拼音迁移到生活中，增加运用的价值。

续表

师：接下来，同学们两人一组，通过手指感受x的书写。 师：请一位同学发砧板。 （分组进行触觉感知） 环节四：我会拼（6分钟） 师：同学们感受了x的书写，我们再来了解一下x的拼读。 师：同学们眼睛看，老师读。	学生跟读：x- ǐ -x ǐ 。	学生通过书写再记忆x，书空练习有助于培养学生的动作模仿和专注力。 手指描砧板，使学生通过触觉感受x。
师：这是x，这是i，拼在一起读xi。 （老师范读两遍）	C组命名：洗手。	
师：我来看看大家读得怎么样？ （学生轮流读） 师：同学们接着看，这个怎么读呢？（给韵母加了音调变为ǐ） 师：同学看老师是怎么读这个拼音的？读x- ǐ -x ǐ 。 （展示“洗”字） 师：下面请同学们跟老师一起读x- ǐ -x ǐ 。 （师生齐读三遍） 师：老师这里有一张图片，看看在干什么？ 师：拼音x ǐ ，字洗，词语洗手。	x- ǐ -x ǐ 洗，洗手。 A组：自己读。 B组：提示两秒辅助读。 C组：仿说。	本节课只学习一个字（洗）的拼读，以让学生建立音、字、词语之间的联系为目的，并为下节课的学习内容做铺垫。
师：x- ǐ -x ǐ洗，洗手。 师：我请同学来读一读，有没有要展示的？ （同学轮流读） 师：拼读我们先学习到这里，下节课重点练习x的拼读。	学生读拼音挂灯笼。	通过背景音乐、PTT画面营造新年挂灯笼的情景，旨在与生活相结合，增加课堂趣味性，同时结合本组jqx的学习，进行一个简单的小复习。

续表

环节五：一起做游戏（3 分钟） 师：同学们马上要放假过新年了，我们来一起挂灯笼，同学们读对了拼音就可以挂上灯笼了，我来邀请大家一起读。 （jqx和x的拼读练习） 四、小结 1. 知识小结（0.5分钟） 师生总结：今天我们学习了拼音x，回到家后同学们要给自己的爸爸妈妈读一读、写一写拼音x。 2. 整体评价（1分钟） 师：看谁的代币多，课堂表现好的同学下课来找自己喜欢的小粘贴。 下课，同学们再见！	学生下课领取奖励，跟老师说再见。	整节课运用代币机制增加学生动机，结束时集中反馈学生情况。
家庭康复指导	A组：给爸爸妈妈读一读拼音x，至少5遍乘3组，写拼音两行，在手机或电脑上找出、打出拼音x，复习学习过的单韵母及声母拼音。 B组：认识拼音x，看音型读x至少5遍乘3组，书写或描红x，在手机或电脑上找出、打出拼音x，复习学习过的单韵母及声母拼音。 C组：能指读、听指x，5遍乘3组，能够音形配对，在手机或电脑上找出、打出拼音x，复习学习过的单韵母及声母拼音。	

（二）生活数学

学科	生活数学	班级	一年级2班
课题	认识数字5	教师	任文琴
教学内容分析	本节课的内容是认识数字5，让学生将数与量结合起来，真正理解数的概念，能够用数来表达生活中的物品。 同时通过要求学生规范书写数字1—5，让学生继续练习正确的握笔姿势，并且在学生会写的基础上对学生进行更加严格的要求，为今后的书写以及学习运算方法打下基础。		

续表

<table>
<tr><td colspan="2">学情分析</td><td colspan="2">本班共有6名学生。
WZH、SHF：已经初步建立数与量的关系，大概能够理解数量是几的物品就用数字几来表示。在书写方面二人均能够仿写1—10，但是均不规范。
XZZ、JJY、ZHT：能够唱数、点数、仿写1—10，但是书写得不够流畅，且不规范，没有完全建立数与量的关系，在数与物对应时学生能够选对。
NSS：没有建立数与量的关系。能够使用正确的姿势握笔，但是在握笔书写时需要较多辅助才能完成。</td></tr>
<tr><td colspan="2">集体教学目标</td><td colspan="2">知识与技能目标：能够将数字与数量相对应；能够正确且规范地描红5。
过程与方法目标：通过循序渐进的练习，使学生能够正确地进行数与物的对应，同时通过练习，能够正确且规范地描红5。
情感态度与价值观目标：通过让学生较为频繁地举手表达以及教师的鼓励，让学生更加自信、勇敢。
康复目标：通过最后的小游戏增加学生之间的互动，逐步改善学生社交沟通的障碍。</td></tr>
<tr><td colspan="2">教育康复分层目标</td><td colspan="2">SHF、WZH：能够独立将数字与数量相对应，能够正确且较为规范地书写1—5，能够在班集体中安坐20分钟以上。
XZZ、ZHT、JJY：能够在教师的语言提示下或在教师给出选择的情况下将数字与数量相对应，能够独立描红5，能够在班集体中安坐15分钟以上。
NSS：能够在教师的辅助下将数字与数量对应；能够在教师的辅助下正确地描红5；能够在班集体中安坐10分钟以上，并且不出现逃避行为。</td></tr>
<tr><td colspan="2">教学重点</td><td colspan="2">将数字与数量对应。</td></tr>
<tr><td colspan="2">教学难点</td><td colspan="2">描红5。</td></tr>
<tr><td rowspan="2">教学准备</td><td>教师</td><td colspan="2">幻灯片、数字口袋、代币。</td></tr>
<tr><td>学生</td><td colspan="2">无</td></tr>
</table>

<table>
<tr><th colspan="2">教学过程</th><th rowspan="2">设计意图</th></tr>
<tr><th>教师活动</th><th>学生活动</th></tr>
<tr><td>一、学习准备
1. 课堂常规
师：上课。</td><td>一、问好加课堂常规</td><td></td></tr>
</table>

续表

某生：起立。 师：同学们好！ 生：老师好！ 师：请坐。这节课我们要上数学课，上课的时候我们要坐好，眼睛看着老师，不要说话，回答问题要举右手（边说边过视觉提示卡）。 2. 点名问好 师：下面老师要点名字了，点到名字的同学要答到，跟老师击掌。 3. 讲代币规则 （简要说明）	在教师的辅助下说“起立”， 在教师的手势提示下起立， 在教师的辅助下说“老师好”，在辅助教师的辅助下说“到”，独立与教师击掌。	
二、学习新课 环节一：导入 师：今天老师给大家带来了许多数字，它们都在老师的口袋里，谁想来摸一摸，看一看老师都带来了哪几个数字小朋友呢？请勇敢地举起手！（叫5个同学依次拿出1—5，5个数字，教师按顺序将数字贴到黑板上） 师：同学们把数字小朋友都请到了黑板上，那现在我们一起来大声朗读一下吧。	二、学习新课 生：预设有人举手，并在教师的指令下拿出任意数字。 学生齐读1—5。	使用数字口袋导入，增加课堂的趣味性。 通过齐读培养学生的集体意识。
环节二：复习 师：前几节课我们认识了数字1—4，学习了1—4的写法，也知道了有几个物品就可以用数字几来表达。那我们来复习一下，一起来看看图中有几把剪刀？可以用哪一个数字来表达呀？	预设有2人举手，叫举手的人依次回答。	

续表

环节三：新授 （一）认识数字“5” 师：同学们看，老师这里有一张图片，图片上有很多物品，都有些什么呢？老师看到了铅笔，同学们看到了什么呀？请举手回答！ 师：同学们看到了这么多物品，那老师现在要提问了，图中有几支铅笔？（回答后一起看铅笔的图片，共同数）有几块橡皮？有几个练习本？（跟铅笔一样） 铅笔、橡皮、练习本都有5个，数量都是一样的并且都是5个，我们可以用哪个数字来表示呢？同学们知道可以用哪一个数字来表示吗？（教师拿3和5的两张卡片来问学生） 师：对了，我们可以用数字5来表示。（依次或抽几个同学问一下，数量是5的物品可以用数字几来表示） （二）数与量对应 1. 二选一 （两张图片，一张2个物品，一张5个物品，让学生选哪一个用5表示。） 师：同学们看老师这里有两张图片，上面有我们熟悉的物品，哪一张图片上的物品可以用数字5来表示呢？我们用线来连一连。 2. 三选一（步骤同上） 3. 五选一（步骤同上）	预设有同学能够答出或有同学能够举手。 预设有同学能够举手或正确回答。	使用卡片这种入侵性较小的辅助方式对学生进行辅助，尽量给学生少的辅助，避免造成辅助依赖。

续表

（三）连一连 1. 二对二 师：同学们，前几节课，我们学习了1—4，今天我们学习了5，现在我们来练习一下。上面是物品的图片，下面是数字，我们将数与物对应起来。 2. 三对三 3. 五对五 环节四：找朋友 师：同学们刚刚做了很多练习题，现在我们一起做一个找朋友的游戏来放松一下吧。 师：老师先来和一个同学示范一下，请SHF来示范吧！ 师：老师和SHF手里都有卡片，现在老师要先看一看自己手里的卡片，上面写的是3，再看一看SHF的卡片上面画了3个水果，我们两个的卡片是好朋友，我们两个就是好朋友，找到好朋友以后把它们拼在一起，然后两个好朋友就可以抱一抱了！现在老师要给同学们发卡片了。 环节五：拓展 师：刚刚我们学习了数字“5”，现在我们来看一看这个数字“5”是怎么写出来的。（教师出示动图，然后示范） （教师发描红条，让学生描红） 环节六：布置作业 师：今天的课马上就要结束了，老师现在来布置一下作业，回家以后看一看家里有什么物品，数量是几个，想一想可以用数字几来表示。	学生依次进行练习。 SHF示范。 ZHT、JJY、NSS拿数字，其余的拿物品，ZHT、JJY、WZH离座找朋友，其余三人坐在自己的位置上等待同学来找。 教师充分发挥辅助作用。	通过让学生操作大屏幕来吸引学生。 进行连线练习，不仅能够让学生练习本节课的内容，同时也可以锻炼孩子手眼协调的能力。 通过找朋友的游戏促进学生之间的互动。

续表

<table>
<tr><td colspan="2">三、结束教学
师：评价：本节课×××同学表现得很勇敢，得到了×个代币。（总结代币情况，给予相应奖励）
师：同学们这节课就上到这里了，下课！
某生：起立！
师：同学们再见！
生：老师再见！</td><td>三、结束教学
安静地听教师总结。

集体回答：老师再见！（辅助教师语言提示并共同说再见）</td><td></td></tr>
<tr><td>家庭康复指导</td><td colspan="3">1. 进行1—5的数字与数量对应（使用家中常见物品）；
2. 跟父母共同制作数字卡片以及物品卡片，进行数与物的对应小游戏；
3. 练习数字5的描红。</td></tr>
<tr><td>教学反思</td><td colspan="3">本节课的教学目标基本达成，教师节奏较快，学生没有产生问题行为，但在以下两方面还需要进一步完善：
1. 跟辅助老师的沟通需要再及时一些；
2. 教师设计的环节有些多，在最后描红的时候时间有点紧。</td></tr>
</table>

（三）生活适应

<table>
<tr><td>学科</td><td>生活适应</td><td>班级</td><td>一年级2班</td></tr>
<tr><td>课题</td><td>我会讲卫生——洗手</td><td>教师</td><td>包美玲</td></tr>
<tr><td>教学内容分析</td><td colspan="3">洗手是各类传染性疾病常态化防控的最好形式之一，学会并能够正确洗手非常重要。本课题是在校园应对新冠病毒疫情、开学之初做实相关防疫措施的背景下生成的生活课子课题——我会讲卫生。该课题包含的技能点有生活认知：熟悉学校新一日流程、认识学校消毒、清洁设备；生活礼仪：学习与人寒暄问好；生活技能：学习七步洗手法，使用酒精擦拭门把手、柜子等；生活习惯：讲究个人卫生，培养主动参与卫生清洁的意识。开学以后，孩子们回到学校，首要任务就是学习讲卫生，会洗手，避免各类病菌侵袭。
本节课是洗手的第三课时，主要围绕着七步洗手法展开教学活动。学习本课内容可以让学生对七步洗手法有更好的理解，熟悉七步洗手法的方法和步骤，规范洗手流程，养成卫生好习惯，从而提高其生活适应能力。</td></tr>
</table>

续表

<table>
<tr><td colspan="2">学情分析</td><td>JJY、WZH、SHF、ZT动手能力较强；WZH、XZZ参与课堂活动主动性稍差，需要多加引导；NSS生活自理能力相对较弱，常需要老师的肢体辅助；SHF等待忍受力低，需多安抚鼓励，及时关注，预防行为问题发生；ZT口语发音不清晰，需多加训练。
学生对代币系统比较熟悉，可通过使用代币帮助学生建立良好的规则意识。
根据学生实际情况，将学生分为三类，其中NSS为C类，ZT为B类，其他学生为A类。</td></tr>
<tr><td colspan="2">集体教学目标</td><td>知识与技能目标：练习七步洗手法，独立或在教师的辅助下按七步洗手法的正确步骤洗手，复习洗手的完整流程。
过程与方法目标：通过观察，实际操练用七步洗手法洗手。
情感态度与价值观目标：养成勤洗手、讲卫生的好习惯，提高学生健康生活、生活自理的能力，建立自信。</td></tr>
<tr><td colspan="2">教育康复分层目标</td><td>A类：在少语言提示下按七步洗手法洗手。
B类：在少动作示范下按七步洗手法洗手。
C类：在少肢体辅助下按七步洗手法洗手。
康复目标：全体学生都能提高课堂参与度，并提高动手能力和手眼协调的能力。</td></tr>
<tr><td colspan="2">教学重点</td><td>掌握七步洗手法的步骤，正确洗手。</td></tr>
<tr><td colspan="2">教学难点</td><td>按七步洗手法独立洗手，养成良好的洗手习惯。</td></tr>
<tr><td rowspan="2">教学准备</td><td>教师</td><td>课件与实操用品（洗手液、擦手纸、七步洗手法卡片）。</td></tr>
<tr><td>学生</td><td>洗手相关经验：洗手用品认知、手的各个部位、七步洗手法分解动作。</td></tr>
</table>

<table>
<tr><td colspan="2">教学过程</td><td rowspan="2">设计意图</td></tr>
<tr><td>教学环节设计与教师活动</td><td>学生活动</td></tr>
<tr><td>一、课堂规则
师生问好，复习课堂常规。
上课起立问好。
师：这节课，包老师要上什么课？（幻灯片展示“生活适应课”）</td><td>一、课堂规则
师生问好，复习课堂常规</td><td>复习课堂常规：通过视觉提示卡片或教师动作提示，遵守课堂常规，以更好地进行集体教学。</td></tr>
</table>

续表

师：这节课包老师跟同学们一起上生活适应课。本节课我们会一起做手指操、看视频、做游戏，表现好的同学包老师会奖励棒棒卡，得到棒棒卡最多的同学课后可以选自己喜欢的玩具玩哦。同学们加油！ （幻灯片出示活动视觉卡片） 师：我们先来复习课堂常规。 （随时表扬跟随好的学生，并奖励代币棒棒卡。） 师：现在我们来点名。 …… （表扬答到声音洪亮的学生）		提前了解课堂活动，增强预见性，让学生对学习有期待。
二、知识新授 环节一：导入 看图：认一认，说一说 （分别出示手和洗手的图片） 师：同学们都是怎么洗手的？ （徒手做一做洗手的动作） （表扬认真参与的同学） 今年小朋友们都过了一个很长的假期，是因为一种病毒的影响，它就是新冠病毒（出示图片）。 师：在我们身边，时刻都存在着各种各样的病菌，为打败病毒小怪兽，赶走细菌，我们每次都要用“七步洗手法”洗手，这样我们的身体才能棒棒哒。	二、知识新授 环节一：导入命名，ZT仿说。	图片导入洗手主题，让学生了解这节课的主要任务，强化使用七步洗手法洗手的重要性。
环节二：学习七步洗手法 （看视频） 师：下面我们看视频，学习七步洗手法。请同学们坐好，看琪琪姐姐是怎样用七步洗手法洗手的。（播放洗手完整示范视频，复习洗手完整流程）	环节二：学习七步洗手法，观看视频。 B、C类学生仿说；A类学生训练表达。	看视频，对七步洗手法做总体的复习，提醒孩子可以跟着视频一起做动作。 复习洗手的完整流程，提醒注意事项。

续表

师：刚才的视频里，琪琪姐姐示范了完整的洗手流程，我们再一起看看洗手的流程吧。 洗手的时候我们要记得挽袖口，挤洗手液之前要打开水龙头湿湿手；使用七步洗手法把小手搓洗干净；最后，再用清水冲冲手，冲干净，甩三下，一二三，擦擦手。要把手心和手背都擦干净。 （表扬跟随好的学生。做手指操，复习手的各个部位名称）	手指操环节：学生观看老师示范，C类同学在老师辅助下完成。 看视频，练一练。	手指操安排在此处，让学生放松一下，有利于学生参与后面的学习。
师：视频看完了，同学们看得很认真，非常棒。下面请同学们起立，我们一起做手指操。 这是我的手心——搓搓搓； 这是我的手背——搓搓搓； 这是我的指尖——合起来； 这是我的大拇指——藏起来； 这是我的手腕——握起来。 （表扬跟随好的学生，进一步学习七步洗手法）	猜一猜游戏： 观察，A类同学说一说卡片里的动作，B、C类同学找相同的	进一步突出重点：七步洗手法七个步骤的操作。
师：七步洗手法的七个步骤，具体要怎么做呢？请同学们再来看一遍琪琪姐姐的示范视频，同学们可以跟着琪琪姐姐一起做动作。 （播放七步洗手法视频）		以做游戏的方式来突出重点，初步突破难点，熟悉七步洗手法的七个步骤的操作方法。
师：下面猜一猜图片中的动作是七步洗手法中的哪一步？ 第一步：双手合十搓一搓（内）； 第二步：手心手背搓一搓（外）； 第三步：手指交叉揉一揉（夹）； 第四步：手握拳头钻一钻（弓）；		以对七步洗手法排序的方式突出重点，突破难点。首先集体排序，进一步熟悉七步洗手法的顺序和每一步的操作，然后展开分层次教学，根据学生不同情况，以排序来记忆七步洗手法的步骤和顺序。

续表

第五步：大拇指来卷一卷（大）； 第六步：指尖掌心转一转（立）； 第七步：最后手腕别忘了（腕）。 （使用七步洗手法步骤卡片） 三、巩固练习 环节一：排序 （通过卡片排序继续熟悉七步洗手法的步骤） 集体排序： 师：老师和同学手里各有一张卡片，请认真观察自己的卡片，想一想是七步洗手法中的第几步。现在请拿着洗手第一步卡片的同学，上来贴一贴。 第一步：双手合十搓一搓（内）； 第二步：手心手背搓一搓（外）； 第三步：手指交叉揉一揉（夹）； 第四步：手握拳头钻一钻（弓）； 第五步：大拇指来卷一卷（大）； 第六步：指尖掌心转一转（立）； 第七步：最后手腕别忘了（腕）。 （表扬做得好的学生） （自主练习排序，给学生下发独立作业。） 师：请同学们把洗手步骤图片按照七步洗手法的正确顺序排好。	三、巩固练习 环节一：排序 先集体排序，看老师示范贴一贴，然后自己排序。 NSS、ZT对照正确流程图排序，其他学生自己排序。	利用学生成果展示和老师点评的时机，再一次对七步洗手法做梳理，整节课都在突出重点，突破难点，最后进行实践操作。 学习成果与自己的生活联系起来，让孩子养成良好的洗手习惯。

<table>
<tr><td colspan="2">A类学生自己排5步；B类学生自己排3—4步；C类学生参考七步洗手法的正确图示，排3—4步。
环节二：学生展示
师：现在请一位同学上来展示排序成果吧。
（带领孩子们把七步洗手法步骤再梳理一遍）
环节三：洗手实操
师：现在我们一起排队去洗手间洗手了。
（学生排队，前后间距一米，轮流洗手，教师个别指导）
注：辅课老师为学生录制洗手视频。
四、结束课程
1. 课堂小结
师：今天我们练习了七步洗手法，吃饭前、上完厕所后，任何时候我们的小手脏了，都要认真地用七步洗手法把我们的小手洗干净，这样我们就可以远离细菌和病毒啦。
今天×××获得了棒棒卡，很棒，继续努力哦！
2. 师生互道再见。</td><td>环节二：学生展示
把自己贴好的卡片拿到讲堂前展示。
环节三：洗手实操
A类、B类同学看洗手流程图完成洗手过程；C类同学需要肢体辅助。
四、结束课程
小结，互道再见。</td><td></td></tr>
<tr><td>家庭康复指导</td><td colspan="3">A类：在少语言提示下按正确方法练习洗手。
B类：在少动作示范下按正确方法练习洗手。
C类：在少肢体辅助下按正确方法练习洗手。
（注意孩子所学技能生活中的泛化应用）</td></tr>
<tr><td>教学反思</td><td colspan="3">“我会讲卫生——洗手”这一课题共分3个课时，每一个课时都有分步骤的重点讲解，每一次课都会带孩子们熟悉完整的七步洗手法。本节课作为第三课时，是在孩子们已经分别学习了七步洗手法的七步之后的一个融会贯通。二班孩子的整理能力稍差，所以，为孩子们设置分层目标的主要原因是辅助等级上的差异。通过学习，能力较好的孩子在校时基本可以按照七步洗手法的图示提示完成七步洗手，部分孩子在很少的语言或肢体辅助下用七步洗手法洗手，基本达成了既定教学目标。需要注意的是，要通过家庭康复指导帮孩子实现技能的泛化。</td></tr>
</table>

（四）情绪管理

学科	情绪管理	班级	一年级2班
课题	认识高兴的情绪	教师	吕　晶
教学内容分析	孤独症儿童在理解他人与自身的情绪时存在较大的困难，不会根据他人的情绪做出适当的判断和反馈，由此他们更容易出现一些不适当的行为。孤独症儿童的情绪发展具有层次性，因此我们首先要关注他们低层次情绪理解能力的发展。本课从低层次的情绪理解能力出发，在已经能够识别面部表情“笑”以及引发高兴的笑的情绪基础上，通过阅读情绪绘本《我很高兴》，让学生认识高兴时会有哪些表现，什么样的事情会引发高兴的情绪，并通过设置情境和互动游戏，理解和判断他人高兴的情绪。		
学情分析	一年级2班共有学生6名，学生整体发展不太平衡，能力水平发展差异较大，其主要共性表现是主动语言表达能力较弱，情绪状态比较不稳定，不能正确表达需求，因此容易产生情绪行为问题。个别学生的情绪波动较大，在情绪解读和同伴交往上都存在一定程度的障碍。 WZH和SHF在认知和口语认知上能力较强，但在集体指令的执行度上较低，其中SHF在需求无法满足时会出现哭闹、咬人等情绪问题，将这两名学生分为A组；XZZ的认知能力较强，口语认知相比较为欠缺，缺乏主动的语言表达，在情绪上，饿了或困了时由于不能正确表达需求，会出现发脾气的现象，将该生分为B组；JJY、ZT、NSS三名学生的认知和口语认知水平较弱，其中JJY的集体技能较好，但其学习能力较为欠缺，极易产生畏难情绪，遇到困难会打头发脾气，ZT具有一定的个人指令执行度，但其语言发展滞后，无法使用清晰的语言进行表达，NSS的情绪波动较大，产生情绪问题时较难平复，集体技能和指令执行度都较弱，以上三名学生分为C组。		
集体教学目标	知识与技能目标：能够正确识别高兴时的面部表情，理解一个令人高兴的情境——得到喜欢的东西，在该情境下正确判断他人的情绪。 过程与方法目标：通过结构化教学，使用阅读情绪绘本和互动游戏的教学手段，让学生能通过情境判断他人高兴的情绪。 康复目标：提高孤独症儿童对高兴表情的识别能力和对高兴情绪的理解。		
分层教学目标	A组：SHF、WZH。 B组：XZZ。 C组：JJY、ZT、NSS。 A组：能够正确找到高兴的面部表情（卡通六选一）；理解绘本的故事情节和内容（90%注意力）；能够选择他人喜欢的物品予以赠送，并正确判断他人高兴的情绪。 B组：能够正确找到高兴的面部表情（卡通四选一）；大致理解绘本的故事情节和内容（70%注意力）；当他人得到喜欢的物品时，能够正确判断出其高兴的情绪。		

续表

<table>
<tr><td>分层教学目标</td><td colspan="3">C组：能够正确找到高兴的面部表情（真人）；初步理解绘本的故事情节和内容（50%）；能够在指令下选择相应的物品并与同伴产生互动，并能正确选择高兴的表情。</td></tr>
<tr><td>教学重点</td><td colspan="3">在愉快的情境下判断他人高兴的情绪。</td></tr>
<tr><td>教学难点</td><td colspan="3">学生对令人高兴的情境“得到喜欢的物品”的理解。</td></tr>
<tr><td rowspan="2">教学准备</td><td>教师</td><td colspan="2">绘本《乐乐很高兴》电子版、幻灯片、两张表情卡片（高兴和不高兴）、理解什么是喜欢的物品。</td></tr>
<tr><td>学生</td><td colspan="2">具备一定的观察能力和语言表达能力。</td></tr>
<tr><td colspan="3">教学过程</td><td rowspan="2">设计意图</td></tr>
<tr><td colspan="2">教师活动</td><td>学生活动</td></tr>
<tr><td colspan="2">环节一：课前准备
1. 起立问好
要求学生双脚并拢身体站直，齐声问好。
2. 认识情绪课
教师展示情绪课的卡片。
3. 讲规则
配合结构化图片对学生进行课堂规范训练，做好课前准备。
图片：坐好→眼睛看老师→保持安静→举手回答问题。
4. 点名字
教师进行点名，要求点到名字的同学大声答“到”。
5. 讲课堂流程
图片：听儿歌→做练习→读绘本→做游戏。
师：我们首先来听一首儿歌《表情歌》，同学们要注意听儿歌中出现的情绪和表情，还要跟着吕老师一起做动作。老师将根据同学们的表现进行棒棒卡的奖励。</td><td>值日生喊起立，学生在辅助下齐声向老师问好。
学生根据图片图示，按照指令坐好，看老师，保持安静，举手。
学生能够保持注意力，在听到自己的名字后答“到”。
学生看视频听儿歌，并模仿教师做出哈哈笑、跺跺脚、呜呜哭的动作。
NSS、ZT肢体辅助；
其他学生语言提示。</td><td>视觉结构化提示，帮助学生掌握本节课的流程。
以学生最喜欢的音乐形式导入主题，激发学生的学习热情。</td></tr>
</table>

续表

师：我们首先来听一首儿歌《表情歌》，同学们要注意听儿歌中出现的情绪和表情，还要跟着吕老师一起做动作。 （根据表现进行棒棒卡的奖励） 环节二：做练习 （发放学生个人学案练习题，要求学生将笑脸贴在“高兴”的表情下面。） 师：《表情歌》里唱到，我高兴，我高兴，我就哈哈笑。我们高兴的时候会出现“笑”的表情。下面，要让同学们来做几道练习题，一起来复习一下我们前几节课学习的高兴的表情。请同学们将笑脸贴到高兴的表情下面。 （学生正确完成练习后，教师选择1—2张代表性图片，利用投影仪进行讲解，并根据学生完成情况奖励棒棒卡。） 环节三：读绘本 1. 通读绘本 要求：老师读绘本，学生认真看、认真听。 师：下面我们一起来读一本关于“高兴”情绪的绘本，老师来读，同学们要用耳朵认真听，用眼睛认真看。绘本的名字叫《乐乐很高兴》。 （教师读绘本） （总结学生看绘本时的注意力情况，奖励棒棒卡。） 2. 新授知识点 （1）教师讲授，播放绘本中“得到喜欢的物品”的图片。	A组做卡通六选一； B组做卡通四选一； C组做真人四选一。 A组学生用90%的注意力看听绘本，B组学生用70%的注意力看听绘本，C组学生用50%的注意力看听绘本。 辅助老师多对C组学生进行语言辅助。	培养学生独立工作的能力，同时巩固上一课学习的高兴的表情，对学生的掌握情况进行检验，并为接下来的学习做好准备。 用正向行为支持的方法给学生提供目标行为的信号，通过通读绘本，让学生整体感知绘本的内容。

续表

师：同学们，绘本中能让乐乐高兴的事情有很多，其中一件事是“得到了喜欢的东西”。我们每个人在得到一件自己喜欢的东西时，心情都是很高兴的。 （2）教师举例讲授 师：例如，大头儿子喜欢玩具飞机，小头爸爸送给了他一架玩具飞机，他的心情是高兴的。 再如，大头儿子想吃蛋糕，围裙妈妈让他有了蛋糕，他的心情也是高兴的。 （3）学生判断 师：大头儿子喜欢足球，小头爸爸送给他一个足球，他的心情是怎样的？ 生：高兴。 师：大头儿子喜欢吃冰激凌，围裙妈妈给他买了冰激凌吃，他的心情是怎样的？ 生：也是高兴的。 （根据学生表现情况奖励棒棒卡） 环节四：“情绪小侦探”游戏 规则：学生根据屏幕上展示的每个人喜欢的物品，给他人选择礼物，并判断他人得到礼物后的心情。 1. 讲规则 （将各种实物给学生展示，并讲游戏规则） 师：桌子上有很多物品，是同学们喜欢的，每个同学都有自己喜欢的物品，下面我们要给小伙伴选择一件他喜欢的礼物送给他，并说一说他的心情。高兴还是不高兴？（两张表情图片）	A组学生判断出是高兴的心情。 B组、C组学生在A组学生示范后进行判断。	利用学生喜欢的卡通形象，激发学生的兴趣，将所学习的原则加以应用。 使用“思想泡泡”对学生进行初步的心智理论的理解；通过“选礼物”的方式进行实物与图片的配对训练；通过“送礼物”创设生生互动的契机；帮助学生感知和表达自我情绪，同时根据情境判断他人的情绪。

续表

2. 学生进行互动游戏 学生根据屏幕上的提示，选择相应的物品送给小伙伴，得到礼物的学生先表达自己的心情，其他同学判断他的心情是高兴还是不高兴。 （根据学生具体表现奖励棒棒卡） 环节五：课堂总结 同学们今天和老师一起读了《乐乐很高兴》的绘本，还做了一次情绪小侦探，知道了别人的情绪，现在我们对高兴的情绪有了更深入的认识。回家后同学们可以和爸爸妈妈一起读绘本，给爸爸妈妈讲一讲乐乐高兴的故事。 下课。	C组学生为A、B组学生选礼物。根据屏幕上的提示选择正确的物品并送给同伴。 A、B组正确判断得到礼物后是高兴的心情，C组从两张表情图片中指认高兴的表情。 值日生喊起立，学生齐声说再见。	
家庭康复作业	A组：亲子共读绘本《乐乐很高兴》，并说一说什么事情会令人高兴。 B组：亲子共读绘本《乐乐很高兴》，并说一说当得到喜欢的东西时心情是怎样的。 C组：亲子共读绘本《乐乐很高兴》，并找一找书中高兴的表情。	

第二节
晨星生态课程资源

一、生态课程资源开发与设计的原则

1. 一般性与选择性相结合

在课程设置方案中，要尊重学生的教育康复需求，通过一般性课程来满足其生理、心理和社会发展的需求，最大限度地开发其潜能。同时，要通过选择性课程来满足学生的个别化需求，促进其综合素质的发展。

2. 个训课程与集体课程相结合

在课程组织形式上，分为个训课程和集体课程（包括班集体和小组），力求既针对学生的不同障碍特点进行个别化教育训练，满足其个体健康发展的需求，又关注知识传授和学生相互之间的沟通交流，培养其融入集体生活的能力。

3. 生活适应与潜能开发相结合

在课程功能上，强调对学生积极生活态度的养成，注重对学生生活自理能力和社会适应能力的培养与训练，同时关注对学生潜能的开发，培养、发展学生的特长才能。

4. 教育与康复相结合

在课程特色上，针对学生普遍存在的社交沟通障碍、情绪行为问题、刻板行为等，遵循教育规律，应用行为分析技术开展教育，同时注意吸收

现代医学和康复技术新成果，融入物理治疗、言语治疗、情绪行为管理和心理辅导等相关专业知识，促进学生全面健康发展。

5. 传承借鉴与发展创新相结合

在课程开发上，借鉴国内外学前教育、小学教育和特殊教育的先进理论和成功实践，结合学生的身心发展特征和特殊需要，通过探索、总结、发展和创造，不断调整、修改和完善课程，使课程更适合学生和发展的需要。

二、晨星生态课程校本教材

晨星学校目前已开发完成学前孤独症社交沟通、生活自理、美术手工、运动游戏4个领域35本校本教材，义务教育第一学段生活语文、生活数学、情绪管理3门课程6本校本教材，社交故事绘本11本。

社交沟通已开发一阶教材7册，包括《有趣的春天》《我的家乡我的国》《我爱学校我爱家》《我爱爸爸妈妈》《认识四季》《传统节日》《爱劳动的小朋友》；二阶教材7册，包括《有趣的春天》《我是能干的小朋友》《我的家乡我的国》《我爱学校我爱家》《我爱爸爸妈妈》《认识四季》《传统节日》；三阶教材7册，包括《有趣的春天》《我是能干的小朋友》《我的家乡我的国》《我爱学校我爱家》《我爱爸爸妈妈》《认识四季》《传统节日》，另有《环保小卫士》主题绘本。

生活自理系列已开发教材5册，包括《生活适应一阶》《生活适应二阶》《生活适应三阶》《生活常识》《交通安全》。

美术手工系列已开发教材5册，包括《皱纹纸系列》《拓印系列》《涂色系列》《剪贴画系列》《粘贴画系列》。

运动游戏系列已开发教材3册，包括《运动游戏一阶》《运动游戏二阶》《运动游戏三阶》。

义务教育第一学段已开发教材7册，包括《情绪管理一年级上》《情绪管理一年级下》《生活语文一年级上》《生活语文一年级下》《生活数学一年级上》《生活数学一年级上》《社交故事合集》。

1. 学前段教材实例

（1）生活适应教材

生活技能教材包括“我有好习惯”“劳动最光荣”“自己的事情自己做”三部分内容，生活常识教材包括“时令与天气”“我的家庭成员”“为我们服务的人”“我是环保小卫士”“传统节日礼仪”“校园文明礼仪”六部分内容，交通安全教材包括“步行安全篇”和“乘车安全篇”两部分内容。

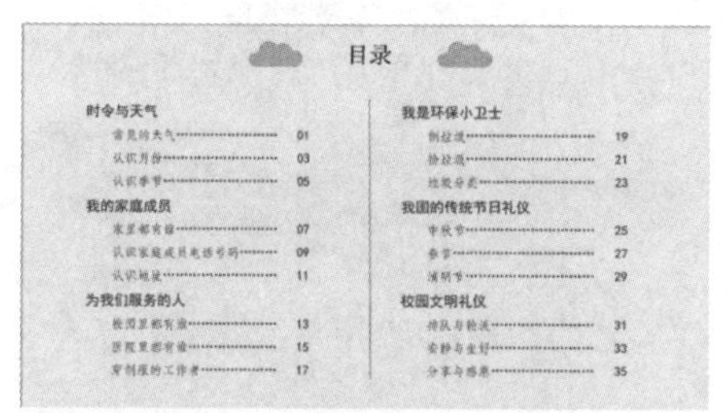

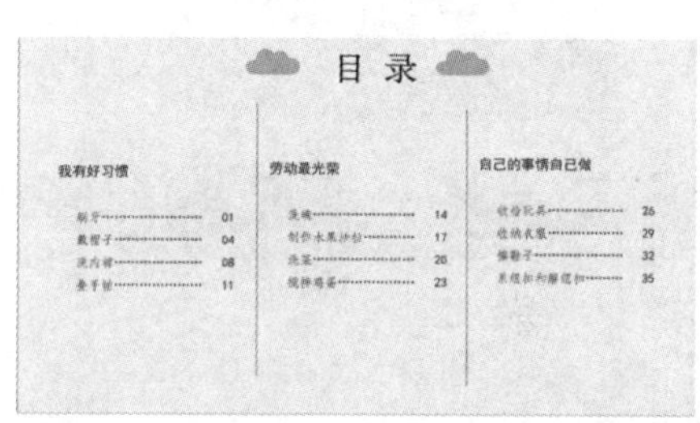

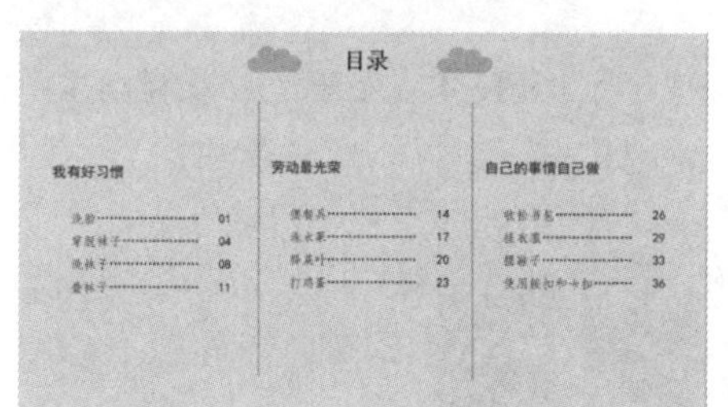

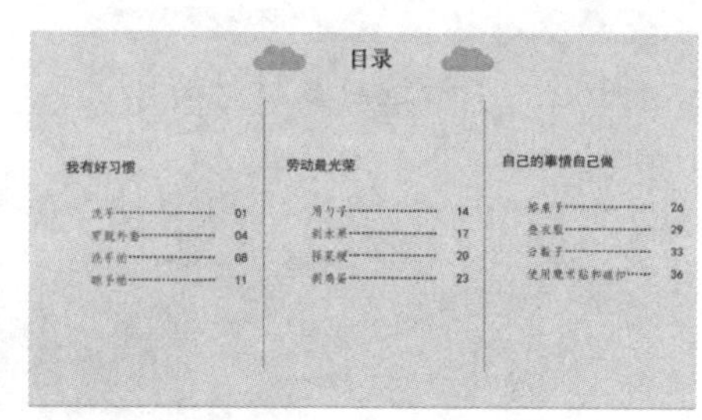

图6.1 生活适应教材目录

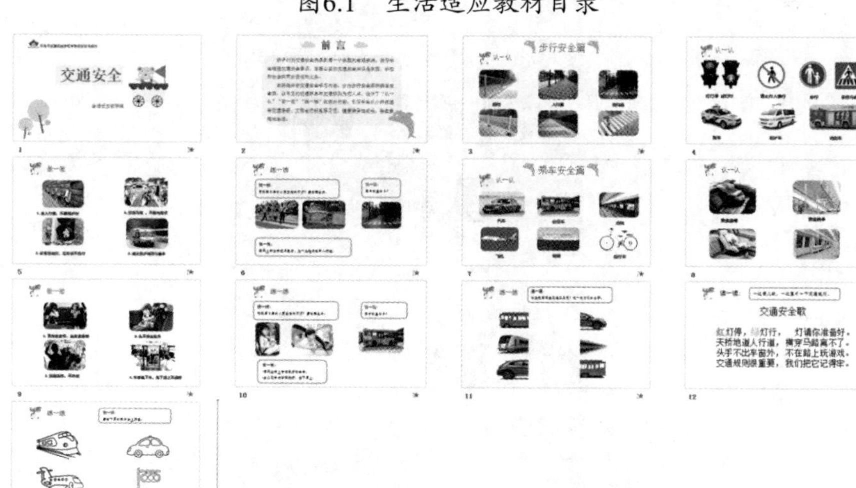

图6.2 交通安全教材内容示例

图6.3　生活适应教材封面

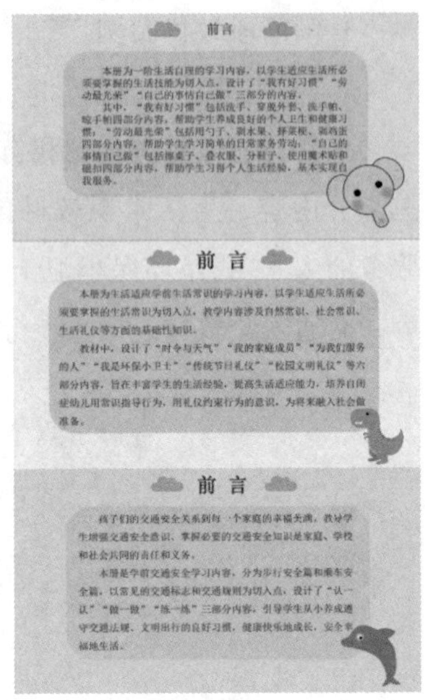

图6.4　生活适应教材前言

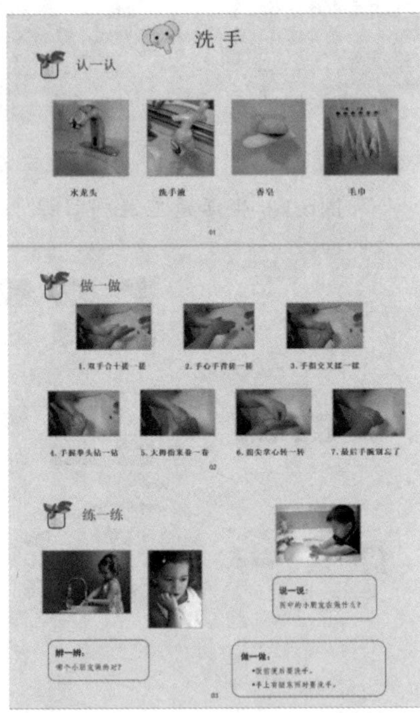

图6.5　生活适应教材正文示例

（2）美术手工教材

美术手工教材以不同的技能点形成各个系列，以“皱纹纸系列”为例，每册包括六节内容，涵盖三阶技能点，在每一节中，设有范画展示、范画简介、学习准备、创作步骤、创意拓展、相关链接、我的作品等内容。

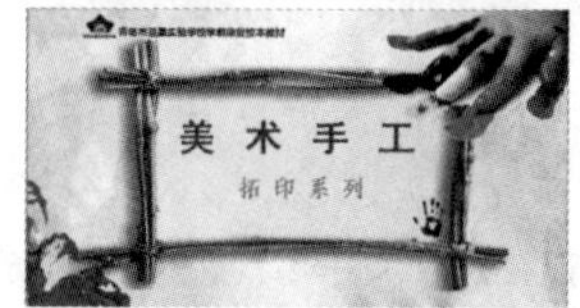

图6.6　美术手工教材封面

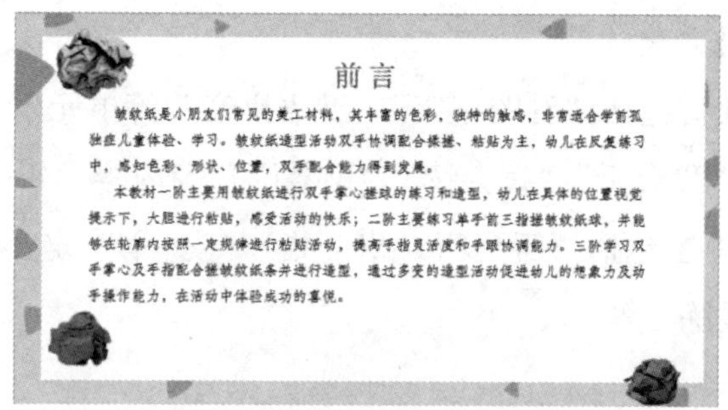

前言

皱纹纸是小朋友们常见的美工材料，其丰富的色彩，独特的触感，非常适合学前孤独症儿童体验、学习。皱纹纸造型活动双手协调配合揉搓、粘贴为主，幼儿在反复练习中，感知色彩、形状、位置，双手配合能力得到发展。

本教材一阶主要用皱纹纸进行双手掌心搓球的练习和造型，幼儿在具体的位置视觉提示下，大胆进行粘贴，感受活动的快乐；二阶主要练习单手前三指搓皱纹纸球，并能够在轮廓内按照一定规律进行粘贴活动，提高手指灵活度和手眼协调能力。三阶学习双手掌心及手指配合搓皱纹纸条并进行造型，通过多变的造型活动促进幼儿的想象力及动手操作能力，在活动中体验成功的喜悦。

图6.7　美术手工教材前言

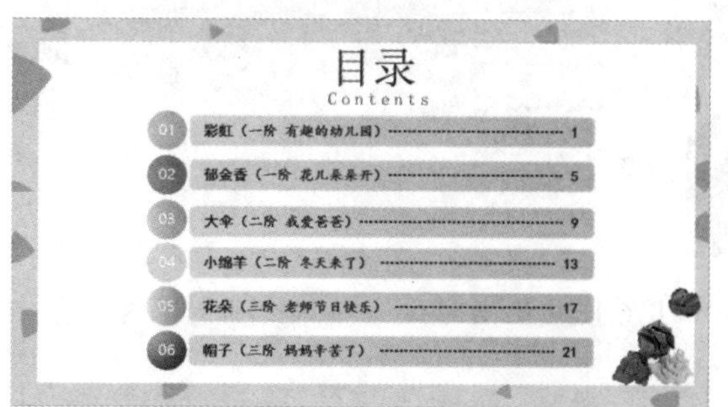

目录
Contents

图6.8　美术手工教材目录

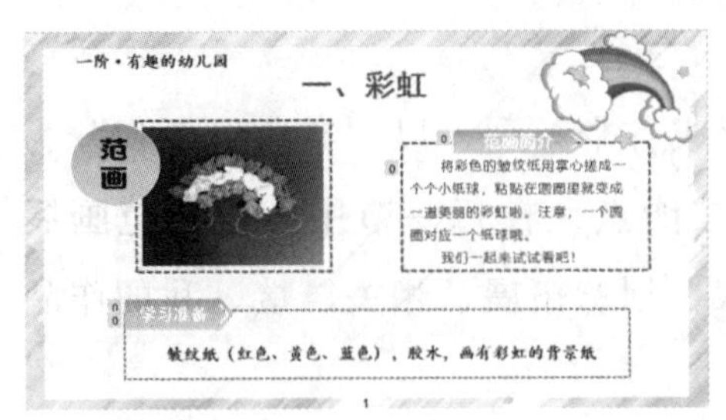

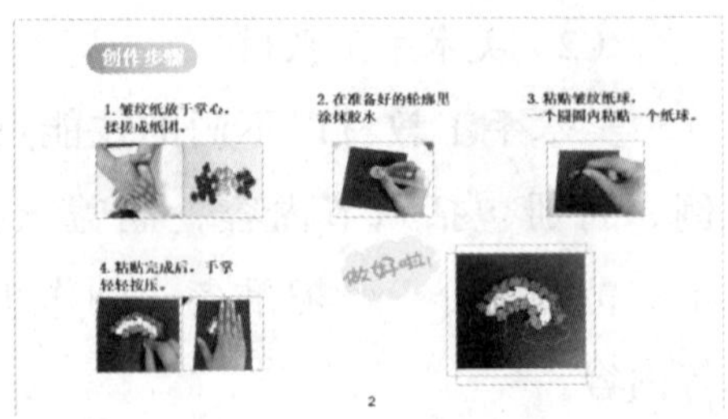

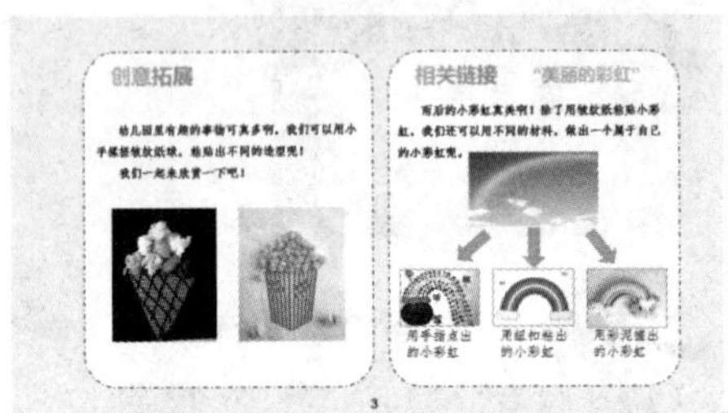

图6.9 美术手工教材正文示例

2. 学龄段教材实例

（1）生活语文教材

生活语文教材包括“看图识字”“汉语拼音”等单元内容，每一单元的每一小节包括“我会听”“我会读”“我会说”等内容，每一单元后面设有“学习园地”，内容包括“听一听，指一指”“读一读，连一连”“数一数，涂一涂”和拓展练习等。

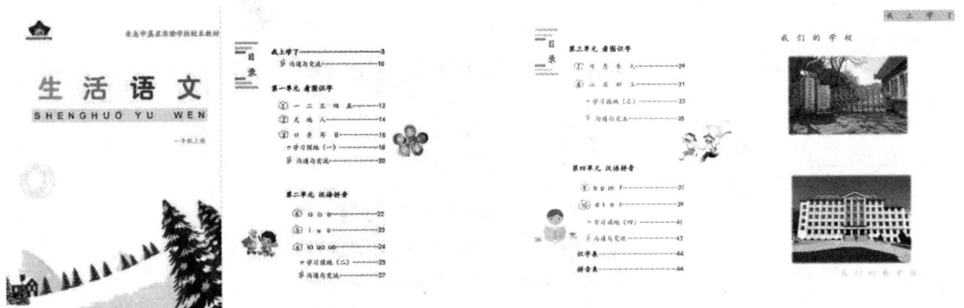

图6.10 生活语文一年级上册封面与目录

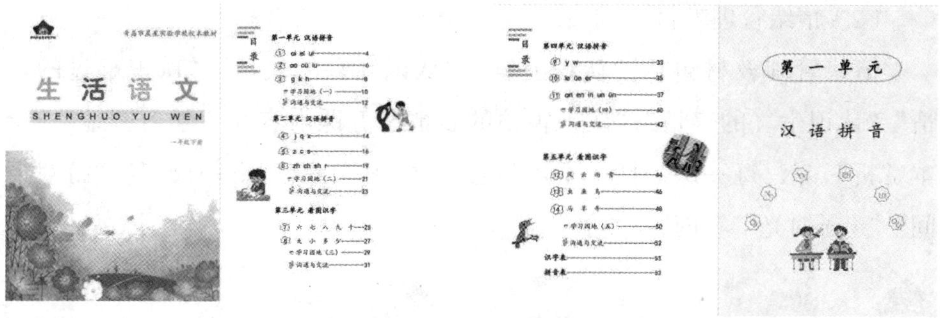

图6.11　生活语文一年级下册封面与目录

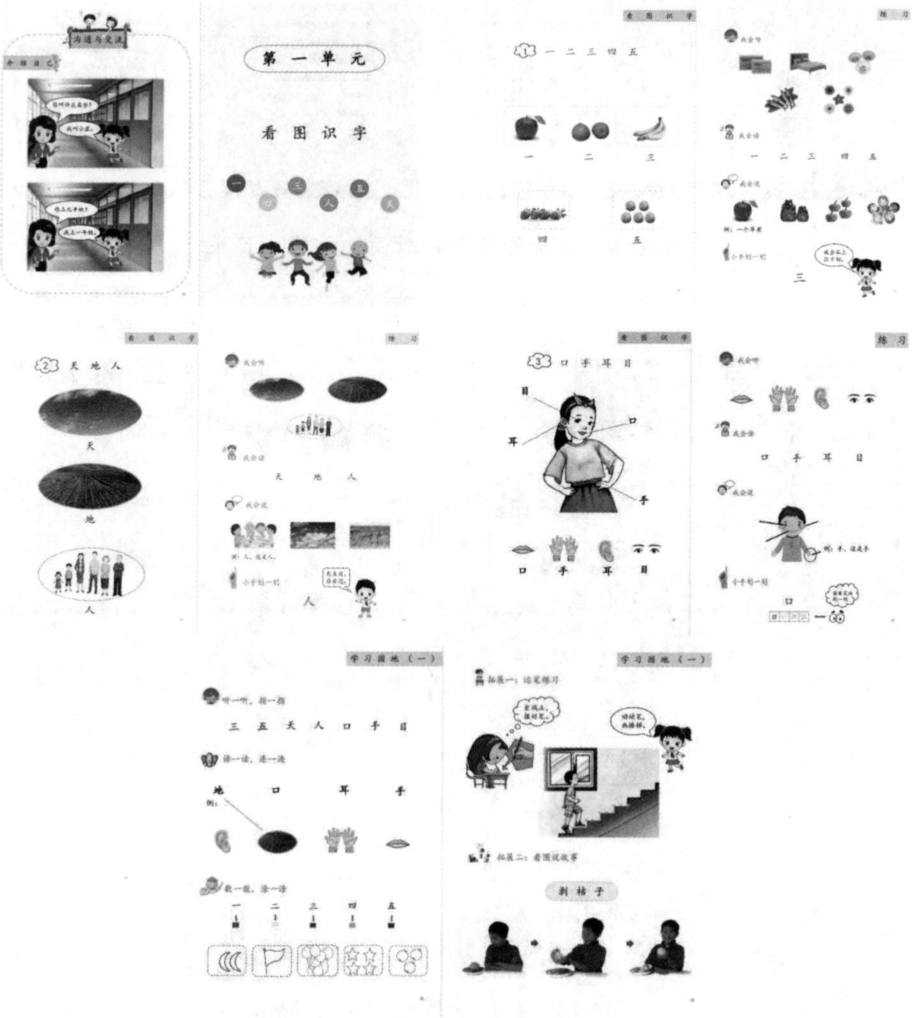

图6.12　生活语文教材正文示例

（2）情绪管理教材

情绪管理教材包括“认识五官”“认识高兴的表情”“认识难过的表情”“认识生气的表情”“认识害怕的表情”五课内容和“学习园地”“绘本赏析”等，每一课包括“学习目标”“学习天地”“举一反三”“游戏空间”“亲子时光”等内容。

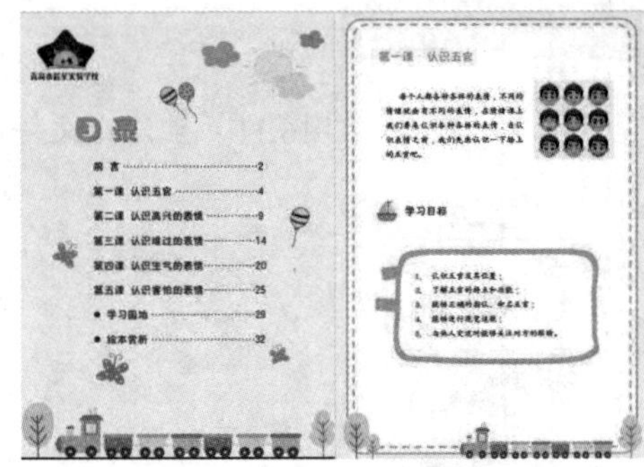

图6.13 情绪管理教材封面、前言、目录

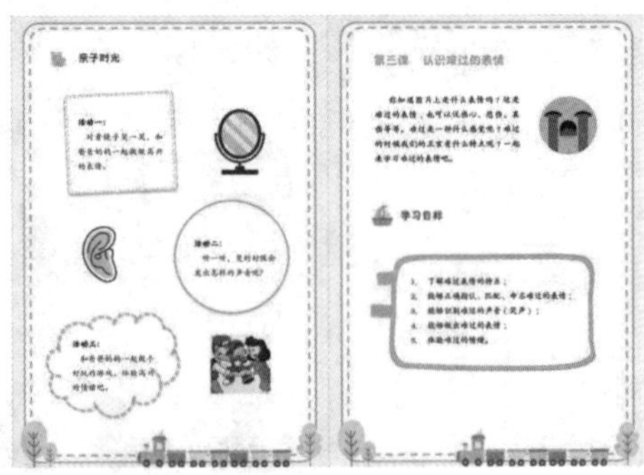

图6.14 情绪管理教材正文示例

三、晨星生态课程视频资源

学校在研究确定孤独症儿童教育康复多元优质发展的需求上，不仅注重在校内为其提供多样化的课程资源，还着力开发供家庭指导的视频资源，开创了“晨星微课堂”。

晨星微课堂包含各领域的系列微课资源，录制了教育教学、教育康复视频案例1000多个，其中100多个视频案例通过山东省特教资源平台、“特殊教育”微信公众号、学校微信公众号等向特教同行推广分享。目前晨星学校已初步形成了集优秀课例、优秀教案、课件资源、教具资源、学生作品、教学视频等多种资源的教育康复课程资源包。

以生活适应与生活自理方面的居家指导为例，疫情期间，考虑到学生防疫知识欠缺的实际情况，我们从生活技能入手，分学龄版和低幼版，分别录制戴口罩和洗手的微课共4个，根据实际需求推送给每个家庭，帮助每位学生掌握必备的防疫技能，真正实现跨时间和空间的家校合作和家庭指导。

图6.15　防疫微课资源

利用晨星微课堂来扩宽康复渠道的原因有二：一是可以把生活适应课程中更加适合在家庭开展教学的内容实施起来，弥补学校教育空间、场景等的不足；二是能够通过个性化的生活指导，借助家庭的力量，弥补学生在某些生活技能方面的不足。

据此，我们先后设计了洗脸、择菜、餐桌礼仪、洗水果、洗小物件、叠衣物手帕、穿脱袜子、收纳衣柜、收纳鞋柜、系各类扣子、牛奶和蛋类的食用方法、翻衣服、穿脱衣服等教学主题，既充实了学生的居家生活技能和生活经验，又通过认知+技能+练习、视频示范+图片示范相结合的方式，为家长的居家康复提供有益的借鉴和思路。居家生活系列资源现已分类整理出11个主题的资源视频69个，14个主题的分层教学视频61个，确保内容和层次覆盖到每一位孩子。

图6.16　居家生活相关视频资源

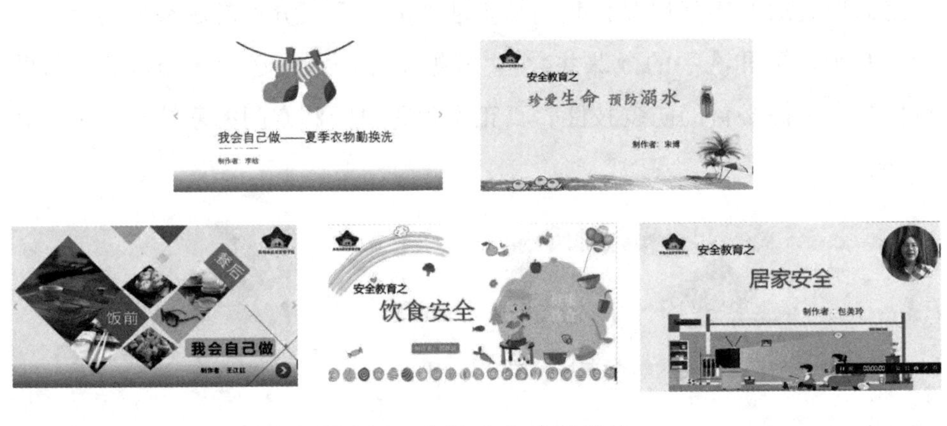

图6.17　生活安全系列微课

学校在公众号中设立了晨星微课堂专栏，推送资源供家长选择使用。同时，任课老师根据本班孩子的能力和需求选取适合的微课视频内容推送给家庭，推送进度也会根据学生的掌握情况灵活调整。家长们将学生的居家康复视频通过社交平台进行上传，教师及时观看并给予反馈，保证微课堂推送资源落到实处。

参考文献

一、专著

［1］杨广学，王芳. 自闭症整合干预. 上海：复旦大学出版社，2015.

［2］胡晓毅，刘艳红. 学龄孤独症儿童教育评估指南. 北京：北京师范大学出版社， 2017.

［3］胡晓毅，刘艳红，吴曼曼. 孤独症儿童教学环境创设. 北京：北京师范大学出版社， 2017.

［4］王梅. 孤独症儿童课程与教学设计兼论特殊教育的课程. 北京：北京大学出版社，2014.

［5］［美］Aubyn C. Stahmer，Jessica Suhrheinrich，等. 孤独症儿童关键反应教学法. 胡晓毅，译. 北京：华夏出版社，2015.

［6］张华. 走进自闭症儿童的学校课程. 上海：上海教育出版社，2012.

［7］［美］John O. Cooper，Timothy E. Heron，William L. Heward. 应用行为分析（第二版）. 美国展望教育中心，译. 武汉：武汉大学出版社，2012.

［8］胡晓毅，刘艳红. 孤独症谱系障碍儿童的教育. 北京：北京师范大学出版社，2016.

［9］杨蕢芬. 自闭症学生之教育. 台北：心理出版社，2005.

［10］钮文英. 身心障碍者的正向行为支持（第2版）. 新北：心理出版社，2016.

二、论文

［1］郭梦之，曹漱芹，朱宗顺，等. 社会故事教学提升自闭症幼儿生活技能的个案研究. 幼儿教育，2011（33）.

[2] 杨凌燕，肖非. 从知觉生态理论看自闭症的发生与发展. 中国特殊教育，2005（11）.

[3] 连福鑫，贺荟中. 美国自闭症儿童融合教育研究综述及启示. 中国特殊教育，2011（04）.

[4] 徐静. 论生态课堂在学前儿童心理学教学中应用. 课程教育研究，2017（31）.

[5] 胡晓毅，范文静. 我国学龄孤独症儿童教育安置形式的思考. 教育学报，2016（06）.

[6] 尹连春，王淑荣，魏红芹. 自闭症儿童多元教育康复课程体系建构初探. 现代特殊教育，2015（11）.

[7] 孙玉梅，邓猛. 自闭症谱系障碍儿童社会故事干预有效性研究综述. 中国特殊教育，2010（8）.

[8] 王永固，张庆，黄智慧，等. 社会故事法在孤独症儿童社交障碍干预中的应用. 中国特殊教育，2015（4）.

[9] Dorothy Scattone，Daniel H. Tingstrom，Susan M. Wilczynski. *Increasing appropriate social interactions of children with autism spectrum disorders using Social Stories*™ [J]. Focus on Autism and Other Developmental Disabilities，2006，21（4）.

[10] Roderick D. O’Handley，Keith C. Radley，Heather M. Whipple. *The relative effects of social stories and video modeling toward increasing eye contact of adolescents with autism sectrum disorder* [J]. Research in Autism Spectrum Disorders，2015（11）.